亚布力
企业思想家系列丛书
Business Thinkers Series

特别鸣谢 其然Z 对本书的鼎力支持

破局

新常态下的企业创新之道

中国企业家论坛　编著

知识产权出版社
全国百佳图书出版单位

图书在版编目（CIP）数据

破局：新常态下的企业创新之道/中国企业家论坛编著. —北京：知识产权出版社，2016.1
ISBN 978-7-5130-3863-8

Ⅰ. ①破… Ⅱ. ①中… Ⅲ. ①企业创新—研究 Ⅳ. ①F270

中国版本图书馆 CIP 数据核字（2015）第 246593 号

内容提要

经济发展进入新常态，经济增长速度正从高速转向中高速，经济增长方式正从规模、速度型粗放增长转向质量、效率型集约增长，经济结构正从以增量扩能为主转向调整存量、做优增量并存的深度调整。面对这一新常态，企业该如何应对？对传统企业而言，拥抱互联网是否是唯一出路？曾经的支柱产业——房地产业将会有怎样的未来？被誉为"万能药方"的企业创新在新的环境下，又应该具备怎样的独特内涵？企业家们对此的思考与回答，或许能为我们提供更多的现实参考价值及指导意义。

责任编辑：蔡　虹　　　　　　　责任出版：孙婷婷
执行编辑：陈晶晶

破局——新常态下的企业创新之道
中国企业家论坛　编著

出版发行	知识产权出版社有限责任公司	网　　址	http://www.ipph.cn
社　　址	北京市海淀区马甸南村 1 号	邮　　编	100088
责编电话	010-82000860-8391	责编邮箱	shiny-chjj@163.com
发行电话	010-82000860 转 8101/8102	发行传真	010-82000893/82005070/82000270
印　　刷	北京中献拓方科技发展有限公司	经　　销	各大网上书店、新华书店及相关专业书店
开　　本	720mm×1000mm　1/16	印　　张	17.5
版　　次	2016 年 1 月第 1 版	印　　次	2016 年 1 月第 1 次印刷
字　　数	285 千字	定　　价	38.00 元
ISBN 978-7-5130-3863-8			

出版权专有　侵权必究
如有印装质量问题，本社负责调换。

代 序

让财富更好地传承

文 | 陈东升　亚布力中国企业家论坛理事长
　　　　　　泰康人寿保险股份有限公司董事长兼 CEO

2015 年亚布力年会上揭幕了一个"聚宝盆"。聚什么呢？聚思想之力，聚创新之力，聚市场之力，聚企业家精神之力，聚中华崛起中国梦之力。这就是 2015 年亚布力论坛给大家留下的一个小小的纪念和话题。

每次年会都有亮点，这次亚布力年会正式成立了"亚布力青年论坛"，传承也将从这里开始。另外，我们请来了雷军和周鸿祎。2013 年 12 月份我请周鸿祎去泰康人寿做演讲，听了他的演讲我真的心动了。2014 年 3 月份，我们推出了免费的一年期航空意外险和高铁意外险。当年周鸿祎把 6 个亿的杀毒市场免费了，造就了现在 360 百亿美元的市值。我在想，我是不是可以造就一个千亿市值的互联网保险公司。台湾复兴客机坠河，其中有 1 位旅客就通过淘宝免费领取了泰康人寿的 100 万航空意外险，他家人都不知道，后来我们把 100 万元现金送到他家里，这个保险是真实存在的。2014 年我们还发起了社交求关爱活动，如果朋友帮忙资助 1 元钱，100 个朋友就有 100 元钱，那么就可以获得 10 万元钱的癌症保险，大概有几十万人领取了这个产品，互联网的力量还是很强大的。2015 年年会的几个专题讨论也特别好，如郭广昌的关于国际投资讲得非常好，沈南鹏把他 10 年做 PE（Private Equity，私募基金）的经验用物理学原理归纳出一套非常具有实用性的完整体系。其实，我们做企业、做投资还是得追求高效的东西，这些都有益于年轻的创业者。

今天的亚布力中国企业家论坛（以下简称"亚布力论坛"）和 15 年前的亚布

力论坛是不可同日而语的。亚布力论坛15年来与国家、民族、经济、改革息息相关。我们在亚布力论坛寻找思想的源泉、创新的源泉。

2015年年会的主题词是市场、法治和创新。这两年，我们看到了政府的反腐力度，我们相信亚布力论坛的企业家也是坚定的，我们希望通过反腐来净化和彰显市场的秩序、市场的力量、市场的精神，我们更拥护党中央四中全会提出的依法治国宗旨。市场经济本身就是法治经济，法治是一种公平的精神，是一种秩序的力量，是人们行为的准则。我们可以把它放得更宽一些，实际上中国梦、法治、市场及反腐四者是一个紧密的逻辑体。

我在很多场合下的交流都有一个观点，今天中国的创新、创业大潮，就像70年前的革命大潮一样。在革命大潮中，有叛变的、牺牲的，但谁也无法阻挡革命的洪流。今天的创新、创业大潮也是如此，有掉队的、判刑的、坐牢的，但创新、创业的洪流是任何人无法阻挡的。我们为什么反腐？反腐其实就是把过去官商勾结或者寻租的土壤肢解。在市场的力量和法治精神的框架下，就会产生更多像马云、雷军一样的新型企业家。2015年，我们把很多年轻人都请到了亚布力论坛。亚布力论坛已经有15年了，15年积累了很多东西，希望年轻人更好地参与到亚布力论坛这一思想平台中来。

不管任何时候，亚布力论坛的企业家们都坚持为社会传播正能量，为社会创造财富、提供就业机会，努力做有社会公信力、社会责任的企业家，这就是亚布力论坛的企业家精神。我们的理事汪潮涌先生跟我分享了一个观点，我完全赞成，它不代表亚布力论坛的全部，但是代表了很重要的一部分。他说，亚布力论坛前15年在创造财富、积累财富，未来15年亚布力论坛应该让财富更有品质、更有责任、更好地传承和奉献给社会！

以信心拥抱创新

文 | *沈南鹏*　亚布力中国企业家论坛轮值主席
红杉资本全球执行合伙人

2015年是亚布力论坛成功举办的第15个年头，我想在座的很多企业家都是陪伴亚布力论坛一路走来的。在这里，我们结识朋友、交流行业信息、探讨企业家精神，很高兴能够看到亚布力论坛羽翼渐丰，也很感谢亚布力论坛一直致力于为企业家们提供如此真挚、平等的思想交流平台。

作为企业界、经济界乃至中国最有影响力的论坛，其每一次的召开都会聚集全社会关注的目光，我们已经成长为中国经济的一面思想旗帜，不仅见证着每一个阶段中国经济的发展，更参与和推动了中国经济的进步。

2015年，我们探讨的主题是"市场、法治与企业创新"。2014年10月，在TCL总部惠州举行的论坛理事会将"市场、法治与企业创新"确定为15周年年会主题，是希望以法治、企业和创新来观测一个变革中的市场经济体，以此回顾论坛自身以及中国经济的发展史。

市场在资源配置中发挥决定性的作用，这事实上是结束了一个理念上的旧时代，开启了企业家们的新时代。市场的决定作用就是市场要在所有微观经济领域全面发挥作用，所有要素的市场流动交换、交易都应该由看不见的手完全决定。因此，我们必将迎来一个发挥企业家精神和智慧的新时代，一个创造全球领先企业与品牌的时代，一个真正意义上的民族复兴的时代。

"市场"并非空中之物，只有在法治的框架下它才能够顺利展开。没有法治，改革将会背离它的初衷。2015年年会，我们关注了创新的法律环境，特别是严格的产权保护制度与创新的关系。给予企业强有力的产权保护，能够有效降低企业面临的外部风险。只有通过严格的产权保护，企业对研发投资才会有积极性。除了产权保护，我们还关注了其他法律环境。同时，我们也围绕"法治与中国改革"的关系，进行了深度探讨与交流。

企业是市场的主体和运行方，企业也是创新的主体，而创新决定了一个经济体可持续增长的能力。我们将关注创新需要的文化土壤和大众观念。2006年诺贝尔经济学奖得主、美国哥伦比亚大学教授菲尔普斯在《大繁荣》中指出，发达的现代经济需要有与其相应的生活态度作为支撑，对创新的非财务激励，如人们从小就被鼓励的好奇心、对障碍的挑战等，对于现代经济的良性运转来说是至关重要的。

作为行业中的参与者，企业家要时时提防，今天的产品可能很成功，明天这一商业模式可能就消亡了。PC互联网时代有很多优秀的商业模式。而到了移动互联网时代，不转型就会被淘汰。这是优胜劣汰的自然法则，也是敦促企业家不断创新进步的警钟。如今，在互联网、云计算的大潮下，我们倡导一种互联网的思维，这在信息化的时代是不可逃脱的一种思维模式。互联网时代使中国企业家群体迅速年轻化，年轻一代企业家有他们一些独特的价值观和方法论，他们无疑是未来经济的主力军。

我们的企业家群体是对市场冷暖感知最灵敏的群体，我们知道市场已经在改变，正在发挥更大的作用，我们齐聚亚布力论坛就是要拿出我们的决心，更新我们的理念，以实实在在的行动做出更多的努力和改变。

此次年会我们以法治、企业和创新来观测一个市场经济体，企业家们从实践和理论出发，献计献策，为中国能够建设更好的市场经济贡献智慧。在未来，亚布力论坛还会发挥出更加重要的作用，在经济及社会建设中担当更多的责任；让我们长存感恩之情，常怀感恩之心，抱团取暖，共同成长。

目 录
CONTENTS

代序
让财富更好地传承/Ⅰ

以信心拥抱创新/Ⅲ

企业与人才
用创新推动竞争/3

努力降低中国经济的制度成本/7

从五大物理定律看新商业法则/13

"人"重于"才"/24

价值创造与事业合伙人制度/29

关键是实现产、学、研的有效结合/35

DUANG！千禧一代来了/39

企业与"新常态"
该如何适应"新常态"/45

融入全球应成为中国企业的常态/55

联合行动，应对不确定性/58

"冬天"里的谋划与布局/61

我的2015——战略与规划/77

企业与互联网

什么是互联网规律/93

互联网医疗为什么这么火/105

如何向互联网转型/116

万物互联,改变世界/129

变革时代的媒体/139

未来,我们的世界会是什么样/153

企业与行业判断

小米将带领整个行业的发展/171

工业4.0,中国还要走多远/177

抓住机遇,拥抱汽车业大未来/188

楼市,黄金、白银还是黑铁/193

电影业的未来/204

我们,千禧一代/221

企业与金融

国际资本如何嫁接中国动力/237

"牛市"的根据是什么/247

机遇与挑战——全球人民币财富管理/259

后记

企业家是创新的原动力/268

企业与人才

用创新推动竞争

努力降低中国经济的制度成本

从五大物理定律看新商业法则

"人"重于"才"

价值创造与事业合伙人制度

关键是实现产、学、研的有效结合

DUANG！千禧一代来了

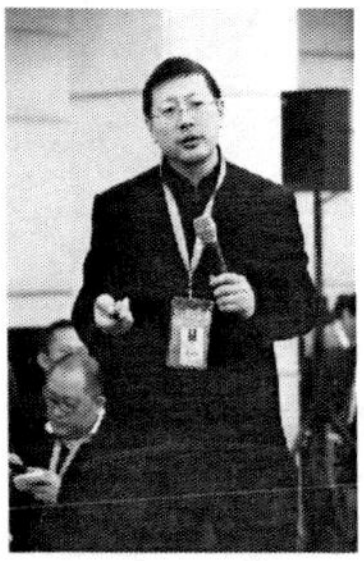
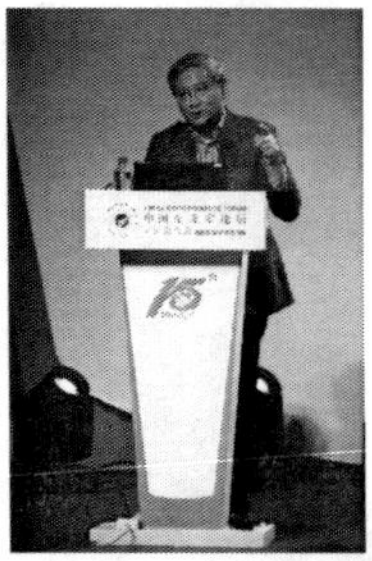
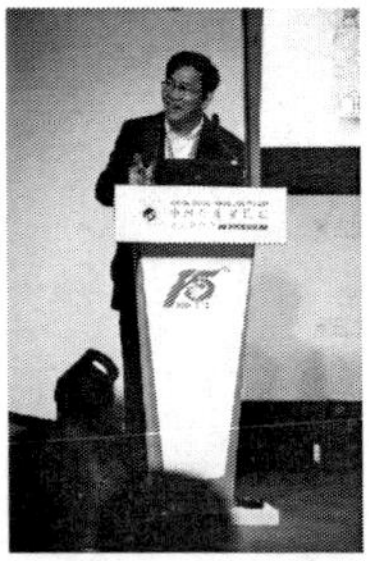
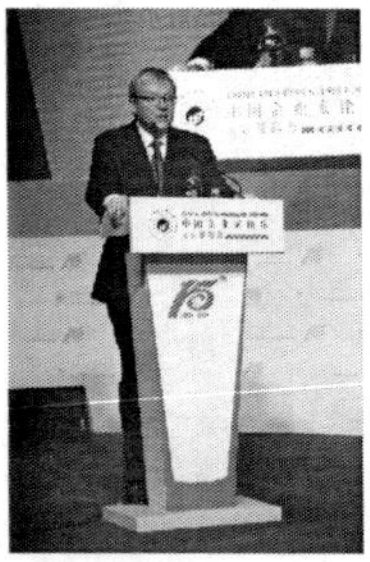
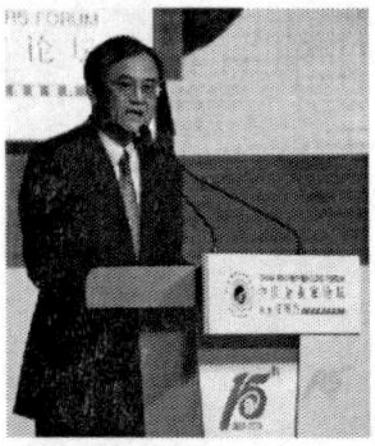
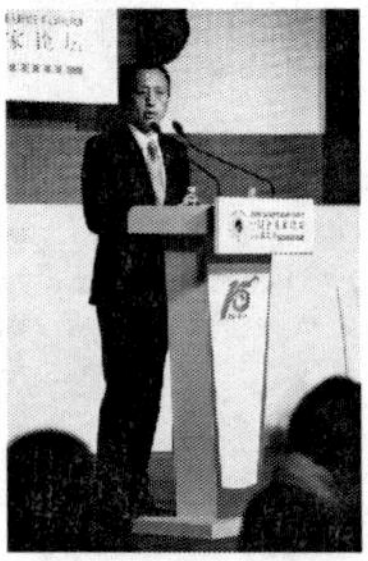
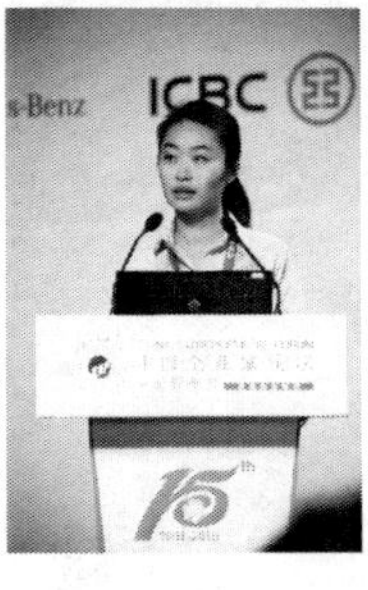
ICBC

用创新推动竞争

文 | *陆克文* 国际金融论坛联合主席、澳大利亚前总理

我记得2014年在哈佛大学的中国论坛上,田源主席讲的题目是"土豪出海",这个题目给我留下了深刻的印象,2015年我从纽约来到亚布力,这应该算是"洋人下乡"。

今天我想跟大家谈几点想法:变化、改革、创新、转型、中国企业和企业家精神。连起来就是三句话:第一,变化来自改革,要继续变化就要继续改革;第二,发展来自创新,要继续发展就要不断创新;第三,变化、改革、创新都需要中国企业家,也需要中国企业家的精神。

中国经济历经30年,改革成效十分显著

谈到变化与改革,中国近30多年的变化十分大。听说大约35年前,我们现在所在的亚布力镇才刚刚复建,它原来叫新光公社。这个地方的变化很大,今天的亚布力已经成为中国最具影响力的企业家们的思想交流之地。

30年前,我在上海做总理事,那是我第一次和当时的上海市市长汪道涵先生在上海大厦吃饭,他邀请我们这些国际友人来帮助上海发展。5年后,我在上海和朱镕基先生见面,他代表上海市政府宣布要成立浦东经济开发区。我记得,他说他要建设中国的曼哈顿,那个时候他带我到窗边眺望,窗外什么也没有,只有一片沼泽地,还有一些破旧的工厂。当时我认为这个发展会十分艰难,然而今天再看浦东,经过30年的发展,这个中国梦已经基本实现了。30年前中国在海外几乎没有投资,外国在中国的投资也很少,35年后中国的对外投资第一次超过了资本引进。中国已经成为世界上第三大投资输出国,中国的变化确实很了不起。

改革措施的有效实施,促进了中国经济的蓬勃发展

变化来自改革。这些变化都来源于"十一届三中全会"以来持续不断的改

革，改革有进有退、有起有伏。改革的总方向是市场化、法制化，这两个方向都很重要。"十八届三中全会"和"十八届四中全会"所提出的基本改革方向依旧是市场化、法制化，这个过程不是短期的，而是长期的，也是永远的。一个国家没有改革不能继续，一个公司没有创新不能发展，用中国的成语来讲就是逆水行舟，不进则退。"十八届三中全会"讲到以市场化为主导，全面深化改革，其中包括：第一，要完善金融市场体系，如允许民间资本设立银行，鼓励金融创新；第二，深化科技体制改革，鼓励创新产权的运用和保护；第三，构建开放的经济新体制，放开投资准入，建设自贸区，扩大内部地区的开放；第四，推进文化创新，增强国家的软实力。这些都是不错的改革方案，用两个字来讲就是"创新"。

据我了解，在制定的60项改革方案中，已有40多项开始实施，改革开放的方针很好，但是落实执行就是另外一个问题了。要实现全民深化改革的目标就必须建设利于改革的法律系统，这样才能创造出一个利于创新的环境，因此，"十八届四中全会"讲到依法治国、依法执政，建设法治中国。法治社会对于全面深化改革很重要，对于老外很重要，对于你们"老内"也很重要，对企业家更尤为重要。政府需要建立稳定的、可预期的法律系统，在这种情况下企业才能够根据这些规定来制定长期的发展计划。法律如果经常发生变化，是不利于长远规划的。一个稳定的、大家都信任的并且遵守的法律制度系统非常重要，对社会稳定很重要，对经济发展很重要，对企业创新也很重要。如果中国的改革可以全面深入，那么中国经济的发展还将会有很大的潜力。现在中国面临一个新的转型，我们要注意到，现在的国际经济环境对中国的转型并不十分有利。世界经济增长比较缓慢，欧洲还处在经济危机之中，所以，中国经济改革的成功需要扩大内需。最近的一个好消息是，2014年以来中国小企业的注册数量大幅度上升。只要有合适的政策、好的政策，这些小企业就会慢慢发展、慢慢长大。

用创新推动竞争

中国的企业界对于中国经济走向"新常态"有重要的作用，"新常态"要求在充分竞争的前提下，经济必须依靠不断的创新来实现增长。企业创新是国家和社会创新的主要动力，那么该如何推动企业创新？市场竞争是推动创新的原动力，没有创新就没有竞争力，与此同时，没有竞争力也就没有创新。因此，要打破国有企业的垄断，从根本上促进市场竞争，并以此激发创新的原动力。因为竞争越充分的地方，创新就越有活力。在中国，竞争相对比较充分的互联网行业就比较容易有创新，要保护一个创新的环境就要有平等的市场机制。

中国企业家在国际竞争中崭露头角

我现在担任世界经济论坛中国委员会的主席，我们正在关注的课题就是中国企业的创新研究，包括中国创新的优势以及面临的挑战。目前，中国的优势在于：第一，科学技术研究基础不错；第二，全国教育程度不错；第三，中国国内投资环境越来越好。在座的各位企业家是新中国以后第一代走出去的企业家，你们已经直接参与国际竞争，并且已经基本在竞争中立足，你们已经在竞争中成长，也都学习了世界最好的创新机制。中国创新的问题在于制度和文化，比如，中国文化对错误的宽容度不够，我们要勇于承担风险、允许错误、宽容失败，这些都是创新的前提条件。

中国改革与经济转型对中国很重要，对亚太地区很重要，对全世界同样重要。全世界都在关注和预估中国改革成功的前景，中国正在崛起，全世界、全地区、全美国都已注意到中国的崛起。与此同时，我们需要维护地区性的稳定，这是经济发展最根本的条件。过去一年，我在哈佛大学注意到中美关系的稳定性越来越重要，我认为这两个大国的共同点超过他们的不同点，因为这两个大国对未来有共同的追求。我们在认识到两者根本分歧存在的同时，更要充分认识到两者间战略和经济合作的可能性。

我目前在纽约的亚洲协会担任研究院主任，我希望在这个新的职位上能够继续做出小小的贡献，希望为中美关系的未来以及为世界更好地了解中国充当桥梁。

努力降低中国经济的制度成本

文｜周其仁　北京大学国家发展研究院教授

2015年前后的中国经济确实有很多的问题一下子难以回答，难以回答的问题有两个解决办法：第一，急急忙忙找一个答案；第二，再等一等，再看一看，再想一想。想的时候往简单的思维走，所有学科、所有知识，最难掌握的是最简单的东西。因为最简单的东西是人类经过长期反复提炼出来的。我回答不了这两天演讲中提出的很多重大问题，但是我愿意回到非常简单的东西，简单到几乎无须证明，以这个为出发点去思考2015前后中国经济当中无论宏观、微观，无论经济、政治的复杂问题。

成本曲线上升不可避免

任何人要实现任何目标，无论是大目标还是小目标，总要付出一定的代价，目标大，代价就要大一点。只要想实现目标就要付出代价，这个代价可能是薪资、雄心、精力，实现时你还要动用钱财、物质、人脉，这些东西加在一起就是经济学中的一个简单概念——成本。

成本的定义是什么呢？为实现某个目标而不得不付出的代价。只要有目标，你就要跟代价打交道，每个人、每个公司、每个地区、每个国家都要跟代价打交道。这个交道有什么难打的呢？代价是变动的，成本是变动的。开始有想法时，实现它的成本可能是往下走，你想做一个事，集结一个队伍，订单开始增加，摊下来的成本就下降，这是成本曲线向下走的时期，这段时期是辉煌的，是开心的，是朝气向上的，对未来充满了希望，因为成本下降意味着收益在增加，当然这不一定是财务的收益，还包括民生的、无形的、自我心理的满足。

任何曲线到一定时期一定会往上拐，你越成功越是拐点的开始。成功了就有人挖你的员工，你就要给员工涨工资；成功了就可能做出错误的决定，因为你觉得上一次成功的经验可以继续用来做成功的事情，这个往往会带来错误的决策；成功后竞争对手就会增加，你要的要素别人也要。因此，成本曲线总会往上走，这是不可抗拒的。

我们可以说明天太阳照样升起，只要太阳照样升起，成本曲线或多或少也会照样升起，这个成本曲线是指对每个单位的产品。任何目标要实现，主体、个人、企业、国家永恒的运动就是处理这条成本曲线，所有的喜悦都是在一段时间内的，然后就面临成本的上升。雷军为什么做得好？第一个，毛利率别人做不到的他们做到了，成本曲线控制得好，成本5%就可以把一部不是低质量的手机提供给客户，当然，你要比对手在管理成本时做得更好一点。

最困难的时期是成本曲线上升的时候，我讲过一定会上升，没有一个成本最后是不上来的，越成功越面临成本上升。经常是在巨大成功面前成本的急速上升。成本上升后，也有企业家开始博弈，能不能上升慢一点，至少比你的对手，比行业的平均水平慢一点，这就是成本的学问，但是它总会上来。

靠创新找到新的成本曲线

任何一项事业都要付出代价，无法避免成本要上升的时候，还有什么办法吗？一个办法就是创新，创新就是再造一条成本线，这条线无法做了，已经把你的剩余资源吃掉了，就要靠创新来改变。当然，不是所有创新都一定会成功。

成本管理是三件事，向下走时你要节约更多成本，至少比对手做得好，当无可避免往上升时，你要尽可能控制不让它升得太快，更激动人心的是找到新的成本曲线。成功企业的历史，成功产业的历史，成功国家经济增长的历史，就是不断移动成本曲线的过程。

互联网在什么地方有优势？它可以大规模降低成本。不是说过去没有办法把人连接到一起，写书信可以把人连到一起，八百里加急可以把人连到一起，铁路曾经把很多人连到一起，电报、电话也把人连到一起，但是它们的成本都很高。

经济增长不是一条线决定命运的，它是在动态过程中决定命运的。

在一个国家的经济增长当中，比个别公司成本线移动还要重要的事情就是整个国民经济组织起来有没有成本，成本曲线有什么特点。这里引进一个新的概念——制度成本。什么叫制度成本？你把所有的经济活动组织在一起的成本，它不是免费的。中国经济2015年怎么看，很大程度就是看2015年中国经济成本曲线呈现什么特征。

中国经济快速发展的根本原因在于制度成本的曲线下降

回顾中国成为第二大经济体的这段历史，有各种各样的理论来解释中国奇迹。1979年中国是全球最贫困的国家之一，经过30多年的发展，迅速成为了世界第二，非常了不起。那么是什么原因促成了这种了不起？

很多人说中国人便宜，廉价。这个道理显而易见。2012年美国进行了一项调查，每小时中国制造业的人工成本是64美分，同样美国制造业每小时的人工成本是21.1元多，当时美国很多政客认为他们找到了中美贸易不平衡的原因——就是廉价，所以改善中国劳动力工资的呼声就是来自这里。你说人工成本低就有竞争优势吗？我们改革开放前的人工成本是不是更低？当前世界人工成本比我们低的国家多了去了，都有奇迹吗？中国经济增长的真正秘密是在很低的要素价格条件下，把原来非常高的制度运行成本降下来了。

改革开放最重要的贡献就是使中国的制度成本曲线大幅度持续地向右下方移动，解放了中国人的勤劳智慧，释放了中国潜在的活力，加上我们多年贫困，要素价格很低，有利于参与国际竞争。在过去你参加国际竞争，怎么可能？原来是我们国家专营，所有的产品交给8个专营公司，由他们统一对外。1979年的出口额是99亿美元，这么大的国家为什么就这么点出口？因为制度成本高。中国成为世界第二大经济体真正的秘诀、真正的要害是改革开放、思想解放，把不恰当的组织方式、经济运行方式坚决地、一刀刀地改过来，图形上看就是制度成本曲线在改变。

现在新的问题是什么呢？是经济运行的制度成本像所有的成本曲线一样，在高歌猛进地创造奇迹的同时重新掉头向上了，我们多年的成本优势在迅速消失。

刚才公布的亚布力论坛企业家信心指数说明，成本优势没了。现在美国工厂、日本工厂纷纷往外跑。微软关闭了其在南方的基地，9 000工人的劳动合同解除了。虽然现在是个别消息，统计上看还没有酿成趋势性的变化，但是这个问题是存在的。

中国社保缴费偏高，制度成本出现问题

所有劳动力都有"老"的问题，要建立社会保障体系，但是我们的保障体系的运行效率怎么样呢？全世界工资的百分之几是保障，美国怎么样，西欧怎么样，日本怎么样，比来比去我们这个部分偏高。这个钱从市场里拿，不是雇主缴就是工人缴，拿出以后缴到市场上去了吗？这是宏观经济中很大的一个问题？经济下行利率还这么高，怎么会缺钱，发了这么多的货币怎么会缺钱？货币政策确实要反思，2015年经济工作会议一定要增加灵活性，这是一个问题。

2014年年底，中央财政拨给中央银行账上4万亿元，财政部没花出去，所有公营机关，形形色色的事业单位，他们在账上没有花出去的钱有28万亿，加到一起有32万亿的钱在账上。经济下行，发改委急得天天批项目，这是什么问题？好多钱从市场里抽出来却没有回到市场中去，市场当然缺钱，这是制度成本问题，不是要素成本问题。看起来工人工资高，社保是法定必须缴的，钱缴了以后怎么运行？收了这个钱要有效地投进市场，如果有一块钱是从市场里抽出去的

而不回到市场中去，经济运行的代价就会上升。

《劳动法》部分条款不符合市场经济原则

2008年通过的新《劳动法》有一些条款不符合市场经济的原则，连北大都受到了波及，请来的人好好工作，但是突然说不能续签合同。《劳动法》里写明了签过两次固定期合同就要永远聘用，这个法律条款的道理在什么地方？为什么签两次固定期合同就要长期雇用了？

讨论时我提了一个相反的论据，我说你还要有另外一部法保障这部法的执行。难道所有消费者只要买两次衣服就要一直买下去，去饭馆吃两次就要一直吃下去？法治要有很多力量的参与才能让法律变得合理，因为制定合理的法律需要大量的信息，而且在不同的利益中要有正当公开的博弈过程，才能形成"良法"。现在是升得快，但是要不要升那么快，有没有余地？这部分不是要素成本，是体制运行的成本。

国家体制造成企业成本高昂

2005年我在浙江台州做过一个调查，调查对象都是制造企业，2015年两个老总跑到北大看我，告诉我他们在宾夕法尼亚州开了一个厂，我说你们到那边开厂怎么赚钱，有什么优势？他说那边成本比这里便宜很多——税收、电费比我们这里低，人工技术、劳动生产率比我们高。

我们很多厂走出去了，走出去就会有数据对比：国外收多少税，你收多少税；国外收了税提供什么样的服务，我们收了税提供什么样的服务，这些都是制度成本的问题。昨天，冯仑在小组上讨论说，在各地房地产项目当中，中国的房地产项目土地成本全部平均占50%，一线城市70%，日本只有15%，堪培拉只有12%，你看看我们的城乡有多少土地没有被好好利用，很多潜在土地没有被供应出来。现在政府主导城市建设，很多地方缺东西，没有人，这些都是成本。这些成本不是个别公司的生产成本，是国家体制运行成本的问题。

经济行为应遵守普遍规律

第一个民营企业是广东的，今天没有多少人记得住它的名字。越没人记得住我越要再讲下去，要让年轻人都知道。那时候广东人要吃活鱼，市场没有供应的，于是，陈志雄包了一个鱼塘养鱼，然后扩大规模，那时候说雇7个工人有点剥削性质，超过8个人就是资本主义了，但陈志雄雇了二三十个人。这事儿从县里闹到市、省，一直闹到中央，这个查、那个查，最后总算没有被作为资本主义打下去，但是也没有完全合法化。

话说回来，你看今天企业里冒出了多少英雄？你再有能耐，英雄是时势造的，当中最重要的一条也是今天论坛的主题，你要有一套法治。不能说谁有一套看法，人都有不同的看法，任何人群都有不同的看法，看法不能影响行为。哪些行为合法，哪些行为不合法，要经过公开的程序制定，要得到普遍的遵守，没这个东西能有世界第二大经济体吗？

今天我们都懂得法无禁止则可为，法治不是一个遥远的词。一套制度在一个历史条件下形成，大量的技术创新、市场创新、商业模式创新要求整个国家的游戏规则变动。

现在都在讲新常态，2014年习近平总书记去河南视察时，最早的提法是适应新常态，这是2009年经济危机后由美国银行家提出的——别想快速回到从前，负面效果的时间会很长，所以是新常态。

不是说从10%降到7%、8%就是新常态，同样的公司销售增长10%，成本增长状态也会与以往不同，没有成本线的博弈，没有不断向右下方移动的成本线，光增长不一定能保障我们实现所谓的全面小康社会。刚才发布的企业家信心指数也证明，至少亚布力论坛调查的企业家对未来比较看好，总的基调也是乐观的。

未来取决于我们的行为，行为当中成本曲线是决定性的，中国经济再红火，数据再好，故事再多，成本曲线也一定会向上移。重要的是我们在竞争当中能不能移得慢一点，能不能通过制度创新把成本曲线移下来，争取成为基业长青的国家。

从五大物理定律看新商业法则

文 | *沈南鹏* 红杉资本全球执行合伙人

今天，让我们共同思考一个问题：一家企业如何才能长期保持顶尖位置？我们深知这极其困难、极富挑战性，特别是随着当今科技创新的迅速发展与迭代颠覆，是否存在一些商业法则能够帮助我们厘清思绪、抽丝剥茧，始终保持优秀的竞争力？

首先，我们让过去四五十年间的历史数字说话，这些数据背后蕴藏的信息发人深省。

先来回顾一下过去40年科技创新的跃迁。科技领域的发展呈现出典型的"黑天鹅效应"。颠覆性的"黑天鹅"事件以超乎想象的冲击力改变着企业发展的大环境：自1975年全球第一台个人电脑问世以来，几乎每10年就会出现一只巨型"黑天鹅"，给产业带来巨大冲击乃至引发洗牌——1985年诞生路由器，1995年诞生互联网，2005年诞生智能手机，一些企业巨头随之灭亡，一些新兴产业迅速崛起。那么，2015年的"黑天鹅"又将会是什么？

让我们再来回顾一下过去50余年的道指30支成分股。1960年我们看到榜单上位列前茅的有联合化学公司、美国铝业公司、美国制罐公司、国际纸业公司、伊士曼柯达公司等，而如今只有4家企业仍然在列——通用电气、杜邦公司、联合技术公司、宝洁公司，且总占比仅为13%。

再来回顾一下过去40余年的"财富1000强"榜单。几乎每10年一次大换血，而且换血速度越来越快：1973年至1983年间，35%为新上榜公司；1983年至1993年间，这一数字为45%；1993年至2003年间，60%为新上榜公司；

2003年至2013年间，高达70％以上都是新上榜公司。

在科技日新月异的发展形势之下，每一位企业家都面临着前所未有的巨大挑战，想保持不败之地，最危险的行为就是拒绝改变。幸运的是，危险与机遇并存，一旦决心着手变革，变革速率将有可能呈J型曲线发展，增长速率会随着时间逐渐加快，从成本优化、绩效优化、效率优化逐渐过渡到变革优化。我们或许可以通过几个最基本的物理学定律诠释出商业发展与变革的规律。

第一，牛顿第一定律

运动中的物体有维持运动的趋势，静止中的物体有保持静止的趋势，除非受到其他物体的作用力迫使它改变这种状态。人的天性是厌恶改变，倾向于仰仗既有经验，下意识地抵抗自己所不适应的，这就造成企业不愿意改变。

我们投资了200多家企业，透过这些企业我们发现，当一家企业有多条产品线，而其中的某一条产品线没有太多盈利空间，我们希望将它砍掉的时候，董事会和管理层做出决定所需要花费的时间非常长。他们总说这条产品线可能还有希望，因为另外某一条产品线也是在五六年之后才开始盈利。根据经验做出判断，因为曾经的商业模式是成功的，所以在受到小的市场干扰时，没必要进行大的改变——这是企业发展中的本能。经验是福也是祸，我们必须适应自己的不适应性，因为只有每天处在不适应的状态，我们才会想着改变，也才会成功。

任何企业都必须创新，这种创新的意识还必须化解到企业中的每一个单元，只有做到每个单元都具有创新意识时，企业才能表现出创新的意识和改变的意识。在企业中，创新有哪些相应的文化？

一是风险文化。因为创新肯定会有失败的可能，即使是大公司，他们在创新时也面临失败的风险，如谷歌推出的新产品就确实失败过。我们也曾在被投资企业碰到过这样的例子：一家很不错的企业，其创始人决定发展新的业务线，于是让掌管最重要一条产品线的副总裁来负责，但结果失败了，之前最重要的产品线也没有了，负责的副总裁也变得意志消沉。当一个人经历2～3年的尝试，最后以惨败收场的时候，他往往会出现两种情况：一种是从失败中学习，调整战略开始下一个尝试；第二种是没有精神和精力继续尝试，也没有办法回到原来的管理岗位，因为已经没有了信心。因此，我们应该鼓励创新，如果创新失败，也要接受失败的教训。

二是快速试错。创新肯定会面临风险，这里就需要快速试错，这对中型企业来说是一个很大的挑战。在一定程度上，应该先通过突击队进行尝试，如果尝试成功，这个产品就能够成功带来新的业务线，而这也将成为公司后续发展中可以发力的地方。

三是去中心化的团队。所谓的"去中心化"无非是将权力下放，但权力应该下放到哪一个层级？哪些权力可以下放？哪些权力应该由公司总体层面控制？这些对很多公司来讲都是巨大的挑战。2014年携程的梁建章在红杉有一个演讲，题目是"大象如何跳舞"，介绍了携程这样一家有着50亿～60亿美元市值的企业，今天如何面对移动互联网的挑战，如何鼓励去中心化团队的创新。

四是授权。去中心化很重要的要素是授权。绝大部分创新是自下而上，往往是最基层的产品创新引发了公司新的业务线。从某种程度上讲，微信的创立也是自下而上的创新，而不是自上而下的创新。这是企业发展中重要的规律，星星之火可以燎原，星星之火是在很基层的地方燎原起来的。摩擦力是阻碍运动的，这是牛顿第一定律里的基本观点，在商业世界里，这个观点说明人的本性很难改变。

第二，牛顿第二定律

$F=MA$，F是合力，M是质量，A是加速度。这其实是能特别好地反映企业发展的物理定律，合力等于质量乘以加速度，合力相同时，质量大的物体加速度就小。一家企业里有不同的力量，甚至有抵消的力量，有人要往左边走，有人要往右边走，我们看到的是合力产生的作用。规模往往是增长和创新的敌人，规模越大的企业创新越难。为什么现在创业企业让人看起来很激动？因为它小。小而美的好处是在牛顿第二定律中同样大小的力量，很难推动一块大石头，但是可以将小石头推到最高地，这是企业发展的规律。

始于精简，保持精简。成功的企业往往是从成功的产品开始，无论是当年百度的专注于搜索，还是腾讯的QQ，毫无疑问都是始于精简，但是保持精简也是最大的挑战。公司大了后能不能保持精简？我觉得公司体量大与保持精简之间并不矛盾，大企业也可以保持精简。我上面讲到的自下而上的创新、去中心化团队架构都能使大企业变得精简。反过来讲，一家中型企业可能也很累赘，也不精简，也拥有大企业的惯性。我们可以通过一些早期的信号判断一家公司是否已有大企业综合征。其一，强调物理条件和设施。其二，注重形式而非内容。其三，管理人员的膨胀。无论是产品研发还是营销，都可能根据业务本身的发展做这样或那样的调整，人数的大量增加也非常正常，但当管理人员快速增长时，这是不太好的现象。这在某些行业可能是没办法的事情，如德邦等基础物流公司；但如果一家互联网公司的人数达到2万人，甚至3万人，就不见得是一件好事，因为在同样的条件下人数越少、效率越高。其四，不强调量化指标，而强调不可量化的事物。对公司来讲，最重要的指标是运营指标，但是运营指标必须量化。意思其实非常简单，枯燥的数据决定了企业最后的成败。无论怎么创新，最终都会通过数据来判断企业的状态，如客户、定单数、营收、毛利率等。今天有很多新兴企业的毛利率很低，如京东；甚至有很多企业的毛利率是负值，如滴滴打车，这些都不让人担心，因为对它们来说，今天的毛利率虽然是负值，但明天就有可能变为正值。毛利率是企业在制定目标过程中的重要指标。

流失率也很重要，这是第一个重要的数据。如果2014年的客户数是100万人，2015年是1亿人，增长了100倍，但其中有90%是沉睡客户，只有1000万是活跃客户，那么这种高速成长其实是没有意义的。所以，我们强调流失率，就是获取的客户数一个月以后能留存多少，两个月以后能留存多少，一年以后能留存多少，这是判断企业好与坏的重要标志。另一个非常重要的数据是现金流。在海外，银行看得最重要的指标就是现金流，固定资产对他们来讲没有意义。

第三，理想气体定律

Pv 压力相当于 nRT，理想气体处于平衡状态时有四样东西处于平衡点上：压强、体积、量和温度。最好的说明例子就是气球：压力、体积、温度和质量之间会处在一个平衡的状态，如果其中的一个量发生变化，气球就会爆炸。这个规律对企业，尤其是高速成长的企业有巨大的提示效应：市场机会再大，企业的发展也要保持平衡，不然会翻车。

对企业来说，资金成本、发展速度、市场规模和单位效益之间也存在一个最佳平衡点。比如，今天很多互联网企业要做地推，之前在一个省进行，现在扩大到 3~4 个省，原来在 1 个城市，现在扩大到 300 个城市，他们有资金，有市场，但是否有团队，有能力呢？地推并不是研发型公司最强的要素。一艘船在行驶过程中会有一个最高速度，当达到这个速度后即使再加大马力，速度也无法再得到提高，企业也是这样，公司管理的能力和人决定了最快的发展速度是多少。

10 年以前面试如家 CEO 时，我问孙总（孙坚）："你认为如家以后每年最多能开多少家，是否有 100 家？"他说到不了 100 家，只能开 50 家。原因是他发现如家的架构还不到位，管理还不到位，没办法覆盖到三线城市。他说，在新店开设过程中，装修队很重要，但是又不能把上海装修队派过去，因此建设好的装修队需要时间；跟当地人打交道，获取牌照也需要时间。孙总上任后，头两年虽然没有实现每年开 100 家店的目标，但是第 4 年、第 5 年新开店的数目将近 400 家，超过了我的预想。一年中一天开设一家店，这非常难实现，但是当组织架构足够强劲时是可以做到的。所以，CEO 需要考虑自己团队的能力能支撑起多快的成长速度。

资金成本对于传统企业家来说可能更有切实感受，因为他们要向银行借钱，银行需要抵押品，也需要定期还钱。但现在比较成功的企业多采取股权融资，不是债务融资，不需要还钱，还可以 A 轮、B 轮、C 轮等好几轮融资，虽然成本比债务融资贵一点。获得融资后进行快速扩张感觉是天经地义的事，但并不是每家企业都能永远获得融资，而且高速扩张中烧钱会很厉害，在这个过程中若稍微出现差错就会导致翻船。

再看单位效益。单位效益对传统企业来讲也比较容易理解，原材料是多少，生产成本是多少，收入是多少，毛利率是多少，从这些数字中就能很清楚地知道单位效益，也能知道上游原材料涨价带来的影响有多大。但这一点在互联网企业不太容易算清楚，因为很多企业的毛利率是零，甚至是负。每笔交易到底是赚钱还是亏钱需要考虑很多因素：第一，获取客户的成本是多少；第二，客户的流失是多少；第三，重复率是多少。今天的毛利率虽然不高，但将来有机会提升吗？这个很复杂。相对来讲，传统公司是静态的，互联网公司绝大多数情况下是动态的，而且很多互联网公司在发展早期要通过牺牲很多其他因素来获得市场地位。

最后来看市场规模。市场规模是企业最后能走多远的重要因素，如果在市场规模不大的情况下，我们希望走得很快，那就要投入更多的费用，单位效益表现就会比较糟糕。很多人说市场规模很难完全量化，我们曾经内部讨论过大疆科技的市场规模究竟有多大的问题，大疆科技是一家研发和生产无人机的公司。要测算企业的市场规模，首先我们需要知道它的产品为哪些人群所接受。那么，无人机是摄影爱好者的玩具，还是可以用于工业或军事？大疆科技的李泽湘教授曾提到，推出的产品首先自己要喜欢，因为如果自己都不喜欢这个产品，那么在测算市场规模的时候肯定会潜意识地将数据估算少，而如果不是大疆的忠诚用户，也很难想象它会有如此大的规模。这是一个企业家和创业者都需要思考的问题。

在企业发展过程中，速度慢一点不是坏事，专注也不是坏事。图 1 是谷歌 2000 年的 β 版网站，这个产品在相当长时间里没有改变，2006 年的时候还是这样，从 2000 年到 2006 年它一直关注搜索市场，随后发展了无人驾驶汽车、谷歌眼镜等很多产品，但正是它相当一段时间内的专注保障了谷歌后来的成功。

图 1　谷歌 2000 年的 β 版网站

第四，机械杠杆定律

所谓杠杆定律，就是要使杠杆平衡，作用在杠杆上的两个力（动力点、支点和阻力点）的大小跟它们的力臂成反比，即动力×动力臂＝阻力×阻力臂。在这个定理里，大家都知道动力相对应的质量很重要，但实际上，支点在哪里也很重要，它决定了杠杆最终是否能处于平衡。在商业世界火热的竞争中，一个大公司可能会认为它最主要的对手就是其他的大公司，大部分情况下的事实也确实如此。而在大公司之间的竞争中杠杆效应是难以发挥的，因为与支点的距离相近，在这样的情况下，重量越重就会有更好的商机，也就是说规模越大越能制胜。但在一些情况下，借助杠杆效益，小公司也能以小博大，成为大公司真正的对手。因为小公司体量小，为了达到平衡，就需要距离支点更远。举一个例子，当年谷歌还是小公司的时候，它跟很多大公司展开了合作，其中就包括雅虎。现在来看也许大家都会觉得雅虎很傻，当初为何要与谷歌合作，让谷歌做大。但小公司的优势就是，可以与很多大公司形成业务合作，使自己的业务拓展，而且大公司也愿意，因为它们没有把你当作竞争对手。初创公司今天虽然是小公司，但它是潜在的大公司。对小公司来讲，这是最大的优势，所以，大公司恐怕不仅要关注体量跟自己差不多的竞争对手，同时还应该更关注小公司的发展。

我总结了一下，小公司的优势有五条。第一条，隐蔽。所谓的"隐蔽"不是说它故意要把自己的商业模式隐蔽起来，而是在公司发展的早期很多人没有办法知道它的商业模式将来会成为进攻武器。第二条，速度。对企业来说，发展速度至关重要，而初创期企业在讨论增长时，基本上是以月为单位来计算，而不是一年。初创期企业如果没有速度是没希望的。第三条，才智。小企业体量小，团队也比较小，这样的环境下团队成员的才智会得到最大的发挥。第四条，精简。速度更快的原因就是精简，只专注1个产品的小公司与关注5个产品的大公司相比，更早出成果的一般都会是小公司。第五条，简单。

第五，熵增原理，或者叫热力学第二定律

在自然界，熵不会减少，随着时间的推移一定会增加。熵增过程是一个自发

的由有序向无序发展的过程。我当时的物理老师给了一个解释，一块冰温度有差别，热量一定是从热的地方往冷的地方走，而不会从冷的地方往热的地方走，这就是熵增原理。

过去5～10年，社会上的无序越来越普遍，而且还在增加，无序是未来我们每天生活中必须面对的现状。前面我讲到谷歌曾经很专注，但是这几年已经不再那么专注了，也开发了其他的产品，如邮箱、眼镜等，而这些产品都是在无序的状况下开发出来的，因为谷歌允许产品经理每天有20%的时间不用花在老板吩咐的事情上，自己愿意干什么就干什么，这就促使产品经理带领团队自己开发新产品，待新产品成长到一定规模再上报。这个过程中，前面的开发阶段完全处于一种无序的状态，这对传统企业来讲很难想象，但对于优秀的互联网公司来说，这是它们取得成功的很重要的因素。

另外，非常重要的是无序状态。在过去10年中，媒体越来越呈现出无序的状态，以前只有几家大的线下媒体和线上媒体，但这几年随着社交化、社会化媒体的发展，以及微信、微博的兴起，信息控制已经变得非常困难，同时卖家与客户之间的互动一下子紧密了，这是好事，但也会带来巨大的风险，因为如果客户的抱怨集中爆发，就可能在很短的时间里毁掉一件产品。无序世界的一个标志是社会化营销，信息被无限放大，企业以前的工作如销售、公共关系、客户服务、业务拓展等都必须用社会化营销和社会化手段来提升和解决。反之，这样一种社会化和无序化的状况对很多企业来讲也是致命的。

这就是我要讲的五大定律，它们背后隐藏的商业规律都值得我们去研究和学习。

【互动环节】

提问人1：作为成功的投资家，您觉得未来10年最应该投资的产业是什么？

沈南鹏：关于对未来投资方向的判断，大部分的意见是：一是互联网、TMT（Technology、Media、Telecom，科技、媒体和通信三个英文单词的首字母缩写），二是医疗、消费，三是新能源清洁技术。其中TMT延展很多，5年前大家不谈智能硬件，但现在像小米这样的公司把这个行业带到了新的高度。企业应用软件将来的体量也会相当大，游戏行业也还在不断涌现新的公司，移动互联网更是这样，包括商业及O2O、社区。对于投资领域，我比较担心的是什么？我们看看美国过去40年的风险投资，很多VC（Venture Capital，风险投资）和PE不见了，原因是什么？是因为投资某个公司失败了？还是因为没有投资高成长的公司，如谷歌？其中最主要的因素还是对行业判断的错误。5~6年前，硅谷曾经对新能源充满了激情，大量的资金投入这个行业，某些基金的规模一年至少几十亿美金，但现在这些钱基本上都消失了。这些资金的消失对很多基金来讲是致命的，这不在于资金消失本身，而在于它对基金品牌所带来的负面影响。

很多媒体神话了投资人的技能，我觉得我们这个行业最大的技能就是对所投资行业的熟悉。今天很多投资人聚焦在某一个行业，但这些行业可能在一夜之间，或者是比较短的时间里不再成为热点行业。今天移动互联网一定是最热的投资点，也可能是2014年VC花费最多的一个行业，但5年以后还会是这样吗？因此，对于投资人来说，如何为5年以后可能出现的情况做准备就是一个非常关键的问题，大家可以进行理性分析，分析哪些行业可能会成为未来的驱动，而不是单一的公司。我曾问我的美国合伙人，2014年投资的项目中最令你激动的投资项目是什么？他说是3D打印材料公司，这跟中国现在都极力关注互联网有很大的不同。因此，对于未来10年的投资方向，我没法给出好的答案，恐怕10年以后让人激动的行业并不是今天能让我们激动的行业。当然，未来1~2年内让人激动的行业还是能看得比较清楚，TMT 肯定会有高速的成长，无论是 O2O、电子商务、智能硬件，还是游戏等。医疗也是会让大家感觉到有很多投资机会和前景的行业，因为中国医疗改革也是在向用户需求方向扩张。

提问人 2：我们是一家典型的传统服务性企业，在互联网的冲击下正面临转型难题。面对这种转型与变革，您觉得我们这类传统运营服务企业是应该在母体进行，还是应该成立新的公司？

沈南鹏：无论是在母体还是外围都不重要，内部成功的例子也比比皆是，如微博、微信的发展，从某种程度上讲都是左手打右手，微博肯定会分流新浪的规模，微信也在分流 QQ，但最终新浪与微博、微信与 QQ 都能发展壮大。由此可见，内部竞争性的产品都能孵化成功，更不要说在内部孵化新的产品了。当然，从外部改革也有很多成功的例子，关键在于刚刚我讲的所谓小公司的成长速度。初创企业成功需要什么样的因素？刚刚讲到了资金、管理团队、市场规模、商业模式等，当然，如果有一个母体提供业务上的帮助，这对初创企业的帮助是非常大的，但也不能太依赖母体。补充一点，对于初创企业来说，谁是企业的 CEO 和策略制定者，谁就应该得到相应的当家作主的权利和经济回报，这是初创期企业好的指标。很难想象一个优秀企业的创业者只有几个点的股份，而且自己没有更大的话语权。

提问人 3：2009 年我从传统产业转入大健康产业，进来后我做了大健康产业里的全产业链，从中医药现代化制造、医药物流、零售连锁、医疗到生物医药。小米的雷总说他建立了内闭的生态链循环，5 年来我的想法也是实现大健康产业链的内闭循环。从投资人的角度，您觉得未来大健康产业链的闭环是否有可能实现？

沈南鹏：我感觉这个问题不是问题，任何产业链内的互动都很多。但雷总讲的内闭生态链循环跟你的不完全一样，他是专注于打造小米品牌，从手环到净水器，这 100 多家公司是他投资的，属于战略联盟，这是有意义的生态体系。他在开放体系里，而你是在封闭体系里，至于未来的发展，我没有办法给出判断。

提问人 4：不知沈总是否可以说一下自己对未来 10 年科技行业发展的预测，是否也会出现科技 4.0？

沈南鹏：这个问题很难回答，但是有一个趋势可以看到，信息科技发展都有一个加速的过程，所以总体来讲，未来机器会越来越聪明。当机器越来越聪明，数据量越来越大、效率越来越高的时候，与人工智能相关的东西在整个行业中就会占据比较大的板块。当然，至于能不能达到7.0的状况，这会有很大的争论，但是机器会越来越聪明，围绕机器会不会产生新的商业模式也值得探讨。从某种意义上讲，大疆科技就属于围绕机器而产生的新商业模式，它生产飞行的移动互联网终端设备，包括潜入水下的摄像设备。在大数据分析能力大大提高的情况下，机器的智能性远远超过我们的想象。这样的公司背后都有很强的智能分析能力，很强的大数据处理能力，能够提供全新的无论是电商、娱乐还是社交化的手段。

提问人5：如果一个公司的发展前景很好，但它的团队很差，这种情况下您会怎么做？

沈南鹏：理论上，如果看中的企业团队不行，其实选择很简单，那就是不去投资，但是现实中很难在短时间内判断一个团队的能力是强还是弱，我们只能说这个团队是否达到了我们的指标，让我们下定决心去支持它。

提问人6：刚才您用五大物理定律诠释了投资的逻辑，红杉已经成功投资了200家企业，让您决定是否投资一家企业的最主要的要素是什么？

沈南鹏：那就是三个因素。一是人的问题，也就是团队。团队不行你肯定不投，但是如何判断这个团队的能力非常困难。这个人在这个领域可能做得很好，但是换到其他领域可能就不行，每个人都有优缺点，对于创业者也是一样。二是市场规模。有一些初创企业确实可以成长为好的公司，但是对投资人来说，我们最希望的是所投资的企业最终成长为伟大的公司，或者是有长期发展潜能的公司。一家公司的天花板有多高？这个问题很难量化，有些市场没有办法在短时间内量化，这永远是一道数学题，而且永远不知道5年以后给出的分数是多少。三是商业模式。

"人"重于"才"

文 | 钱颖一 清华大学经济管理学院院长

我是一名经济学学者。在教育领域，我是一名教育实践者，是教育管理者和教育改革者。2015 年是我担任清华大学经济管理学院院长的第九年。九年来，我有机会从经济学的视角和管理者的立场对中国教育问题进行思考并实践。今天，与大家分享一下我对中国教育问题的思考。

教育产出有两个维度：人与才

提到教育，多数人认为中国的教育问题十分复杂。其实，世间的事物都很复杂。经济问题也很复杂，但是经济学家把复杂的经济问题简单化，从而把握问题的要害，并给出清晰的分析。经济学家研究两类经济问题：一类是资源配置问题，核心是如何把资源配置给最有效率、最需要的人、企业和机构；另一类是激励机制问题，重点是如何进行正确激励，让每个人、企业和机构都有提高效率的动机和积极性。

经济学还提供了回答这两类问题的思路和路径，就是在约束条件下使资源配置的效率和人的积极性最大化或最大限度地提高。约束条件包括财务约束、技术约束、信息约束、制度约束等。三十多年来中国经济改革的思路，正是围绕这两类问题推进的。而中国经济改革的路径，正是在各种约束条件下不断提高资源配置效率和调动各方面积极性的过程。

经济学视角对我们思考教育问题很有启发。在我看来，教育产出有两个维度，就是"人"与"才"。关于"才"，人们探讨得很多。说到教育，十有八九都是谈"才"，如谈拔尖创新人才、人才引进和培养，讲的都是"才"。"才"与经济发展密切相关，人力资源和人力资本是经济增长的源泉，人才是创新驱动发展的动力，知识经济是新经济的特点。

但是，教育只是为了育"才"，为了经济发展吗？不是。教育产出除了"才"的维度，还有"人"的维度。"人"不仅是经济发展的投入品，更是经济发展的目的，"人"本身的价值可以超越经济发展本身。人的自由、人的尊严、人的幸福虽然与财富有关，但并非由财富完全决定。做"人"和为"人"不同于成"家"和为"学"。"人"的世界观、价值观、人生观，以及人的现代化，都是"人"作为目的的维度。

中国教育的四大特点

在"才"与"人"这两个维度上，我观察到中国教育问题中呈现出四大特点，可以分别用"均值"与"方差"两个度量来描述。"均值"是指"平均值"，而"方差"是指偏离平均值的分散程度。

中国教育问题中的第一个特点是在"才"的维度上"均值高"。意思是，在知识和技能方面，在同一年龄段，与其他国家相比，中国教育的学生平均水平较高。这是中国教育了不起的成就，同时也是中国经济的一种竞争优势。"均值高"这个特点为过去三十多年中国经济做出了重要贡献。

中国教育问题中的第二个特点是在"才"的维度上"方差小"。意思是，中国教育出来的学生出类拔萃的人才太少。创新主要靠杰出人才的创造性活动。当经济发展更多地由创新驱动时，特别是在"赢者通吃"的互联网时代，"方差小"和创造性人才少对经济发展就很不利了。虽然我们为"均值高"对中国经济过去的贡献感到欣慰，但是，我们为"方差小"对中国经济未来的影响深感忧虑。

中国教育问题中的第三个特点和第四个特点分别是在"人"的维度上"均值低"和"方差大"，正好与第一、第二个特点相反。这里"均值低"的意思是，在人的素养和价值方面，平均水平低。这正是人们通常对国人的文明程度和素养水平低的批评。而"方差大"则是指素养低、人格低的程度令人惊讶，而且数量不在少数。中国教育问题中在育"人"维度上的"均值低"和"方差大"这两个特征，比在育"才"维度上的"方差小"的特征更值得担忧，因为它不仅不利于经济发展，更有碍于人的现代化，影响民族的进步。

所以，我观察和概括中国教育问题中呈现出的这四大特点是：在育"才"方面，"均值高""方差小"；在育"人"方面，"均值低""方差大"。这四大特点不仅简明扼要，而且都可以用数据来度量与检验。

中国教育改革的"四项行动"

中国教育中的这些问题，如何改？这是更值得关注的。近年来，清华经管学院探索教育改革的路径，在改革本科、硕士、博士、MBA、EMBA 等教学项目中，试图聚焦育"才"和育"人"两个维度，并针对上述四大特点，实施了"四项行动"。这四项行动所要达到的目的是：在育"才"方面，保持均值，提高方差；在育"人"方面，提高均值，减少方差。具体而言，有以下一些做法。

第一项行动，在育"才"方面保持均值，同时提高效率。中国教育的优势是基础知识扎实，特别是数理和外语的训练良好，从小学到中学再到大学，从精英学校到普通学校，水平比较整齐、平均。在这点上，我们比其他发展中国家甚至一些发达国家都要强，这其中的部分原因是学生在学业上投入了大量时间。我们对此的改进是要提高效率，我们学院本科一、二年级的课程改革保留了四门数学和统计课程，比美国顶尖大学对经济学专业的数学要求要高，以保持基础知识扎实的优势。但课程更加精炼，并开出多个系列，让学生选择适合自己的系列。这就是保持均值，提高效率。

第二项行动，在育"才"方面增加方差，做法是鼓励差异。方差小的表现是学生同质化。同质化不是学生天生的，而是后天经过小学、中学、大学的教育造成的。减少同质化，增加方差，就应该鼓励差异，至少不要扼杀差异。我们在教育改革中强调学生自由的、差异的"个性发展"，强调为学生成长创造自由宽松的环境，从重"培养"转到重"培育"，期望调动学生天生的内在力量。2012年4月24日《中国教育报》头版头条以"培育学生自由生长的'土壤'"为标题，报道了学院本科教育改革，介绍了我们在增加方差、鼓励差异上的努力。

第三项行动，在育"人"方面提高均值，重点是提高每一位学生的素养。教育改革不能只关注少数拔尖人才，而要关注每一位学生。我们并不是指望他们人人成才，而是期望他们人人都成为真正的"人"。我们学院提出的本科教育目标，首先是要培养每一位学生成为有良好素养的现代文明人，这是为了提高"人"的素养的平均水平。我们推动在本科一、二年级以通识教育为主，汲取中国与世界文明的精华和全人类文明的核心。通识教育既不是专业教育的补充，也不是专业教育的基础，通识教育本身就是价值，因为它提高人的素养，提升人的文明程度，是实现"人的现代化"的必要条件。

第四项行动，在育"人"方面减少方差，特别强调恪守底线，尤其是人格底线。当每一个人都能守住自己的人格底线，整个社会中"人"的素养的方差就会减小。恪守人格底线听上去似乎不够崇高，但是这是减少方差最为现实和有效的办法。我们强调人格底线，从讲真话、讲实话做起。我们还开设了"批判性思维与道德推理"课程，引导学生面对伦理道德问题，用批判性思维争辩价值的取舍。

以上是我们正在探索的教育改革路径中的"四项行动"，对应的是中国教育问题中的"四大特点"。概括而言，就是：第一，育"才"中保持均值，提高效率；第二，育"才"中增大方差，鼓励差异；第三，育"人"中提高均值，重在素养；第四，育"人"中减少方差，恪守底线。

中国教育改革需要新的理念与行动

中国教育改革远滞后于中国经济改革，社会对教育的不满和批评远多于对经济发展的不满和批评。现在，中国人对教育问题比对经济问题更加关注，也更加忧虑。这里的原因显而易见：教育不仅影响中国经济的未来，而且关乎在座各位的后代，更决定我们中华民族在人类文明中地位的前景。

教育改革比经济改革更艰难，学校改革比企业改革更艰难。我们看到了问题：人才中重"才"轻"人"；教育中有"教"无"育"。我们提出了理念："人"要重于"才"，教育既要"教"更要"育"。我们正在探索教育改革的现实路径。中国的教育改革，既需要新的理念，更需要新的行动。我们正在中国教育改革的路上。谢谢大家！

价值创造与事业合伙人制度

文 | 郁 亮   万科企业股份有限公司总裁

作为企业工作者，我想从微观角度来谈一谈创新的问题。

人才是万科唯一的资本

企业创新有很多种，包括业务创新、产品创新等，但是企业管理机制上的创新可能是最根本的。我非常认同沈南鹏说的"最重要的是人"这句话，二十多年前王石也说过一句话："人才是万科的资本。"那时候中国缺的是资本，所以要把人才当作资本一样来对待，这么做毫无疑问可以吸引很多人才。万科从零开始到做大，后来做到上市，我们发现人才是比资本更重要的东西，所以说人才是万科的第一资本。对万科来说，我们并不掌握垄断资源，我们也没有绝对控股的股东，这时候人才就变成了万科唯一可以依靠的资本。对于这样的变化，万科经历了三个认识阶段，而这三个阶段采取了三种不同的做法。

启动职业经理人制度

第一个阶段，把人才作为资本的时候，万科吸引各路英雄豪杰参与创业的过程。只要是优秀的人才我们都欢迎，那时候万科有一句话："人才是一条理性的河流，哪里有谷地，就向哪里汇聚。"后来万科启动了职业经理人制度，依靠职业经理人的能力把企业经营好，不断创造价值。万科发展到2008年，出现了第一次利润下滑的问题，那一年万科的规模增长和利润增长都有所下降。为此，万科的管理团队都没有奖金。对于职业经理人来说，创造价值是天职和使命。那么该创造什么样的价值呢？这就成了一个要探讨的问题。创造价值只是为了赚钱？那一年万科的净资产收益率只有12.65%，而社会平均值在12%左右，也就是说被万科视为最优秀的管理团队并没有创造出多少真实的价值。所以，我们跟董事会讨论出了一个新的方案，是否可以引入经济利润奖，将职业经理人追求的东西和股东要求的东西结合在一起。职业经理人创造真实价值的同时，也可以分享这部分价值。

于是，万科每年请第三方公司来计算社会平均回报水平，高于该水平之上的部分才作为奖金发放，这个做法的效果很明显。2008年万科的收益为12.65%，到2013年收益达到了19.65%，回报率提高了50%。但是万科又遇到了新的问题，2014年万科股票猛跌，职业经理人制度跟股东的诉求再次出现矛盾，这是对我们内部的挑战。

中国职业经理人经过20年的发展，受到了人们的一些质疑。说到职业经理人，有些人会有一些不屑，他们认为职业经理人缺乏责任和担当。职业经理人基本上是包赢不包输，赢了是创造出来价值大家分享，但是输了跟他们没关系。所以，内部就遇到了管理者追求的东西跟股东之间、增值价值之间出现了矛盾。一年前我们开始研究如何使用一个新的管理方法来解决这样的矛盾，我们去了国内外很多公司，国内包括各个互联网公司，也包括海尔这样的传统公司及正在筹备去的富士康、美的等公司；国外的KKR集团、黑石集团对我影响很大。我发现这些公司的一些做法跟我们不太一样，其中最主要的区别是合伙人概念。所以，经过一年多的思考与摸索，2014年3月15日万科开始了对事业合伙人的尝试，从职业经理人制度升级为第二阶段事业合伙人制度。

升级事业合伙人制度

从职业经理人到事业合伙人之间多了一样东西，如果说职业经理人制度的要求是共创和共享，那么事业合伙人制度的要求是共创、共担、共享。事业合伙人创造了价值就可以分享创造价值的成果；如果损毁了价值，就应该承担相应的责任。我们具体从以下几个层面来开展工作。

第一个层面，我们把滚存下来的集体奖金委托给第三方买公司股票，不仅要创造真实的价值，还要跟股东的利益绑在一起。尽管我们没有办法消除资本市场上的波动和资本市场的偏好，但是我们应该跟股东同血脉、共冷暖，让股东知道我们的管理团队和股东之间是紧密联系在一起的。所以到今天为止，万科2 500多个骨干员工持有了万科4%左右的股票，虽然占比少，但也是万科第二大股东了。我们的身份转变为职业经理人和事业合伙人二合一，既为股东打工，也为自己打工。困扰我们多年的问题——股东跟员工谁应该摆在前面——终于解决了，因为我们的身份变得一致了，利益基础也变得一致了。

第二个层面，股权激励不能从根本上解决问题。万科有2 500多名骨干员工，那其他员工怎么办？股权激励制度的基本面可以控制，而其他方面的波动不可控，跟员工的切身感受离得也比较远。所以，我们又采用了和PE相似的做法：项目跟投制度。我们要求项目操作团队必须跟投自己的项目，员工可以自愿跟投自己的项目，也可以跟投其他的项目。这个制度实施之后解决了几个问题：首先，解决了投资的问题，不好的项目可以不投，遇到好的就以拿项目为主，以前两小时的项目决策会现在5分钟就能解决了。到今天为止，我们觉得钱应该花在客户的感知上，为他们省成本。因为客户的购买力有限，如何让顾客买到性价比最高的产品和服务，这跟公司股东的意见达成了一致。其次，跟投之后我们发现实名举报也比以前增多了。以前损害公司利益的行为跟员工自身没什么关系，现在损害的公司利益里包含了损害员工的利益，因此员工们不再视而不见。事业合伙人的跟投制度是我们的第二个创新。

第三个层面，大公司部门之间的责、权、利一直存在难以划分的问题，再怎么划分边界也有划分不清楚的时候，所以我们成立了事件合伙人制度。比如说给客户省成本这件事情，临时组织事件合伙人参与到工作任务里面去，事情解决就解散，大家回到各自的部门。这样有很多东西可以改造，以前都是职位最高的人担任组长，现在可以推选出最有发言权的人来做组长，他对这个事情最有研究和发言权，他做组长才可以收到最好的效果。三个层面——上面持股计划、中间项目跟投和底下事件合伙构成目前万科事业合伙人制度的三种做法。

合作方加入项目跟投

我们当然还存在疑虑，就是资金从哪里来，会不会有短期行为的问题。如果纯粹是项目跟投，可能会有短期行为问题，但是我们还有持股计划，第四年才拿第一年的奖金，如果做得不好还要还回去，所以短期行为会在第四年被发现，会影响整个股票的表现，连累所有人。第三个阶段，万科在这些方面进行了改变，我们在考虑除了员工之外是否有可能让合作方共同加入项目跟投。我们在嘉兴做了实验，让总包单位加入进来。得知我们的竞争对手要提前一个月卖房子，如果我们比他晚一个月推出，我们的房子可能就卖不出去。以前我们会让总包单位加班赶工，给他们很多赶工费，这样一来基本上我们也不赚钱。但是总包单位变为合伙人后，他们把早日完成项目当作自己分内的事情来做，比对手早卖掉房子，总包单位也很高兴。万科正在把项目合伙、事业合伙这件事情一步步地往前推进。

中国企业经过了30多年的发展，企业在管理制度上也需要有新的尝试和探索。我认为万科这些年在事业合伙人方面的尝试非常成功，所以粗浅地跟大家汇报一下万科的做法和想法。

把员工健康纳入管理内容

借此机会，我还想发出一个倡议。我希望我们在座的企业家能够把员工的健康纳入管理的内容，这也是万科过去几年变化最大的地方。很多公司都在员工福利上下了很多功夫，给工会很多支持，如将工资总额的 2.5% 作为职工教育经费，还有支持绿色门诊，等等。这里把员工健康纳入管理内容是说，不要把员工健康作为 8 小时以外的活动，不要把员工健康限于工会的负责范围，而应是管理者的工作内容之一。这么说可能比较抽象，具体来说有 3 件事情应该做好。

第一件事情，管理层要带头运动。现在很多人反映没有时间，我想问一下大家，如果没时间运动，有时间生病，你难道还会说没时间运动？我觉得没有时间更像是个借口，主要是对运动的重视程度不够。还有人会说我的关节不行，尤其是膝盖不行，我们绝大多数人是不会将关节用坏的，锈坏的可能性比用坏的可能性更大，所以大家不用担心。我第一次跑七八百米时整个膝盖疼，但这个春节期间我跑了 100 公里，一点问题都没有。管理层带头运动，员工就会跟着运动了，所以万科把这件事情列入管理内容。

第二件事情，要为员工运动创造条件。最简单的条件是什么？就是在每个办公场所设置淋浴间。鼓励员工运动，有淋浴间可以为员工创造一个小小的便利。

第三件事情，如果想收到更好的效果，应该把员工的健康状况列入管理者的 KPI（Key Performance Indicator，关键绩效指标），员工不健康就扣管理者的奖金。员工健康有很多衡量标准，体质健康状况等都可以解决。万科鼓励员工运动的方针已经坚持了三年，不光是跑步，包括太极等都是很好的运动。三年以来万科全体员工的健康状况有大幅改善，而且员工满意度也在逐年升高。这几年万科员工的人均效率更高，员工的工作压力比以前更大，但是调查表明大家非常满意，很大的原因就是通过运动感受到了快乐和健康。

关键是实现产、学、研的有效结合

文｜李泽湘　大疆创新董事长

"学院派"缺席创业企业的发展

今后的10年、20年，在座的企业家将是决定中国发展的最关键因素。可以比较一下中国的创业者跟美国的创业者的组成有什么不一样的地方。若把美国这些年创办的一些公司进行分类，一类是苹果、亚马逊，一类像HP（惠普）、Microsoft（微软），这两类公司有共同点，但也有不一样的地方。一类可以称为"草根"，是从企业出来的人创办的；另一类则是由将学校研究进行应用的人创办的，我们称之为"学院派"。近些年"草根"企业的创办人中，很多名字非常响亮。国内"学院派"早期有方正、联想，近十几年来这一类的创业企业几乎消失了。

这可能引出一个问题——国家这些年大部分的科研经费、教育经费实际上都投给了"学院派"，在它们中本应该有更多的高科技企业涌现出来，但非常遗憾的是，并没有达到这样的效果。但是在今后10年、20年要实现我们的中国梦，"学院派"企业必不可少，更应成为主力。

研发成果产业化需要政策支持

因此，我一直在思考：是否有可能在教育科研的体制下补上我们的缺失？于是，我开始在香港科技大学自己的实验室进行尝试，看能否能实现这一目标。我在香港科技大学工学院电机系有一个很小的实验室——自动化技术中心，我曾把我们系和诸如美国MIT（麻省理工学院）一类的名校做过比较，结果发现教师的水平在伯仲之间，而我们的科研经费却不到他们的1/4甚至1/5，且国内的任何一所"985"高校都会超过我们。

我1992年加入香港科技大学，一直想做研究，期间有一件小事情引发了一些变革。一个香港老板在顺德开了一家厂，买了设备后无法使用，于是他来找我，问我能否把它搞定。我当时的回答是，我只教课，做研究，你的机器和我没关系。那个老板很失望，不久后又来找我，拿着一张空白支票对我说，李教授你看着办吧。当时香港科技大学的科研经费不够，于是我们拿了一半花在机器人的控制卡上把这个设备修复了。之后，我意识到学校的研究有可能对周边的企业产生推动作用，但要做成这件事情就必须大批量复制，也必须创办一家公司。

同时我们也知道，学校老师创办一家公司要具备三个因素：第一，与你的科研相关；第二，学校政策有利于将学校的研究变成产业——这是内地学校一直没有成功实现研究与产业转换的原因；第三，要有一个平台。当时深圳要产业升级，但没有大学支持，所以采用"借鸡生蛋"的模式，政府提供土地、资源，让北京大学和香港科技大学到深圳建立机构，践行产、学、研办企业的方式，由此启动了深圳的企业创新模式。

中国的产业发展不能再靠"山寨"

中国珠三角的制造业，以前都是ODM（Original Design Manufacturer，原始设计制造商）的模式，有几个工人即可生产，这在一定程度上能满足赚钱和初步发展的需求，但不可能永远持续下去。现在中国已经发展到一个拐点，一定要用自己的设计来支撑制造业，因为做设备机械的东西可以山寨，但控制和软件没有办法山寨。

通过目标案例我学到了很多东西。以前我招研究生都是从内地最好的学校招成绩最好的学生，后来发现这些学生的创新能力跟他的成绩并不匹配。而且我们原来的课程都是从美国MIT、伯克利拿过来的，这就使得我思考应该怎么设计我们的课程来培养有创新能力的学生。所以，我开设了一门机器人设计课程，不同的人在一起设计，8个月的时间做几个机器人，这使他们的设备、团队合作、项目管理等能力都得到了很大的提高。

从这几个例子中我有一些体会：第一，学生要有兴趣、有理想、有激情来做这个事情；第二，学校的创业不是让商学院开一门创业课程，而是要将创业融入每一个环节，课程设计、课题设计都可以成为创业的课题——谷歌和雅虎都是这么发展起来的；第三，如何提高技术。同门师兄弟是最好的创业伙伴，学生有激情、能创新，但是他们缺少资源。在这方面，老师、学校、政府应该打造一个创新创业的平台和体系，使得更多的年轻人得到发展的空间。现在无人机还只是一个起步，还处于1.0时代，后面有大量应用可以颠覆或是改变很多行业，像农业、物流、灾情检测执法系统、建筑维护等。所以，我觉得这完全是一个非常兴奋而且值得期盼的新时代。

香港最宝贵的资源是高校

以前学生从中国内地到香港地区读书成为"港漂"，之后都跑去美国硅谷了，没有人留在香港创业。汪滔可以说是开创了一个新时代，加盟创业公司或者是创办新型公司的年轻人中也包括李群，他主攻自动化，立志做新一代的工业机器人。传统的机器人都是从汽车行业引发出来，这个领域如果我们再去做就已经太晚了。但中国有一个得天独厚的产业，那就是3C（Computer, Communication,

Consumer Electronic，即电脑、通信、消费性电子）产业，这个规模比汽车要大4倍，所有的3C产品，如手机、计算机、消费电子都是靠人来装配，这就需要新一代的工业机器人。所以，李群的一个使命就是解放2 000万产业线工人。

深圳是我们早期创业的地方。现在深圳越来越拥挤，所以我们在松山湖找了一个更大的地方。外面的人给了我们这个地方（东莞、深圳、香港一带）一个名字，叫"Hollywood of Makers"（直译为"制造者的好莱坞"），不管是采购或者是制作，在这里做智能硬件都非常方便。以前这一地带都是为惠普、苹果这些国外大公司服务，但今天它应该为中国的创业者提供服务——这是我们的一个理念。在此基础上，我们成立了香港科技大学机器人研究所。过去这些年，我们在机器人的核心零部件、核心技术方面有了很好的积累。有了这些技术后，我们可以在很多领域进行探索，包括把所有的传统装备变成智能装备，把所有的工业机器人变成智能工业机器人，再将之用在医疗、家庭、服务领域，这就是我讲的"城市4.0"概念。自动驾驶车，还有消费机器人……我觉得有很多可以想象的东西，而且其中很多都是应该即将发生的。

香港科技大学以前在拼命追求文章，现在也在反思：大学到底应该如何定位。我们也有了尝试，成立了机器人研究所，把学习、教学研究和创业一体化，实现集成。之后在松山湖打造了一个机器人产业基地，希望国内的香港、内地还有国外在机器人、智能硬件等领域从业的年轻人能够来到这里，我们提供零部件和制造体系，使得更多企业能够走出去。

最后总结来看，珠三角尤其是深、港这一带是世界上最好的创业乐园，硅谷有的我们都有，硅谷没有的我们也都有。同时，大家没有意识到香港的这几所高校是香港最宝贵的资源。以前大家看香港总是着眼于海港和金融，但是我觉得错了，最宝贵的正是这几所大学。它和珠三角的产业体系结合起来后，完全可以改变一个地区的经济结构。我希望政府、学校、老师把创业的最后一公里打通，只有引领中国机器人产业还有全球新硅谷的发展，香港的高校才能够得到长足的发展。

企业与人才

DUANG！千禧一代来了

文 | 王尔晴 美丽中国高级募资经理

亚布力是个什么地方？它是位于黑龙江的一个小镇，是我老爸和他的企业家老伙伴们15年来每年都要去的地方。我从来都觉得去亚布力企业家年会，连腿摔断了都要去，是理所当然的，如同学生每年要参加期末考试一样。我2001年第一次来到亚布力，刚好就是亚布力论坛第一届年会召开的时候，那时我还是个中学生。最近5年，我对亚布力年会有了更深的参与和理解。2015年是我第六次来参加年会。也是在这第15届年会上，我和小伙伴们以千禧一代的形象集体亮相，年会也有了一个新亮点，这就是亚布力青年论坛。

什么吸引青年人来到亚布力

我为什么要来亚布力？青年论坛的小伙伴儿们为什么要来亚布力？对此，我在微信群里征询到各种各样的说法。有人说是父母逼着来的，后来发现还挺有意思，就继续来；有人说我们是来接受洗礼的，从知识、理论、商业创新、社会观点和价值观，从里到外的洗礼；有人说我们是来分享创业经验的；有人说是来听故事的，听成功的故事，也要听失败的故事；有人说就是来滑雪的，亚布力的雪质全国最佳；有人说是来和50后到90后交朋友的；外国小伙伴说，是来向中国最好的企业家学习的；还有人说我们是来给亚布力论坛注入新思想的，使它保持年轻的活力。我觉得亚布力是在众多精英聚会中一个最真实、最诚实、最具启迪性的地方，我们在这里获得了成功企业家们无保留的指点，被诸位最具活力和竞争力的思想感染，我们从不同的角度认识了彼此。

亚布力青年论坛上有8位青年人发言，但是来参加亚布力年会的还有来自世界各地的一大批青年人，包括会场内外的数百位志愿者。他们是来服务的，同时也是来听会的。我们都是来到亚布力的青年人，我们被吸引，说明亚布力对青年人的成长影响很大。谁说我们当中没有未来的马云和雷军呢？

说起志愿者，我自己有三段志愿者经历。

第一次是北京奥运会。我2007年回到北京本来是当志愿者，但很快转成国际奥委会正式雇员，在市场部做赞助商服务，为此我在英国帝国理工大学休学一年。奥运经历和奥运精神让我学到追求卓越和公平竞争，每一个运动员都想当冠军，也都有可能当冠军。正是体育对人性本质的追求，让奥林匹克的五环百年不衰。

第二次当志愿者，是我在帝国理工大学硕士毕业以后回到北京工作期间，我平时在卖商务飞机，周末在一个农民工子弟学校——"百年职校"，当英语老师。百年职校是一位企业家创办的非营利学校，目标是培养有技能的普通人。这是我第一次参与长期志愿服务。我不光每周备课、讲课，还带去了包括我先生在内的一支青年志愿者队伍。那时我开始有目的地了解中国公益行业的动态，研究教育资源差距的现实，同时规划我自己的职业切入点。有了百年职校的志愿者经历后，我想把公益作为职业来做。

第三次当志愿者，就是我加入公益组织——"美丽中国"。

我身边的青年人在做什么

我们来到亚布力，分享最多的一个是企业家的精神，另一个就是企业家的社会责任。企业家不仅创造了社会财富，还在推动社会进步。而社会进步的重要标志之一，就是平等。有了平等竞争的机会，才会有社会进步的动力。而人们接受基础教育机会的不平等，成为了一切未来不平等的开始。"美丽中国"（Teach For China）存在的目标，就为了让中国贫困地区有更多的孩子获得接受优质基础教育的机会，进而让他们拥有未来平等参加社会竞争的机会。

这次会上许多企业家谈到，一切商业进步的核心都是人。"美丽中国"吸引我，就是因为它是从人的角度，通过推送优质师资来解决基础教育不平等的核心问题。这是一个专业的长期支教组织，从北大、清华等一流院校招募最优秀的毕业生，经过严格的选拔和培训，派送到中国农村（地区）和城市贫困地区，在一线岗位全职支教两年，给这些地方的孩子一个更公平的教育起跑线。他们不仅完成学科教学，还启发孩子们独立思考，带动当地的教育文化。他们既是教育者，也是受教育者。两年的教学经历、艰苦的生活环境、对中国基层社会的认识和体验，都对他们的人生价值和未来事业将产生深远的影响，为他们成长为接地气、懂国情、有能力、有成就的未来人才打下基础，甚至有些人可能成为领袖。

我非常希望我们"美丽中国"的老师也能成为亚布力年会的朋友，此刻他们都在落后地区的课堂上为数万名学生服务。下面，我讲两个简短的小故事。一个是关于"美丽中国"的杨老师的。他是位土生土长的农村学生，从村里考到镇上，从镇上考到县城，从县城考到北京，在清华读物理系，并获得了直博机会。在读博士的第一年，他了解到"美丽中国"，便毅然离开清华，加入我们的队伍，到云南农村支教两年。期满后，当他的导师请他回校继续攻读博士学位时，他婉拒了。杨老师决定留在"美丽中国"，负责招募、指导新老师，还帮助年轻人做教育创业。还有一个是关于"美丽中国"的郝老师的。她在美国留学多年后回国支教两年，又考入哈佛教育学院，现在世界银行做发展中国家的教育投资分析。

郝老师告诉我，"美丽中国"是她最充实的人生经历，希望将来可以再回来。像杨老师和郝老师这样的年轻人，还有许许多多。"美丽中国"自2008年成立至今，共派送了600多位老师到120多所义务制教育学校任职，2015年还有更多的年轻人在准备加入这个队伍。

努力打造现代公益组织制度

做什么事很重要，跟谁一起做同样重要。无论是在我的职业公益经历中，还是在亚布力的会场上，我发现身边有理想、真心实意想要让世界更美好的人越来越多。我看到中国的公益慈善不再简单等同于牺牲、奉献、给予，而在逐渐成为专业化、职业化的主流行业。我们知道这不是一件容易的事，当前的中国公益慈善环境确实面临许多挑战，无论是政策、文化还是公众期待。但没有人比我们年轻人更合适处在这个位置来改善这个环境，从实践中发现机遇。这也许与我们父辈下海，创业，最终成为企业家有相似的感受。如今，我们有更好的基础和榜样，有各位企业家和全社会的鼎力支持，那就更要有勇气、持之以恒地追求理想！

许多人问我为什么在"美丽中国"做慈善、募资工作。我常半开玩笑地告诉他们，我从一个卖飞机的，变成了一个卖理想的，都是做销售嘛。

我当前的理想就是在中国公益慈善行业从无到有、快速发展的时代，努力打造健康运营的现代公益组织制度，把我的个人使命融入社会进步的大理想中。现代公益组织制度包括公益慈善行业的专业化、职业化，如同现代企业制度和文化的建设一样，它将为社会进步带来巨大动力。

亚布力青年论坛在2015年正式成立了，这次探讨的主题就是千禧一代的理想和价值观。我们当中有做村官的，有研发机器人的，有做青年领导力培训的。无论是从商，从政，从事科研、教育还是公益，我们共同的追求就是尽我们的一份力量，让世界更美好。来到亚布力，我们在学习、传承和发扬企业家精神，努力承担社会责任，并彼此鼓励。

我相信，无论做什么，当你开始行动时，就会发现很多人都在行动。2016年的亚布力年会，我们会带来新消息！

企业与"新常态"

该如何适应"新常态"

融入全球应成为中国企业的常态

联合行动，应对不确定性

"冬天"里的谋划与布局

我的2015——战略与规划

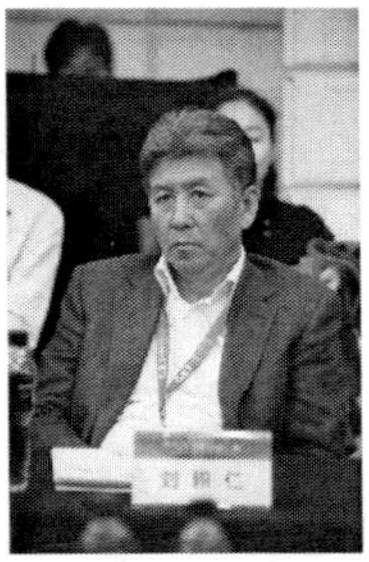

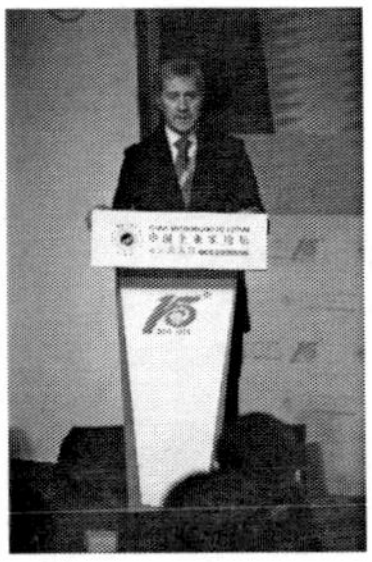

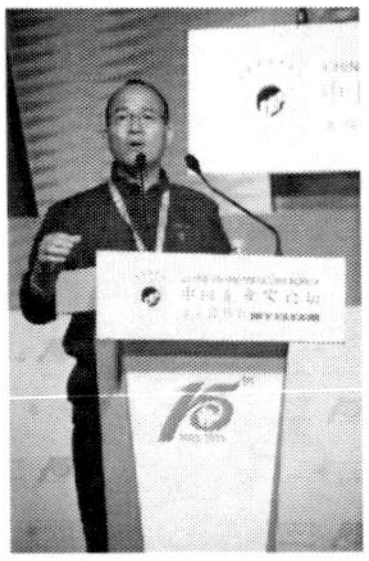

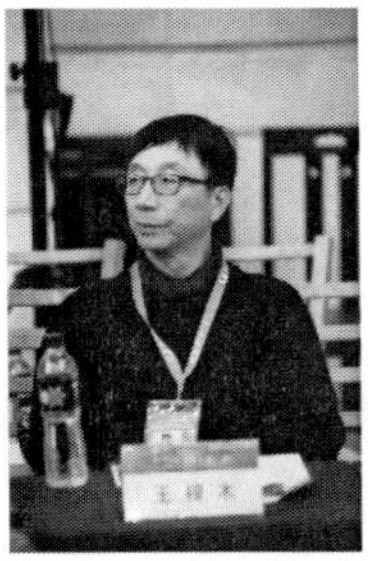

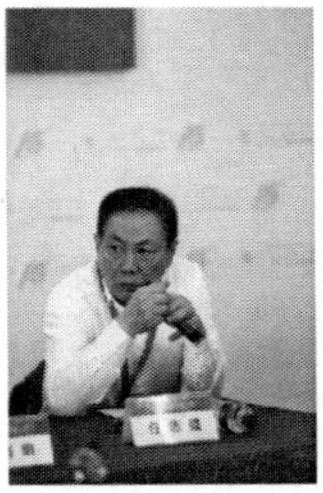

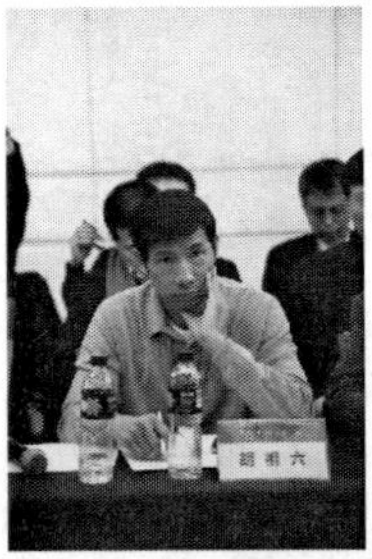

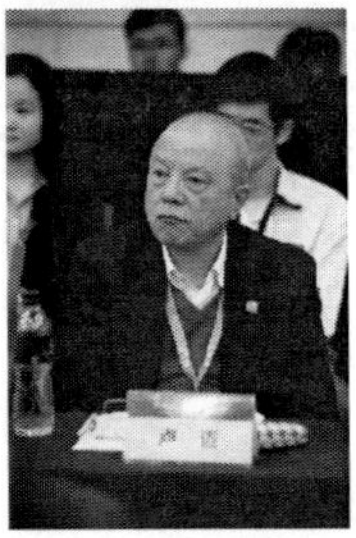

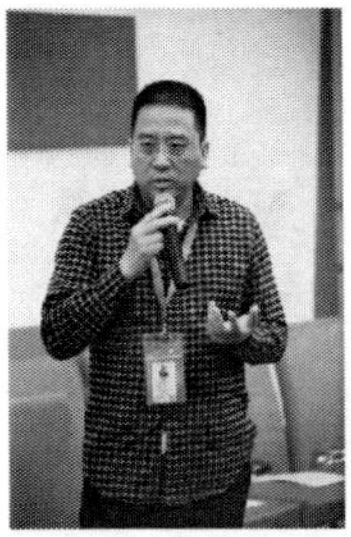

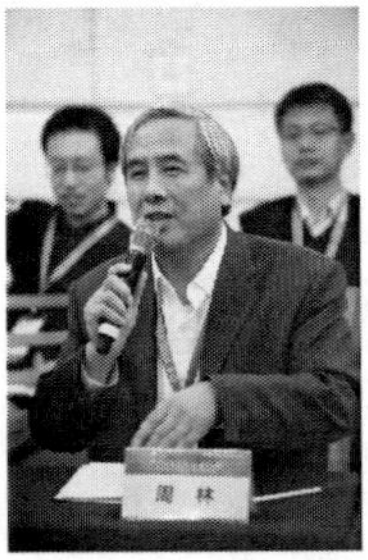
周林

该如何适应"新常态"

"新常态"的论述,高度浓缩了中国经济的新特征、新思路、新做法。新常态下的中国宏观经济局势将有哪些变化?新常态下国外和国内宏观经济局势的深层次关系是什么?中国企业的"新常态"是中国经济"新常态"的基础,我们同时也讨论新常态下中国企业的举措,分析中国企业在"新常态"下的主要特征。

在2015亚布力年会上正略咨询创始人赵民主持讨论了"新常态与宏观经济"分论坛,华泰保险集团股份有限公司董事长兼CEO王梓木,春华资本集团董事长兼首席执行官胡祖六,上海交通大学安泰经济与管理学院院长周林,中诚信国际信用评级有限公司创始人、中国人民大学经济研究所所长毛振华,东软集团董事长刘积仁,中国发展研究基金会秘书长卢迈,中泰信托有限责任公司董事长吴庆斌等参与了讨论。

赵民:"新常态"已经成为一个大家耳熟能详的词汇,但在现实生活中,我们该如何应对这个新常态?

王梓木:保险业驶入快车道

2014年,中国保险业发生了巨大的变化,国务院先后颁布了《关于加快发展现代保险服务业的若干意见》(新国十条)和《关于加快发展商业健康保险的若干意见》两个文件,这对整个行业来说具有划时代、里程碑式的意义,中国保险业从此站上了一个新的历史起点。2014年一年,国内GDP呈缓慢下行的

态势，而保险业却驶入了发展的快车道。为什么？就是因为中国市场化改革的大潮方兴未艾。多年前我曾提出这样一个观点：中国保险业的发展，与GDP的增长是算数级数关系，与深化改革的进程是几何级数关系。

2014年，保险业迎来了行业发展的春天。一是保险市场实现了强势发展，业绩再创新高。全年保费收入突破2万亿元，行业总资产突破10万亿，行业增速达17.5%（其中财产险增长16%，寿险增长18%），我国的保险市场规模由世界第六上升到世界第三，成为全球最具潜力的保险大国。此外，行业结构调整走向深入，效益显著提升。在资金运用方面，投资规模不断增长，可投渠道不断开放。这几年，保险业放开了资金运用的渠道。过去保险公司的钱只能委托给保险资产管理公司来管理，现在可以交给其他金融机构管理。所以，保险资产管理公司也遇到了巨大的挑战。像我们华泰资产管理公司，目前管理2 300亿元资产，其中华泰保险的资产大约只占10%多一些，其余80%～90%都来自第三方。当然，我们自有的资产也不是都委托给自己的资产管理公司来管理，也在挑选第三方。

二是改革创新不断深入。最引人关注的是"偿二代"的推出，使得保险公司偿付能力监管模式从规模导向升级为风险导向，这种新的监管模式从世界范围内来看都是先进的。适用偿二代标准，财险公司可以释放出500亿元的资本溢额，寿险公司可以释放出5 000亿元的资本溢额。此外，上市的几家保险公司2014年市值大增，这与整个改革的推动、增长的驱动和收益的增加有关，但这里面风险也在不断叠加。

谈到保险业发展的新常态，主要有三个特征。一是快速发展成为新常态。新国十条的出台，标志着发展现代保险服务业已经从行业意愿上升到国家意志。这一行业定位的重大转变，也意味着保险将日益成为人们生活的必需品。国际经验表明，人均国内生产总值在1 000美元至10 000美元之间，保险业将会经历加速发展阶段。当前我国人均GDP已达7 500美元，居民在医疗健康、养老、休闲娱乐以及个人财富保值、增值等各方面的需求呈现出与传统业务不同的趋势。因此，未来5～10年将是保险业发展的黄金机遇期。二是市场化改革成为新常态。保险费率市场化，保险投资渠道和比例限制逐步放开。新的竞争格局出现，有的保险公司也可能退出。三是创新驱动成为新常态。保险业将更多地依靠新技术、新产品、新业态，使创新驱动成为促进行业发展的新引擎。一方面，随着金融行业壁垒的破除，各种金融产品之间的界限逐渐模糊，交叉性金融产品越来越多。竞争的内容也从传统保险产品扩大到产业链的整合能力。另一方面，互联网技术的高速发展带动了一次新的产业革命，保险业同样在按照互联网的特点进行重构，各种新兴业态正在不断涌现。新常态下，保险公司必须培养应变和创新的能力，否则，老公司尚且能够依靠垄断优势生存，新公司和小公司的生存空间则会被挤压，甚至被市场淘汰。

2015年是一个黑天鹅乱飞的时代，也就是说充满了不确定性。这种不确定性，从某种意义上说就是各种机会所在。所以，这也是发挥创造性的时代，是一个大众创新、英雄辈出的时代。

赵民：我们从一个行业的变化可以看到经济的另外一面。按照你刚才讲的话，经济不是那么好的时候，保险业就很好，反过来说，保险业很好的时候，经济就不是很好。我读过一篇文章，女孩头发的长短和经济成正比，经济不好是短头发，经济好的时候普遍留长头发。

王梓木：这个联系的相关性不能成立。

刘积仁：创新需要政策和法律的支撑

新常态下的成长方式、成长速度以及整个市场环境都与以前不一样了。政府的财政绝对不会像过去那样宽松了，这一点我们的体会比较深，因为政府的税收和企业的发展有直接的关系，而企业本身也需要面对如何在低速成长空间下生存下去的问题。

我们看到日本、欧洲也有过负成长，但是他们的很多企业存活了下来，看着不怎么健康，但是生命力很强。面对这段历史，我们的企业需要思考如何在低利润率、低成长速度里生存的问题，我认为这对我们企业是一个很大的挑战。要解决这个问题，本质上

还是需要依靠企业自己的核心竞争力，包括企业的卓越运行能力、精细化管理能力、控制成本的能力、快速决策的能力等，这些都决定了企业未来发展空间的大小。

新常态下，大家都在谈创新，大家都知道创新是对的，但是我们应该在哪个地方创新？事实上，在过去的30年，中国企业做任何事情的成功概率都很大，因为那个时候的利润空间很大。我记得柳传志曾经讲过一句话，我这个行业像一条蘸满水的毛巾，总能挤出水来，挤一挤出来10%，再挤一挤还能出来10%。但今天，利润空间越来越小，创新也并不那么简单，创新的成功是意外，不成功是常态。因此，在新常态的时候让大家马上去创新，我认为不太现实，需要明白的是，我们希望创新，希望发展现代服务业，但是我们的平台还差得很远，因为创新需要政策、法律的支撑。

卢迈：潜在增长率可以实现

"经济增长新常态"可能是未来一个很重要的名词，也是习总书记在经济政策方面的一个集中体现——强调经济的稳定，不搞强刺激，防止所谓的快速城市化。我们在2014年实现了7.3%的增长率，有人把它看作衰退的过程，现在还在探底，其实这是不太准确的。国务院发展研究中心2011年发布的报告已经指出，2011—2015年我国的增长率应该是7.5%，下一个5年是7%，2020年以后是6.5%。这个报告是根据一般均衡模型做的评估，把劳动力、出口等各方面的因素都考虑在内了。新常态不是一个不断探底的危机过程，而是一个正常的增长过程。

政府有一个承诺，就是2020年要实现全面小康，这是一个政治承诺。这个

政治承诺人均收入要跟 GDP 增长一致，跟大家的收入水平是直接相关的。也就是说，潜在增长率可以实现，而政治上也有这样的要求，所以不会让它失速掉下去。

但在这样的一种增长情况下，由过去的高速增长转入现在的中高速增长，必然会出现很多问题，也会把以前超高速增长中的很多问题暴露出来。现在企业分化很明显，从房地产企业到制造业企业，一批企业会倒下去，一批企业会在新的起点上发展起来，这种情况现在正在发生。

在上一个 5 年计划制定的时候，刘鹤写过一篇文章分析"十二五"背后的逻辑，他表示，在国际大格局下，中国不可能长期靠出口来保持增长，必须要靠国内市场的发展。5 年过去了，我们看到中国居民的收入一直在快速增长。日本生产的东西被公认为价格昂贵，本以为在中国不会有太大的市场，但结果是在中国大量销售，这是中产阶级消费的一种特征。我估计在未来几年，这种收入快速增长的势头不会停下来，农民工的收入也在增长，因为供给赶不上需求。

政府现在应该做以下几件事。第一，通过试点解决"僵尸"企业问题。企业在分化，该破产的企业让它破产，该清算的债务要清算，经过试点坚决实行。第二，从财政本身挖潜力，提高财政支出效率。第三，积极和外方进行谈判，如和美国就双边贸易协定进行积极谈判。中国方面的举动可以推动国内的改革，同时会影响经济增长。第四，重视社会公平问题。比如，我们一直关注贫困地区的儿童早期发展问题，对这个问题如果不加以重视，将来会导致整个社会的差距越来越大。

赵民：卢秘书长的发言可以总结成三句话：第一，新常态是正常态，大家要在这样的情况下提高效率；第二，财政面对的挑战要通过提高效率来改善；第三，大家要有信心，解决贫富悬殊问题、2020 年实现全面小康是政府的一个承诺。

吴庆斌：新常态倒逼金融机构转型

在我看来，新常态有六个特征。

第一，中国要告别过去 10 多年资产的快速升值过程，土地资源、房产资源和矿产资源的快速升值过程基本已经结束了，这对我们的资产投资会有比较大的

影响。第二，GDP由高速增长回到低速增长，这是一个长期现象。第三，人民币汇率应该告别单边升值的过程。第四，由原来以规模拉动型的经济逐渐转化为以效率拉动型经济，尤其是劳动生产率的提高和技术创新的提高，保障了由规模推动型的经济转化为效益推动性的经济。第五，互联网对传统产业和经济的拉动都是不可避免的，一是互联网改变了传统产业的经营模式，尤其是对管理的提升；二是互联网产生了非常多的新应用和新服务。第六，政商关系贬值了。新常态之下，尤其是十八大以后，反腐将会长期进行下去，这改变了政府和市场、政府和商人之间的关系。

新常态最终回归的结果，就是让市场起到配置资源的核心作用。对金融行业来说，最敏感的就是市场资源，最大的挑战就是利率市场化。央行新一轮降息的核心是把存款利率上浮空间又扩大10%，到1.3倍。如果再经过一两次存款上浮空间的提升，再配套推出存款保险制度，利率市场化就基本能完成百分之二三十。如此，金融机构靠天吃饭、靠金融牌照吃饭、靠垄断吃饭的时代就会过去，因为利率市场化就代表着金融机构需要面对充分的竞争了。

中泰信托也在积极适应新常态、拥抱新常态。信托行业在过去10年间凭借对土地资源的投入，对高速增值资产的投入，在资产增值过程中赚取了一块收益，也成为金融行业中给投资人创造收益最高的行业。但是下一步我们该怎么办？新常态之后，之前的可升值资产没有了。这样的情况下，我们不能再依靠原来以给客户提供高收益、高回报、高增值的资产增值类服务盈利，而应该完善产品线，做资产的保值服务、增值服务及传承服务。

资产的保值服务就要求整个信托行业不能简单提供融资性服务，而应该逐渐把资产配置服务加进来，以贷款型的服务融合风险对冲类服务，如期货、大宗产品配置等。总体来说，我们整个金融行业还需要打造新型的风控体系，因为传统的风控体系已经适应不了新常态。新常态下，违约事件的爆发会成为一个常态，如债券的违约、信托融资的违约、不良贷款的提升等。这对整个金融行业风控体系的再造就提出了新的要求，所以金融行业要主动拥抱新常态，适应新常态，加快转型，从而为客户提供更加全面的金融服务。

周林：创新需要人才

新常态很重要的一点是依靠创新驱动发展，而创新最重要的资产就是人才。那么怎样培养真正的人才，培养有创新意识、创业激情的人才？这是我们商学院一直在讨论的一个问题。我记得早些年讨论商学院时，有很多企业家看不起商学院，认为商学院最多只能培养职业经理人，而职业经理人说白了就是打工。但是现在，商学院不仅仅在培养经理人，更重要的是也在培养企业家。

过去衡量商学院成功的标准是，学生毕业以后有多少去了投行。但现在商学院更强调培养年轻人的创业技能，为他们创造更多创业的机会，激发他们的创业激情。过去，创业很容易获得成功，只要抓住机会，胆子大就能成功。但是当企业脱离野蛮增长进入新常态以后，创新型技术发展对创新、创业至关重要。在这种情况下，如果商学院单纯在自己的圈子里谈创业，那培养出的人才将会是不完整的，无法适

应现实的大环境。所以，对商学院来说，打开自己的院墙，与工学院和其他的机构建立更多联系，一起来培养创新、创业人才至关重要。

胡祖六：新常态不是低增长的代名词

第一个观点，新常态不是低增长的代名词，新常态在美国更多的是指经济周期。1978年改革开放以来，中国实现了平均9%的GDP增长速度，特别是从1992年邓小平南方谈话到2000年加入世贸组织以后，增长速度曾经达到了10.3%和10.6%。今天中国的经济无论是规模还是人均收入水平，都有了翻天覆地的变化。有人说印度新总理莫迪很厉害，像邓小平一样。如果印度有8%的GDP增长率完全可以超过中国，巴西的GDP和印度齐鼓相当。中国现在的GDP增长速度是很合适的，未来10~20年的增长速度应该会在6%~7%之间。这个速度也是非常高的，每年6 000亿的新增量，水涨船高，很多产业都有增长的机会。

第二个观点，让市场发挥决定性作用，形成创新驱动的发展模式。如果没有这两者，中国经济无法进一步市场化。如果还是政府主导，还是传统的低成本、高投入、高排放的发展模式，中国未来GDP的增长速度可能都很难达到6%~7%。我们有小米、BAT这类公司[①]，但这并不能说明中国是创新大国或者创新强国。当然，中国大陆完全具备中国台湾和韩国所拥有的创新优势，如产业转型优势、人才优势，唯一的缺点就是我们还不够市场化，如果还是强势政府，人才优势就没办法发挥出来，创意也很难成功。创新驱动并不是单纯依靠技术，而是商业模式和产业结构的创新。在市场环境下，绝对的法则是优胜劣汰，我们要依靠市场的力量把"僵尸"企业清除。

---

① 中国互联网的三大巨头：百度（Baidu）、阿里巴巴（Alibaba）及腾讯（Tencent）。

现在中国产能过剩，家电、洗衣机、电视机都已经积压，但是家庭智能化会是一个新的空间。在移动互联网领域，中国和美国毫无疑问是两股领先的力量，但是在生命科学、生物制药、智能电网和新能源方面，中国和美国还有很大的差距。如果像美国一样发挥出潜力，中国也能真正成为一个创新大国和创新强国，但前提是一定要像美国一样变成充分自由竞争的市场模式。

毛振华：提高企业抗风险能力

我想换一个思考的角度。现在宏观经济中最大的问题到底是什么？我们的经济增长速度下降，很多企业从中看不到很好的发展机会，甚至有企业感觉到了生存的压力。经过分析，我觉得现在最大的问题是债务问题，过去我们没有认真思考过政府和企业的债务问题。

2008年，中国总体债务与GDP的比例是153%。到了2013年，这个比例达到了231%。从整个债务的构成来看，非政府债务比政府债务增长快，非政府债务跟GDP的比例达到160%。再进一步分析，2008年中国释放的大量货币都是以债务的形式出现，如果按照7%的增长速度来预期，中国每年要用GDP总量的7%来支付利息。无论对政府还是对企业来说，这么大的债务包袱已经严重影响了中国经济的稳定。现在，我国传统制造业产能过剩，当经济增长速度放缓，这些企业遇到问题之后就可能会违约，而违约则会引发整个金融体系、债务体系的崩溃。从未来的经济发展情况来看，违约的做法不可持续，但是如果不用这种方法来摆脱债务，我们能用什么办法把这些债务偿还呢？

我们看美国的经济，美国经济成功走出金融危机的影响，很重要的一个原因是美国债务下降，大部分企业的债务也降到历史最低水平，企业都有很强的抵抗风险的能力，不会出现大规模的倒闭。但我们的情况恰恰相反，所以只有提高企业的自律水平，才有可能降低整个社会的负债水平，才能使中国轻装上阵，从而从容应对新常态带来的各种问题。

赵民：那么"新常态"下区域经济应该如何布局？

胡祖六：中国最像新加坡的地方是上海，上海政府非常专业、非常能干，但是上海没有培养出一个好的创新企业。现在中国创新环境最好的是深圳，像腾讯的创办人马化腾就是深圳大学毕业的。但是我一直说相对于上海和北京，深圳唯一的优势就是环境，深圳市政府没有上海市政府强势，像平安保险、招商银行、华为、中兴、万科，都有一个很好的生态环境。中国是大陆型的国家，沿海地区因为开放比较早，发展比较快，现在我们东部、西部发展也比较快，资源禀赋都具备，只是发展到了一个瓶颈期。

对企业来说，区域上无论是在亚布力或者是在西安、上海、深圳，其实没多大差别。所以，我觉得关键是政府要创造一个好的法治环境，鼓励公平竞争。中国区域经济哪个地方变成IT中心，哪个地方变成生物制药基地，哪个地方变成机器人基地，这些都是"有心栽花花不开，无心插柳柳成荫"。

赵民：几位嘉宾的发言，我觉得给了我们一个最好的启示，那就是在新常态下其实还有很多机会，不仅保险业还有巨大的增长空间，新的移动互联技术以及整个中国经济增量的绝对值增加，包括人才培养、创新等各个方面，都有足够的潜力可以挖掘，对于新常态我们要有信心。

融入全球应成为中国企业的常态

文 | 郭广昌　复星集团董事长

中国经济融入全球，中国企业融入全球，这应该变成企业家生活的一个常态。从全球来看，有两类国家的企业要想生存必然要走全球化道路：一种是本身没有市场的经济，像以色列，他们设立的企业目标就是全球化；另外一种是大国经济，如美国、中国。中国现在已经是世界第二大经济体，所以在考虑企业生存时，我们一定要从全球化角度去思考，在全球化里找到自己的位置。以前我们常说，中国改革开放的前30年是全球企业布局中国，后30年则是中国企业逐渐投资全球，反向全球化。今天我更希望用"融入全球"这个概念，我们应该用更友好、更淡定、更常态化的心态看待这个问题。

企业家需要把各种资源整合起来，并将它们变成能够创造附加值的产品，解决客户的痛点，这也是企业的使命。在将资源和生产要素进行整合时，我们会发现全球生产要素和禀赋很不一样。比如，澳大利亚拥有资源优势，而文化创意方面做得最好的是法国和意大利，制造业相对发达的是德国和日本，最具创新能力的是美国硅谷和以色列。那么企业如何做才能具备强有力的竞争力呢？最简单的一点就是对各种禀赋资源加以利用。

把企业全球化生存与发展作为一种新常态，首先我们要尊重其他国家的底线，即尊重他国的法律，因为成熟的经济体不会突破法律的底线。我们不要做只会一味抱怨的祥林嫂，我曾经对日本朋友说，你们到中国投资失败就说中国的法律有问题，到美国投资失败就说对方能力不行。我们不要做这样的事情，我们要尊重当地的法律法规。另外，还要尊重别人的偏见，我们要对投资有足够的耐心。当别人对我们有偏见的时候，我们要敢于说出内心的真实想法，通过沟通尽力消除他们对我们的偏见。

亚布力论坛最能体现"全球化生存将成为一种常态"的观点，15年前几个中国精英在这里创办了亚布力论坛，今天管理亚布力地中海俱乐部的是法国精英。我们与地中海俱乐部接洽时，地中海俱乐部集团很希望复星集团投资，但是他们提出要求：复星投资后对地中海俱乐部的持股比例不能超过10%，而且投资一年之后才可以进入董事会。一家中国企业要去投资有65年法国血统的企业，他们所有的想法和担心都是可以理解的，最终我们投资了地中海俱乐部，完成了第一步。第二步，我们要把投资私有化。当时，地中海俱乐部全球总裁亨利对地中海俱乐部做了结构分配，法国企业占46%，复星占46%，管理层占8%，这表明地中海俱乐部仍然是法国血统。在这个过程中，意大利人也参与到投资竞价中，为了占据绝对优势，复星出了更高的价格，最终地中海俱乐部选择了复星。在同样的竞争环境下，地中海俱乐部的绝大多数管理层人员中，72个中国管理人员里有71人公开表态支持复星。复星要实现全球化生存，就需要整合资源，有耐心，有良好的心态。在这里我要感谢曹广晶副省长，他当年走在复星前面，领导中国企业去葡萄牙收购。当时他跟我讲了一个故事，他刚领导中国企业去葡萄牙收购时，葡萄牙报纸对此持否定态度，在他们的印象中，中国人还是清朝的形象，脑袋后面还拖着辫子。但是现在，他们对中国企业及中国人的印象已经改观了很多，所以也要特别感谢葡萄牙政府的支持。2014 年，复星收购了葡萄牙最大的保险公司 Caixa Seguros（简称 CSS），其在葡萄牙财险、寿险领域的占比都非常大，相当于二三十年前的中国人寿。这样的企业被中国人控股，葡萄牙人民愿意吗？不愿意，但经过不懈的努力，我们还是成功了。所以，在全球化的道路上，我们一定要有耐心，要一步步证明中国企业是负责任的。

除此之外，在中国企业全球化生存与发展过程中，我觉得最重要的一点是我们与所有的优秀企业之间是有共同的语言，也就是企业家精神。复星投资 CSS 后，我跟 CSS 的 CEO 沟通，他最让我感动的一句话是："我感谢你给了我一次做企业家的机会，让我和你们一样发光发热，为国家创造财富。"中国的民营企业天生就可以全球化，因为我们希望法治，我们希望市场化，我们强调创新精神，而这些价值观恰恰是全球所有企业共同遵守的，所以，使用什么语言交流不是问题，语言背后的内在逻辑才最重要。

希望从现在开始，整个国家以及所有中国企业家能够非常淡定、非常从容地面对对我们有利和不利的各种说法，很有耐心地一步步融入全球经济，创造中国更好的未来！

联合行动，应对不确定性

文 | 于尔根·费琛（Juergen Fitschen） 德意志银行联席首席执行长

面对 2015 年全球经济的发展，我相信全世界的企业家都会问同一个问题：2015 年的欧洲经济会如何发展？这个问题不仅对欧洲人而言很重要，而且我觉得对全球来说都很重要。那么这个问题的答案是什么呢？没有一个简单的答案，简而言之，我们一直还沉陷在金融危机的负面影响当中。很多人预测 2015 年的情况会比 2014 年好，可能还会维持 3.5% 的经济增长速度，但我并不这么乐观，因为我们还面临很多危机，经济增长也不可持续，还需要面对之前为应对经济危机而采取的错误措施所带来的负面效果，如低成本和热钱。当然，不仅我们是这样，美国、日本可能也面临这样的问题。面对这一现实，很多人都感觉很沮丧、无望，觉得他们是此次危机的牺牲者，但我们一直在努力，希望经济恢复，希望竞争力增强，从而在全球市场中获得更大的市场份额。

为走出困境，政府也采取了多种措施。2015 年年初的时候，全球 20 多个国家都采取了同样的措施，那就是区域量化政策，很多人觉得这个政策就是我们的解药，欧洲可能还会有一些更激进的做法，如接下来的 15 个月，欧洲央行还会批准一些新的贷款和资金。我并不是相信这些方法一定能够解决我们面临的问题，因为能够解决所有问题的万能解药是不可能存在的。虽然日本也使用了量化政策，但是它的萧条状况并没有完全解决。然而我坚信我们的货币政策会越来越有效，银行也能够想出更多的办法来解决这些问题，我也希望大家不要放弃欧

洲，因为这是所有的国家都会面临的问题。比如，由于银行业的萧条和银行功能的失效，我们建立了银行联盟。银行联盟是一个机制，这个机制可以帮助我们让欧洲央行更好地监管全欧洲几百家大型银行。对我们来说，这意味着什么？就是要建立一个真正的欧洲市场，国家的边界不再阻隔欧洲国家进行沟通，我们能更好地分享我们的商品及其他东西，而这也正是我们长期以来希望实现的目标。

当然，如果企业家希望投资欧洲，希望将资本输入欧洲，我觉得除此之外还需要了解两个方面的情况。第一，创新是欧洲国家的基因，只有创新才能获胜。现在我们在某些市场上占有了一席之地，如知识产权、工业。在互联网时代，我们所称的"工业4.0"也就是使我们的产品与一些新的、不断变化的现实相结合，从而为消费者提供更好的产品和服务。我们可以把不同的服务结合在一起，虽然结合的过程比较漫长，也会有痛苦，但如果坚持下去，相信我们一定可以获得更强的竞争力，从而在全世界市场中获得更多的市场份额。

在这个过程中，文化也发挥着非常重要的作用。在全球化市场中，我们要了解并尊重各国不同的文化，尊重不同文化之间的差异。现实中有些人可能有偏见，觉得欧洲人还有德国人不支持、不欢迎中国的投资者，我觉得这种想法是不正确的。德国与中国有着一些共同特点，我们也有非常多过剩的资源，自己不能完全消化掉，需要与整个世界分享。我们相信，通过明智地分配这些资本，德国公司会从资本的自由流动中获益，而中国的市场也会向我们敞开大门，双方都会受益。

现在新兴市场有很好的发展势头，我们也愿意利用这样的发展势头。但是我们在风险管理方面一定要特别谨慎，因为还会有很多的不确定性。我们生活在一个全球化的世界中，世界各地任何一个国家不管采取什么样的行动都会对我们本国产生影响，这就意味着我们的生活会比过去具有更大的不确定性。正因如此，我们要采取联合行动，我们要坦诚地解释我们的所作所为，要告诉大家我们的所作所为会产生什么样的影响，这样我们才能够有一个稳定的沟通平台，从而促使整个社会走向稳定。

"冬天"里的谋划与布局

经济整体继续冷清,但越是冷清,越需要谋划与布局。在冬天里,在大家还没有醒来时,应率先为即将到来的春天画个蓝图,因为等春天到来时也许就晚了。企业是市场的主体,经济"冬天"如何决定了企业的谋划和布局?企业的谋划和布局如何使经济尽快走进暖春?本场分论坛的主持人是武汉当代科技产业集团股份有限公司董事长艾路明,中国房地产业协会副会长任志强,云南红酒业集团董事长武克钢,中国自动化集团有限公司董事局主席宣瑞国,宅急送快运股份有限公司监事会主席陈显宝,新疆维吾尔自治区工商联副主席、德汇集团有限公司董事长钱金耐共同参与了讨论。

艾路明:我们这场分论坛的题目是:"冬天"里的谋划与布局。对于这个题目,有几个需要探讨的问题:到底什么样的经济环境叫作"冬天"呢?有没有

"冬天"呢？经济"冬天"需要进行产业布局，经济"夏天"就不需要布局了吗？对于这些问题，首先请任志强任总发表一下高见。

更要关注产业结构的调整

任志强：我认为经济"冬天"一定是存在的，"冬天"里最严重的问题是所有企业家都不进行投资了，这就是"冬天"。如果所有企业家都耕耘的话，就不会出现经济"冬天"。政府已经对这种情况有了认知——最近连续两次降息、一次降准，以此来提升市场温度。对于宏观经济温度的高低问题，我个人认为"4万亿"计划的很多后遗症导致了经济处在"冬天"里。我们对经济的判断总是比世界上大部分国家慢一步。2007年我国提出了两防——"防止投资过热，防止通胀"。但2008年1月份的时候，美国已经开始用退税的办法来挽救美国经济，布什总统对于经济的举措已经表明宏观经济不好了，但我们的政府没有意识到这一点。直到2008年年底，6.3%的GDP增速使中国政府对经济发展失去了信心，因此出台了"4万亿"计划。这个"4万亿"计划是指：实施进一步扩大内需、促进经济平稳较快增长的10项措施，到2010年年底约需投资4万亿元。这个计划导致了现在20%的高额准备金率，利率也在该计划实施后迅速提高，且长期居高不下。"4万亿"计划实施的时候，政府就采取措施，多次降息。

上个月美联储开会时提出，希望经济回归常态，他们提出的回归常态就是把挽救美国经济危机后产生的一系列问题恢复正常。我国推出了国五条、国八条、限购、限贷等政策，这些政策在2014年已经逐步取消了一些，但仍旧没有完全放开政策，没能让经济恢复到"4万亿"计划之前的状态。这关系到宏观经济的温度是否合理，所以，大部分企业会感觉市场温度太低。

宏观经济不好的时候，我们要加点温、烧点火，以便渡过"冬天"。目前，我国经济存在通缩的压力和经济下滑的压力，所以企业家们会感到市场温度低。7%的经济增长速度对世界任何一个国家来说都是一件好事情，但企业家们为什么认为是经济冬天呢？

换句话说，经济增长率在8%以上相当于进入蜜月期，但蜜月不能天天过。过日子不能像度蜜月一样大出大进，而应该维持一种常态。按过日子来说，6%左右的增长率并不差，但是人们依然认为这个增长很慢，这是因为2003年的时候GDP增长速度太快了。全世界都认为中国如果保持5%~6%的增长率将会是良好的高速增长过程，但是我们的企业家不这样认为，他们习惯于增长率维持在10%或者更高的水平。对经济发展新常态最不适应的是做实业的企业家们，与互联网行业的大幅、高速增长相比，他们会认为互联网行业正是"春天"，而自己却身处"冬天"，实业和新技术行业之间的差别就在这里。

我认为中国目前面临老一代人和新一代人之间的衔接问题，80后实际上是改革开放以后的一代，1980年以前出生的人是改革开放以前的一代人。改革开放前生的人习惯于做实业，而80后的这一代人擅长使用新思维，这两者差别很大。现在的年轻人热衷于创业，他们的创业大部分集中在新产业。如果新旧之间不衔接，传统行业可能就会出现急剧下降的趋势，而新兴产业会从一家小公司迅速发展壮大，甚至超越传统产业的公司。这种超越会对企业家们的思想产生影响，企业家们会觉得做实业是不合理的、错误的、不挣钱的。所以，我们既需要有新经济、新技术，同时又要有必要的传统产业，而传统产业需要提高效率、降低成本，实现与新产业的共存，否则将会影响我们经济发展的稳定性与平衡性。

我认为目前的经济没有处在"冬天"的另外一个原因是，发达国家的产业结构分布是：第一产业占比最低，第二产业占比第二，第三产业的比重最高。美国的第三产业占比超过80%；德国这种制造业大国的第三产业比重也超过60%，而制造业却只有20%左右。我国的第三产业占比实际上不到50%，这是一个比较低的比例。目前，我国的经济结构已经出现了转变，过去以传统产业为主的城市在经济上有明显的下滑趋势，而以新经济或者第三产业为主的城市GDP却呈现上升趋势。这个转化过程说明中国的经济结构正在做适度调整，目前我国第三产业的比重高于第二产业，这是一件好事。

面对经济结构的调整，传统产业面临很大的挑战，在新经济发展壮大的情况下，传统产业需要转型。这个转型包括营销方式、生产方式、消费客户群的转化等。同时，传统产业也将面临如何调整与布局的问题，因为有一些传统产业会在新科技中消失。比如肥皂，以前肥皂需要凭票购买，一个人一个月只有半块；现在肥皂几乎消失了，人们会选择洗衣粉、清洁剂或其他，肥皂演变成了工业用品，很少在人们生活中出现了。再如苹果的 MP3，上市之后把所有的录音机、录像机等这一套产品都打败了。

再来谈谈新产业，新产业迫切需要和传统产业相结合。例如美团网，它属于互联网公司，淘宝上很多的店家凭借互联网把实体店击垮，而美团网是反向思维，必须要到实体店消费，通过美团网可以减少很多成本，所以保留的是实体经济。用户可以通过美团网买到便宜的电影票，但用户看电影必须要到电影院。这就是传统产业和新兴产业的一个结合。面对转变，企业家们需要考虑自己的现实情况，不可能人人都成为马云与雷军。在考虑企业布局时，也不能仅仅考虑外部环境和温度的变化，更要关注产业结构的变化和消费人群的变化。

传统行业通过跨界交叉抵抗周期性风险

艾路明：下面有请谢明谢总发言。

谢明：我认为这个"冬季"对我们一些传统制造业来讲更为寒冷，经济的下行周期和行业的发展周期叠加在一起，就是这个行业的"冬季"。举一个例子，中国的白酒行业已经进入了"冬季"。公款的消费促进了白酒业的虚假繁荣，八项禁令使得整个白酒行业都需要进行调整。"冬天"里的核心问题是企业如何适应经济下行的调整。我认为行业在真正的"冬天"里，要考虑的是心态的调整和预期的调整。过去能够盈利 3 块钱，"冬天"里也许盈利 8 毛钱就已不错。作为企业，应该考虑的是这个行业内部有没有改变，这

个行业在大的经济下行时期有没有变化的可能和创新的可能,并且有方向地进行发展。企业家必须站在整个行业的角度看问题,因为经济的发展不可能是一条直线,一定是曲折的。

面对行业的调整,首先会考虑到企业在这种调整中未来的布局与发展问题,是力争行业前三位还是依附于前三位的企业共同打拼。紧接着需要考虑的是降成本和提效率,这是具体的操作问题。

即便行业处在"冬天"里,依旧要保证生产物美价廉的产品,这是关键。我们要保证产品让消费者能够消费得起,这就需要考虑产品的高价位、中价位、低价位的趋势变化。以我们泸州老窖为例,高价位的产品我们继续保持其品牌,将其供应给高端人群。而中档价位和低档价位的产品需要让大部分消费者消费得起,这就是成功的调节。

作为制造业,在这种经济下行的过程中必须考虑行业的发展,抱团发展很重要,这就涉及如何引领一个行业。行业身处"冬天"的时候需要有责任、有担当的企业来引领,对泸州老窖来说我们是行业的龙头企业,责任和担当就是在这个时候体现出来的。

如何能够尽快地突破行业"冬天",如何在传统产品和新产品中交叉持股,并通过交叉持股来降低行业的风险,这是至关重要的。以泸州老窖为例,我们提前布局,实现"双轮驱动",一边搞金融、一边搞实体经济,把实体经济的品牌做成知名的品牌,用品牌的溢价发展虚拟经济,让金融人士享受我们品牌资产溢价的价值。2014年我们控股的华西证券增长了16个亿的现金,因此,在这个"冬天"里我就好过一些。我认为制造业需要进行跨界交叉,以此来保持传统产业和新经济的平衡发展,帮助我们抵抗行业的周期性风险。

面对经济"冬天",企业要苦练内功

艾路明:谢总已经阐述了一整套的想法和措施,他认为行业不是"冬天",即便是"冬天",他还备有双轮驱动的战略,接下来请宣总发言。

宣瑞国:我对"冬天里的谋划与布局"的理解是:新常态下整个经济的增长速度降慢了,在这种形势下,各个行业需要如何应对。

我主要从事的行业是石油化工和铁路装备，这个行业在三年前已经度过"夏天"并直接进入"冬天"了。2008年以后，不断提高的投资金额把整个行业炒到最高点；2012年，很多的同行企业仍然扩大银行贷款继续做这些项目，到了2012年中期，大家发现继续加大投资已经不是正确的发展方式了。如今三年过去了，很多企业被应收账款拖垮了，因为这些企业总是预期第二年形势会好转。我认为对整个行业周期长短的预判能力是企业家们需要提高的能力之一。在这种急转直下的形势下，我们从2012年开始紧急调整策略，把过去整个企业的发展思路全部颠覆，搞高质量、可持续、有战略的发展。我们开始修炼内功，因为整个行业已经不能继续依靠市场规模的扩大来寻求发展了，这时候需要在竞争中寻求差异化，扩大市场占有率，用新产品、新市场带动新增长。

面对急转直下的行业形势，我总结了三种应对方法。第一，要创新，要拥有持续不断的研发投资。越是在"冬天"里越不能停止自己的创新步伐，如此坚持，一旦"春天"来了你的差异化就能够带来巨大的爆发式增长，甚至在"冬天"里也仍然能够立于不败之地，并扩大市场占有率。

第二，预期要有变化。企业以前也许拥有每年30%的增长速度，但是在新常态下，如果同行业的平均增长率是10%，那么我们只需要期盼比同行业的增长率稍高即可。如果同行业的毛利率是30%，那么我们同样是比它略高即可。

这种预期有利于企业家对资本市场的估值，也有利于企业家对企业经营进行布局与安排。

第三，我们这一代企业家经历了将近15年的经济高速增长，整个市场在扩大，国家的投资在增加，但是这种高速增长不会再继续了，这种形势下我们要苦练内功。从单一的国内市场转到国际市场，在增长比较缓慢的营业收入上，要尽量取得超速增长并领先于行业。通过创新制造差异化，通过高质量、可持续的发展来调整自己的经营策略。

身处经济"冬天"，守住主业最重要

钱金耐：我做的是实业，并且我认为我应该守住实业。我们业务中的儿童板块在互联网的冲击下，2014年仍然增长了25%。其原因大概是由于我的企业在新疆，物流欠发达，与其他物流发达地区相比所受到的互联网冲击要少一些。我认为在未来的经济活动中，行业性的冬天会较为频繁地到来。对传统产业来讲，要拥有对于行业冬天的预判能力。"冬天"何时到来？到来后会对自身的主业有何影响？我们要学会分析"冬天"的起因并适应"冬天"的节奏。我认为，无论我们是否身处"冬天"，坚持自己的主业是十分重要的。

我的企业经历过较为寒冷的"冬天"，我在新疆的10万平方米的3个商场一夜之间就被烧光了，这其中包含396个商铺。这次火灾造成了11亿元的损失，保险公司却只给我赔了4 000万元，所以保险公司的合同范本一定要看仔细。你的财产交给保险公司做保险，一定要注意，保险公司的合同是不保险的。

陈显宝：因为是巨额的赔付，保险公司会跟你计较。

任志强：你没有觉得是"冬天"吧？

钱金耐：这件事已过去近 7 年了，2008 年我的企业已经缓过来了。2014 年银行给了我 40 亿元的授信，在出事前 5 年时，银行不会给你任何贷款。经历过这么一个漫长的"冬天"后，我感到做企业不管碰到什么样的困难，信心是最重要的，特别是企业领导人的信心。我原本已在新疆待了 3 个月，火灾之后我每年在新疆待至少 11 个月，哪里都不去，只是为了重振企业雄风。领导人有信心后，基层员工就会有信心。

现在企业经历的经济"冬天"也是同样道理，企业领导人要保持信心。不管怎么样谋划，我认为我们要把细账算好，在做重大决策之前先把每个板块的细账算清楚。我在火灾事件发生后，把被烧商场的细账逐一算了出来。通过算账，企业高层干部的信心就会有所提升。我要带领几千人一起，像我一样有信心攻克难关。我认为遇到经济"冬天"后，要从 5 个方面进行谋划：一是对于资金的谋划；二是对于行业的谋划；三是对于市场的谋划；四是对于企业"过冬"节奏和发展节奏的谋划；五是对于如何跟上国家进程的谋划。

谋划过后，企业领导者还需要对所有员工进行激励。那时候我召集全体员工开千人大会，把细账的算法讲给他们听，向他们讲述如何找回 11 亿元的损失，以及他们自己的企业该如何恢复与发展。我认为只有企业领导者有信心，才能够带动内部员工的信心；内部的员工有信心，外部的客户才会对我们的企业有信心；这内外两部分的信心都是充足的，那么企业的困难就可以顺利渡过了。今后不管碰到什么样的"冬天"，信心最为重要。

经济"冬天"是经济发展新常态的一种表现形式

陈显宝：前面几位老总谈的观点非常好，值得我学习。我想结合自身企业的实践来探讨两个问题：第一个是我如何看待经济"冬天"；第二个是面对经济"冬天"企业如何布局。我认为目前的经济环境并不是真正的"冬天"，它只是经济发展新常态下的一种表现形式。真正的"冬天"我认为应该是 2008 年的金融危机，这个危机是周期性的，来得快，走得也快。当下的"冬天"应该算是"暖冬"，周期也许会很长，因为它会成为一种常态。这种经济慢速发展的新常态令很多企业的日子都很难过，尤其是实体行业的日子更加困难。企业家们需要熟悉一个概念，新常态下不可能再出现过快的增长速度，更不可能有持续的高增长，除了一些创新性的行业。例如，电商不计成本地高投入，以求快速进入行业并急速扩张，这不是普遍的规律。

快递行业是劳动密集型行业，宅急送过去18年都是十分盈利的，这两年盈利却很艰难。20世纪90年代以前的企业发展赶上了好时光，用现在的话讲叫赶上了风口，只要是做得好的企业都能顺利成长。现在是过剩经济，每个行业里竞争都是白热化的。我们面临的最大挑战是：虽然经济在增长，增长率却在下降。劳动力成本高速增长，有一些蓝领的工资甚至超过了白领。过去我们的劳动力成本只占收入的30%，2014年已经占到47%。40%是红线，人工成本一旦超过40%，基本上就没有盈利了。快递行业的第二大成本是油耗，这类刚性成本的增长速度远远高于收入的增长速度。最近降息和社保要求的提高，对于劳动密集型产业的成本投入影响很大，所以劳动密集型产业的发展越来越艰难了。

任志强：降息一个点对你们的影响是怎样的？一个保险？

陈显宝：这对我们的影响当然很大，现在我们一个月的员工工资将近1个亿，按照降息一个点来计算，要多负担1 000万元工资。这是社会发展的现实，单纯的低成本、低劳动力已经越来越难以维持。顺丰是快递行业的标杆企业，他们的企业利润率是逐渐下降的，总的利润水平已经从过去的15%降到了3%。这个行业目前很艰难，但再艰难还要往前走。我们现在做了一些布局调整和反思。

第一，从产业和产品入手进行甄别。宅急送从做B2B起家，这是我们做得最出色的版块。目前，我们计划依然做B2B和B2C，然后做同城O2O。未来我们将做B2C和O2O，将传统的C2C暂时搁置，把资源集中在最优势的产品和客户服务上,这就是我们来应对"冬天"的方法。

第二,要坚守做企业的本质。有人曾质疑雷军的经营模式能不能长久。我认为雷军的经营理念如果持续坚持,不搞多元化,不搞大而全,不谈高速度,他就肯定能成功。企业一定要坚持以最低的成本生产最好的产品,提供最优质的客户体验。我承认宅急送这两年没有将本质做好,我们一味地追求扩大订单量,导致客户的体验得不到保障。现在我们意识到这个问题并进行改进,客户反应马上就好了,一些企业客户也回流了。做企业一定要坚持自己的特色,坚持自己的文化和基因,在坚持特色的同时研究新技术、新趋势。把这三个点坚持好,一定会赢得市场。

第三,面对市场变化,我们需要探讨如何布局才能提高效率。劳动成本的增加对快递行业的利润增长非常不利,面对这样的市场,我们迫切需要探讨新技术、新趋势,这将使我们找到快递行业新的配送流程与方法,完善行业布局。例如,出于成本控制的考虑,送货到家的模式在将来可能会被替代。西方的快递业将快递寄放到社区、超市,以节省成本。如有客户需要送货到家,再收取相关配送费用,这种模式就是为了适应全新的市场环境而产生的。

第四,企业要生存,就需要保证良好的现金流。充分的资金储备有利于企业的创新与发展。宅急送有良好的现金流,C2C的业务比重较大,更重要的是我们代收货款的业务比例占40%左右。我们一个月产生10亿元左右的代收货款,2014年宅急送的代收货款达到170亿元。如此良好的现金流,为何仍需融资?这是为了对布局进行调整以及为了更长久的发展,融资也许会成为这个行业未来的发展趋势。

社会上的"冬天"会比经济"冬天"更寒冷

武克钢:我1992年开始下海经商,1995年赚到第一桶金,经商20年,身边的很多人都成为了百亿级、千亿级的老板,从这点来看,别人都身处"夏天",唯独我没有。我从事的行业是比较传统的葡萄酒行业,这个行业既没有"冬天",也没有"夏天",因此我的心态很平稳。我认为我国经济发展的这30年中,最好的市场环境是"春天",从"春天"到"冬天",几乎没有过渡,也很少有"夏天"。

我的企业在15年间逐渐摸索到了葡萄酒业的规律,但这个行业在我国的发展没有欧洲发达。欧洲的葡萄酒庄动辄就有一两百年的历史，而国内却缺少这种历史悠久的酒庄。我本人非常热爱葡萄酒行业，这个行业是农业产业，可以在环境极优美的地方工作，十分惬意。

中国经济高速发展的这30年间，从一个贫穷的国家发展到现在，我认为经济周期对中国经济的影响相对有限，令人担心的是社会上的"冬天"对经济的影响。中国是经济抵抗力和经济能力很强的国家，是全世界最强企业家们聚集的地方。中国民营企业家用20%利息的贷款作为原始资本都能够盈利，这种本事领先于世界上任何国家的企业家。但如果社会上出现了"冬天"，出现日趋严重的仇富心理，这对企业家们的心态调整不是一件好事。民众把社会问题全部归结到财富创造者的身上，而不指责财富的消耗者。这导致很多企业家产生了出国的想法，或是将财产转向国外。这里想向任志强任总请教一下，如果社会上的"冬天"到来了，企业家们该如何应对？

任志强：社会上的"冬天"就是"阶级斗争"吗？我不确定这种现象是否会出现。

宣瑞国：应该不会。

任志强：你认为不会啊？什么是阶级斗争？哪个阶级对哪个阶级的斗争？是无产阶级对你们这些"资产阶级"的斗争。我们无产阶级不会主动发起斗争的。我也是无产阶级，我是赚工资的。

武克钢：你是赚股息和年金的。

任志强：股息和年金还没有给到我，我只有200万元的工资。

宣瑞国：你赚200万元已经不少了。

任志强：我是创造价值的人，他们是使用价值的人，这两者不一样。帮老板赚了几千万，而我只得200万元，这工资还多吗？我跟老板们比是无产阶级，我跟扫大街的工人相比是有产阶级，"革命"就是这么比出来的。别人赚的比我赚的多，矛盾就是这么产生的。

我们过去强调马克思主义的核心是生产资料决定一切，谁拥有生产资料，谁就是有产阶级。你的工资是生产资料拥有者分配而来的，我是靠自己的劳动赚工资。你赚的是劳动的钱，而不是资本的钱，资本的钱只有拥有生产资料的人才能赚取，你我的差别就在这儿。过去阶级斗争的主要矛盾集中于是否能够拥有生产资料，现在的问题是对于先富裕起来的人群，没有探讨清楚他们是否能够拥有生产资料，这导致部分人认为凡是拥有生产资料的都是资产阶级。我们现在讨论的社会"冬天"的概念就是政治气候比经济气候的温度低很多，如果政治气候出现了问题就成了真正的"冬天"，如果单纯是经济的"冬天"，我们可以通过降息、降准、减税等手段提升温度，这比社会的"冬天"容易解决一些。

我个人认为中国没有大家想象的那么悲观，虽然有一些人选择移民到国外。过了苦日子才会有好日子，社会就是这样发展的。我们不能认为中国的社会环境或是经济环境只有"冬天"，如果真是这样，岂不是所有的企业家都会选择移民到国外取暖了？昨天我跟周其仁讨论英国的黑奴交易问题，当时英国存在大量的船运黑奴，黑奴现象得不到限制，本质原因是英国国会的议员们都与黑奴交易有关联。最后政府规定凡是进英国港口的船只必须悬挂英国国旗，接受检查，这条法律把英国的奴隶都解救了。这就告诫我们，社会发展过程中遇到的问题需要我们思考策略并积极行动，以便解决问题。

我们需要关心的是在现有情况下，我们的经济环境能否令企业生存下去。比如酒业，一个企业不从事酒业买卖就不能称之为酒业集团。作为集团领导人，为什么要让整个酒产业发展？你来垄断这个行业不好吗？如果企业的领导人是为了把整个酒产业发展起来而努力工作，这个想法很不真实。如果你能够把酒产业彻底颠覆或垄断，那才是你的本事。房地产行业做不到垄断是由于这个行业是不可移动性的，一个可移动的产业才有可能被垄断或彻底颠覆。比如柯达、摩托罗拉、诺基亚等在行业内最终消失了，正是行业的可移动性导致了这一结果。但房地产行业永远不会消失，因为它是不可移动的，是和土地相关的。行业竞争的结果一定是令整个行业相对稳定，如果不能保证相对稳定也不能垄断行业，企业如何竞争和发展？

微信和微博已经垄断了他们所处的行业，这种现状有利于对微信和微博的监控。我认为如今企业家最大的问题是没有人敢垄断，总是寻求抱团取暖。

宣瑞国：经济"冬天"是产业整合的良机，作为行业龙头企业如果对经济周期没有误判，抓住"冬天"的机会，不仅能够进行企业创新，探索出新的技术和产品，还可以扩大自身的市场占有率。

任志强：对不起，我需要打断你，应该说对竞争对手是"冬天"，如果对所有行业参与者都是"冬天"，我们也没有机会超越对手。对竞争对手是"冬天"，对我们自身是"夏天"，这样才便于我们出手打败对手。

宣瑞国：目前的情况下，前三年整个铁路行业都处在"冬天"里，一部分企业已经出局了，我们是幸存者。如果我们处在行业"春天"，企业会发展更快。我们在过去的三年里把轨道交通产业的国产化研发问题解决了，有轨电车的国产化问题也解决了，完成全系列高铁的信号产业链布局，为接下来的高铁发展做了充足的准备。现在我们又迎来了一个新的经济"冬天"，由于油价的变动导致国内石油化工装备产业的投资需求在下降，该产业面临危机。面对这种现状，我的策略是集中自身优势，在自动化控制和阀门产业加大研发和产能投入的力度。在经济环境的"冬天"中进行产业整合，同时进行兼并收购，在"冬天"里让自己的企业吃些补药，强身健体，以便度过这个经济周期。

钱金耐：我发现我身边的企业家朋友虽然移民却有回流现象，这是一件好事。部分的回流说明企业家们对中国经济依旧是有信心的，我本人是比较看好中国经济的。我认为现在不管是行业"冬天"还是经济周期的"冬天",都是存在机遇的。比如,在"冬天"进行企业转型的代价比较小。

任志强: 不转型的代价更大。

钱金耐: 这时候的转型对我们来说是一个机会。"冬天"可以加大产业调整的动力并为新产业的诞生提供机会,如我的企业拿到了过桥贷款的牌照。我们原本的业务是做商贸产业的批发业务,现在我们转型做仓储、商贸展示以及金融服务,这些都是我们进行的调整与创新。我认为只要我们把握好"冬天"的发展节奏,企业在"冬天"里同样是可以精彩的。

陈显宝: 大家一定要适应经济新常态,所谓的新常态是什么?就是中国经济从高速增长到中高速增长、中速增长、中低速增长的趋势,经济的发展一定是这样的态势。要适应新的常态,每个企业、每个人就要进行一系列调整、改变和发展,这样才能与时俱进。

【互动环节】

提问人1: 我想请教任总一个问题,我所处的是一个较为传统的制造业,我所在的产业是任总的下游——门窗制造业。大家都感觉到"冬天"来了,但我个人还是一直坚持做主业。我现在有一个规模将近10亿元的企业,2 000多名员工。很多人说制造业已经不行了,需要转型,我却认为这个产业已经做成熟了,我们还要继续做。我想请问任总,您作为上游产业或是甲方,希望我们这些下游产业在未来如何做?第二个问题我想请教谢总,在互联网新经济转型的今天,我在全国有5~6个省的渠道,这些都是传统渠道。我在转型做电商的同时与传统渠道发生了很多冲突,我想请教的是如果有冲突该如何解决?

任志强: 房子还得继续盖,窗户还得继续用,得看你的窗户质量好不好,如果质量不过关,肯定不利于你企业的发展。

提问人1: 我们的业务是做门。

任志强: 门也一样,门不完全算作我们的下游产业,我们用的门比窗户要少得多。我们也许只用一个护门,需求量很少,其余的都是装修用的,你们生产的门的个人用户比我们的需求量大。用户的房子里可能有5扇门,我们只需要1扇,就是大门。我认为任何一个产业的产品都要质量过硬,在刚性需求占主导地位的时候,刚性需求一扇门,成本及售价越低越好。改善性需求的门,对产品设计的变化需求会大一些，可能是双层门，这是需求不同造成的。这些调整与变动不在于门本身如何，而在于你的产品能动性与市场要结合。比如，谢总生产的酒总是一种口味、一个档次（以高档酒为例），消费者就会认为这些都是高档酒，我消费不起。因此，产品还是要进行细分，分出中档和低档。

谢明： 作为传统的产品，我们过去的渠道是直销和代销，现在是电商。互联网经济兴起后，对我们传统产业的网络营销形式产生了根本性的变革。我们自己成立了电商公司，电商需要解决的主要问题是如何配送以及配送中途不被调换，使产品有保证。最好的模式是用我们的专卖店、体验店进行配送，我们在每个城市都有自己的专卖店，每一个专卖店都有物流体系进行配送，这种模式我们仍在探索。

我们现在和酒仙网合作，因为电商往往给消费者低价的印象。一个产品的消费对象肯定是分层分级的，我们必须研究消费的分层、分级问题。在电商上购物的人群对白酒的偏爱程度、对酒文化的理解程度以及消费能力与传统的消费者有很大的区别，这需要我们静下心来研究。

酒是特种消费品，且品牌性很强。一瓶拉菲与其他葡萄酒无异，都是一斤葡萄酿成的，售价却高达2万人民币，这就是心理价位的效应。女同志提的包有的售价十几万，同样的包售价50块钱也许没有人买，而售价十几万元却有人愿意买。有些大众品牌只有售价便宜才会容易销售,有些特种消费品特别是奢侈品,降价反而导致不好销售,价格上涨反而会引发销售热潮。

提问人2:中国经历了20~30年的经济发展,目前这个经济"冬天"会有多寒冷?这个"冬天"将会持续多长时间?周期会有多长?

任志强:我们并没有完全同意这是经济"冬天",并且我不认为这个周期会很长。目前政府已经两次降息、一次降准,你还没有感觉到经济温度的提升吗?只是温度提升的快慢问题,冰是一点点化的,"一九""二九""三九""四九"需要慢慢度过,不可能"一九"刚过就跳到"九九",中间要度过七个"九"才能到"九九"。

提问人2:现在是"二九"吗?

任志强:现在已经快到"四九""五九"了。"六九"已经可以化冰了,现在已经到了马上要化冰的阶段,再过两个月就能够化冰了。我是乐观派,经济增长速度保持在6%、7%已经领先世界上其他国家了,因此我对目前的经济形势仍持乐观态度。

我的 2015——战略与规划

过去的 2014 年，中国经济在新常态下稳中有进、进中提质，众多民营企业功不可没。在已经到来的 2015 年里，面对复杂的环境与多重的挑战，民营企业会有怎样的谋划与布局？北京金地停车服务有限公司董事长刘举、陕西长河实业公司董事长高鸿鹏、长安国际信托有限公司总裁崔进才、康泰国际医疗咨询服务有限公司总经理马力、北京杰思汉能资产管理有限公司董事长王伟东、上海兆妩贸易董事长孙青峰、罗兰贝格管理咨询（上海）有限公司全球高级合伙人刘文波分别就各自公司在 2015 年的战略与规划做了详细阐述，红杉资本全球执行合伙人沈南鹏对其做了深入的点评。

从传统的运营服务企业向互联网企业转型

刘举：我的公司是北京金地停车服务有限公司，公司定位是停车场的运营管理，目前在国内的 10 个城市大概有 20 万个车位。互联网时代到来后，特别是滴滴打车 APP（Application 的缩写，应用程序）成功后，大家都非常关注传统企业如何转型以及停车 APP 何时出现。我想谈谈金地停车对互联网时代的转型进行的一些思考，以及 2015 年金地停车如何将业务从线下发展到线上。

目前城市停车难主要存在两个痛点：第一是车位的缺口在 50% 以上，第二是车位的利用率不到 50%。造成这两个痛点的原因是：第一，我国汽车工业发展迅速，车位严重不足；第二，停车位的信息无法共享。

对于这两个痛点，我们需要用商业地产思维以及互联网思维进行思考。前 10 年，金地停车是用商业地产思维运营业务，做的是线下业务，包括停车场的规划设计、投资建设和运营管理。3 年前，我们开始进行转型。我们是应该在母体内部转型，还是打造一个新的 IT 企业覆盖我们的传统业务？最终，我们选择

了收购一个互联网企业搭建全新的线上平台，最终却没能成功。

2015年金地停车的定位是将传统业务变成线下业务，把核心业务变成平台业务。我们将打造了三款产品。第一，停车场端的操作系统。目前停车常端的设备、信息采集和停车缴费不能实现互联互通，信息无法得到共享，停车缴费依旧处在现金缴费阶段，导致整个城市的停车资源无法共享。因此，我们需要建立这个操作系统，将停车位信息共享，打造汽车通行、支付和找车位的信息产业端，提升用户体验。第二，云平台。打造云平台，在后端对停车信息产业进行处理，目前这个平台已经形成。第三，APP客户端。目前APP在市场上十分流行，互联网企业有能力打造APP，却缺少线下资源。我们将资源从线下转移到线上，从而实现互联网思维的转换。

云平台的市场推广主要通过两个渠道：第一个渠道是公司内部管理的停车场，目前4个城市、10个项目在技术层面已经联网打通；第二个渠道是进入智能交通领域，补充停车静态交通领域信息化的空白。

我们把金地停车从传统的运营服务企业转化为互联网企业，将业务从线下向线上转移，从而提高整个城市停车资源的利用率，提升客户停车、找车位以及支付的便利程度，助力城市交通。

2015年我们的目标是将线上业务扩张到20个城市，覆盖2 000个车场、200万个用户。我们预计从已经掌握的10个城市的停车场资源做起，将原有的停车场运营公司转变为金地停车场第三方服务平台企业。我们的目标是拥有3.5亿的停车APP用户，实现1万亿元的汽车与通行资金流，最终将APP与车牌绑定，从而得到车牌数据、车辆数据以及资金流数据，实现一个车牌就是一个ID的构想。

【点评】沈南鹏：由于交流时间有限，我无法提出具有建设性的意见。我认为在互联网行业里，传统的黏性和地位是非常重要的，这对推广一个独立的APP是有阻碍的。但是如果你的企业拥有一定的线下基础，那么就会减轻APP推广的难度。

从另一个角度来讲，金地停车建立一个独立的互联网公司会令停车业务的效率得到提升，从而使整个业务进入新的商业模式并迅速扩张。停车行业里的公司分布也许比较分散，因此你可以通过建立互联网公司扩张市场份额，形成更广的网络体系。

传统公司无需过分担忧互联网公司对自己的冲击，要学习如何运用互联网。一旦传统公司将互联网与自身业务真正结合起来，真正服务了客户，这会令传统的、分散化的业态得到改变与提升。如果做到这点，将是传统公司的一个巨大成功。传统业务模式和效率的改变与提升，不仅可以扩大市场规模，还可以提升利润率。我所提到的提升利润率并不是通过节省成本实现的，而是通过增值服务实现的。我认为你们金地公司作为传统行业企业已经对互联网做了一次良好的尝试，你们研发的APP不是完全独立于公司之外，它其实是你们整个生态体系里面一个重要的组成部分。

鲁桧洁：沈总在互联网投资方面起步很早。在传统印象里，停车这个行业是路边画一条线就可以了，互联网的出现令停车更便捷。如何让公司充分拥抱互联网，令业务的开展更有效率，刘总可以私下与沈总及行业内的同仁们继续沟通。在座的各位是否还有愿意就刘总的发言进行点评或交流的？

尹明义：我是天脉公司的尹明义。我认为不管是传统企业还是互联网企业，都有一个固定的模式，就是"入口、流量、用户、转变"。所有公司都在使用这四种模式，您的公司拥有的资源是停车场。

刘举：我们占领的资源包括入口和车牌信息，主要是停车资讯。对于汽车行业来说，后市场消费是刚性的。最近发展势头很好的滴滴打车却不是用户每天必需的，因此我们需要考虑如何转换经营思路。

马力：我想和刘总探讨下刚才提到的"入口"问题。大家过年时应该对微信红包有所了解，我认为微信支付会涉及许多行业，也许未来停车支付的方式会通过扫描微信二维码来实现。所有的停车场都可能采用这种支付方式，我认为这个支付平台的引领者不一定是腾讯，也不一定是第三方支付公司。但不能否认的是微信支付可以跨越很多阻碍，即使不是你的客户，通过微信支付也可以向你付费。

刘举：马总讲得很对，我认为支付宝、银联是属于第三方支付平台，用户只需后台绑定支付宝和微信便可完成停车费用的支付。同时，我还认为微信、支付宝并不是互联网概念下的产品，它的好处是为用户提供支付端，从而提升用户支付的便利性，使用户的支付体验更加优越，但这并不是互联网概念的体现。结合目前的行业现状，我们的停车场收费系统还处在物理行为阶段，如果将用户的车牌与我们研发的停车 APP 绑定，便可完成收缴停车费的过程，且这个过程无需人工，也无需扫描二维码。我准备将原有的核心业务变成线下业务，重新打造一个线上平台，把支付端、平台和车辆信息管理整合起来，线上线下合二为一。

沈南鹏：我认为你的这个平台应该在公司母体里面孕育。

刘举：我原来走过弯路，我收购了 IT 企业准备打造线上平台，却没能成功。

沈南鹏：在停车市场你的市场覆盖率大概达到多少？

刘举：目前我是中国最大的停车公司，有 20 万个车位，但是市场相当分散。

沈南鹏：覆盖率能占到 1% 吗？

刘举：没有。但我们是独立专业停车公司中最大的。我们没有停车场，完全属于第三方。

向高端制造业、军工行业和环保行业转型

王伟东：我们公司是做投资的。我们这家公司是我从中国证监会离职后建立的。"杰思"的意义是杰出思想，并通过思想盈利；"汉能"的意义是中国大汉民

族极富能力。我们公司的定位是策略性的投资机构,策略性是指我们持有资产一般不超过三年,目前我们公司的投资面比较广泛,并且涉及二级市场。

2014年,业界讨论中国经济进入新常态,我认为与其讨论新常态,不如找一个新方向。大家总是埋怨房地产行业,控诉房地产商的种种不好,我却认为应该感谢房地产行业对中国工业的贡献,房地产行业占地方政府GDP的比例是20%～40%。面对这种局面,我们不能盲目乐观,因为国民经济长期依赖房地产行业是不可行的。

中国经济发展需要找到一个新的方向,这个新的方向分两块:稳发展和调结构。中国是一个人口大国,我们需要找到一个新的领域来替代房地产行业对整个国民经济的带动作用,这需要我们在选择投资对象时进行转型。因此,我们公司的投资方向会向高端制造业、军工行业和环保行业转型。我们选择这三个方向进行转型的原因有三个。第一,在高端制造业中,我们较为关注高铁制造领域。高铁大大改变了中国人的出行方式,并且作为传统制造业,高铁制造具备较高的技术含量。第二,2014年,军工股的涨幅非常大。军工产业掌握了大量的尖端技术,如果这种尖端技术可以转为民用,对中国经济结构的调整会产生巨大的推动作用。第三,对于环保行业来说,投资链条比较长,财务模型比较好测算,因此能够形成丰富的金融产品并成为重要的投资对象。习近平主席提出的"一带一路"战略构想使高端制造业的股票市场大涨，柴静对于环境的调查也许会提升政府对于环保方面的关注程度，我们公司希望能够借此"风口"之力实施以上三方面的投资转型。

目前业界对于牛市的预期很高，我认为预期过高就会有失望。股市三高有可能会导致"黑天鹅"事件，产生一些我们意料之外的不良结果。面对创投市场的高风险以及热钱不断地涌入国内市场，我认为2015年的股市需要关注一些特殊行业和创新行业。未来，军工行业的投入将会不断增加且信息化会升级。因此，军工行业和互联网行业一样，都是未来值得我们关注的行业。

从PE和VC角度来讲，投资实业项目需要具备国际化的眼光，将线上与线下相结合，也就是我们常提到的O2O模式。我们公司投资了许多VC网络项目，并且在国际化方面做了一些工作，我们与中国兵器一起联合收购了一家德国汽车企业，这家企业是传统企业，但是有很大的升值空间。除此之外，我们设立了一个新三板基金，我觉得新三板目前在中国拥有一定的发展空间。这就是我们杰思汉能公司的情况。

【点评】沈南鹏：投资行业的策略是相对分散化的，每个人都有擅长的投资领域，不必羡慕他人。我认为互联网行业的迅速崛起并不会只有三分钟热度，因为它的确是一个可以创造很多价值的行业。

听了王总的讲述，我认为你们公司的产品线比较多，这种策略是值得讨论的。从投资理念来讲，我个人不太喜欢新三板基金，我认为投资就是投资，没必要设立基金。新三板基金会吸引一批人的原因是一些有潜力的公司目前的价格都相对便宜，我对按照产品资本形态来做投资的方式持怀疑态度。我们也有一家在新三板上市的公司，总部设立在深圳。我发现新三板不会给投资人抄底的机会，并且会丧失增值的机会，因为对于有潜力的公司，投资人必须公开竞价。

王伟东：我认为投资人的核心投资价值模型基本上是一样的，但是大家对公司成长的预期或者是市场规模的预期会存在不同的看法。

廖智勇：听了王总分析的2015年值得投资的几个行业，我比较有感触。因为我的企业业务在欧洲开展，尤以德国为主。我感到中国企业在欧洲的投资还是以先进制造业、工业制造业为主，比如，一些军工方面的民用、通用的航空业、医药、金融等。我想请教王总，您的公司收购德国企业并且做一级市场的收购，这是比较多元化的投资策略吗？

王伟东：我们与央企合作的原因是央企能够为我们提供资源、人员以及市场，我们操作的德国项目都是和当地最大的配套商合作，如宝马、奔驰、保时捷等。目前，我们公司正在运作在香港独立上市。我认为，中国在产业短周期的情况下，坚持长期投资不是一个明确的选择。有些人总是向往能够赶上投资的"风口"，看到别人投资的项目在股市上天天涨停很羡慕，但实际上过段时间这些项目的股票价格还是会回落到一定的价格区间里。我们投资了一些项目，在选择投资对象的时候，我们更看重的是项目本质和交易结构。

充足的现金储备有利于快速进入优秀的商业项目

高鸿鹏：国家领导人提出我们的经济发展已经进入新常态，简单说就是经济增长不再像过去那样迅猛，而是趋于平缓。我们这么大的一个国家，经济不可能永远维持高速发展。我们对中国未来的经济本着两个态度：一个态度是客观，另一个态度是乐观。所谓客观，就是实事求是，不把希望寄托在幻想上。现在与过去不同，以前经济高速增长的时候存在很多机会，你只要抓准机会就会在短期内盈利。我认为未来企业的盈利不会再像以前那样容易，而是要求企业扎扎实实地做好商业模式，做好企业内部的管理与管控，以此获取投资的回报。所谓乐观，是指中国是一个内需极大的国家，改革开放以来的经济发展为我们的商业奠定了良好基础。由于社会的转型升级，这种需求也会随之升级并为企业带来新的机会。

中国未来的发展空间极大，从百姓的吃、穿、住、行、教育、娱乐等方面来看：满足温饱的同时还需解决食品安全问题；百姓的穿衣需求向个性化和高科技转变；住房问题的改善性需求以及移民社会带来的多元需求仍存在开发空间；城市交通拥挤也为我们创造了新的商业机会。总之，在以上具有代表性的领域，中国市场存在巨大的商业机会。

长河实业在2015年的"1+1策略"包含两点：第一，我们将储备现有的资产及其产生的营收——储备现金，以便我们能够迅速进入优秀的商业项目；第二，我们将启动一个青年创业项目的天使投资计划，我们计划投资100个与服务业相关的优秀创业项目，希望通过投资青年创业项目，使我们的部分业务得到新的发展。

沈南鹏： 您的主营业务是什么？

高鸿鹏： 我们的主营业务是建筑、房地产和基础设施建设，2001年公司创立之初的主业是建筑，后来转型做房地产。紧接着公司进行了多元化发展，涉及农业、旅游等行业。2010年，我们开始做基础设施和产业园。

沈南鹏： 我认为你应该阐述公司最核心的业务。

投资及贷款业务逐渐向高科技企业靠拢

崔进才： 中国目前有68家信托公司，长安信托是其中之一。我们公司的资产管理规模有14万亿元，受托资产的规模是2 800亿元左右，公司人数大概700人，收入20亿元左右，净利润10个亿元左右。高端客户即购买过100万元产品的高净值客户大概有1万人，银监会对我们的监管评级是2C。

沈南鹏： 目前这个行业龙头公司的受托资产是多少？这个行业的分散程度占整个市场的份额是多少？

崔进才： 龙头公司的受托资产大概在1万亿左右，受托资产在2 000亿～6 000亿元之间的公司有10家左右。我们公司的净资产收益率和信托报酬在行业排名前三。

信托公司是作为一个金融机构，受中国银监会管理，主营的业务是投资及贷款。我们公司的贷款业务比例为70%，资本市场、股票投资这类业务占30%～40%左右。从信托公司自身来讲，虽然每年的盈利可观，但压力很大。这就像银行业的从业感觉一样，年初业务不好做，年底效益还不错。我们在做业务的过程中涉及的行业类别很多，包括房地产、平台公司、工商企业等。目前所有的信托公司都面临相同的压力，随着监管业务和市场形势的变化，以信托、放贷为主的传统盈利模式转型压力较大。我们的投资及贷款方向逐渐倾向于新兴的高科技行业，但是一些有价值的公司，却对信贷业务缺乏兴趣。我们过去认为比较安全的房地产、资源和矿产等领域，现在已经不再安全。因此，我们需要思考如何积极转型。

目前信托公司转型的大致方向是资产管理、财富管理和专业投行。我们认为信托公司在团队、品牌等方面聚集的优势会令我们在货币市场、信贷市场、资本市场里面有所作为。我们的业务有些是进行资源整合，有些是自己主动管理。对于公司主动管理的业务，要以家族信托为核心，在国内和国外配置客户的资产。目前我们直接管理的客户约有1万人，如果我们将家族信托产品做得足够优秀，财富客户数量就会有所增加。

2015年，长安信托在现固有的业务模式基础上，准备发展新模式。我们制定了10个方向。

第一，国际业务。目前我们还没有拓展国际业务，我们希望未来能在香港设立子公司。

第二，建立债券资产证券化团队。我们已经建立了这个团队，目前的管理规模大约为30亿元。国内整个债券市场的规模大约为40万亿元，这表明我们的发展空间十分巨大，并且这块市场会产生爆发式的增长。我们将逐步退出简单的集合信托业务，进入消费领域，目前我们已经开展了汽车消费信贷和手机消费信贷业务。

第三，P2P市场。我们已经开始从事这个领域的研发，我认为P2P市场不光需要重视技术因素，更要重视团队的风险管理能力。信托公司对于信贷的风险管控能力很强，在结构性融资方面甚至可能比银行见长，基于这点，我认为信托公司凭借目前的团队以及风险管理能力进入P2P市场是可以大有作为的。

第四，医疗服务领域。这个领域也是我们在P2P市场的起步领域，目前我们在P2P市场的运作方式是与国内较好的医疗服务机构合作。

第五，家族信托。

第六，"一带一路"。这也是我们2015年的发展方向，我们已经加入了南南组织。

第七，证信合作。这个领域可以为信托公司在融资结构和资源整合方面起到促进作用。

第八，PE。

第九，新三板。新三板是发展很快的版块，大的券商向我们推荐未上新三板的公司，我们出资，他们运作，一同投资这些公司。

第十，基金化的产品。我们已经投资了几个停车场基金，未来可以和金地停车的刘总加强合作。

以上就是长安信托在2015年的转型方向。谢谢大家。

【点评】沈南鹏：我想向崔总提一个问题，为什么美国就不存在信托公司呢？原因是什么？如果未来券商牌照的覆盖面更广，那么信托公司的大部分业务为什么不能被券商公司、保险公司吞并呢？美国就没有设立信托牌照。

崔进才：信托这个名字以及信托的概念和法律都是从英国引进来的。

沈南鹏：作为行业的融资窗口，银行是如何看待信托、保险、证券等在金融资产方面的重叠与竞争问题的？

王伟东：信托公司可以成为影子银行。

崔进才：20世纪90年代有几十家信托公司上市之后没有公开募股，业内就认为信托公司的盈利模式不明确，认为信托公司是做中间业务的，业内不需要我们的资本。

我们的团队到英国、美国考察时几乎找不到可以考察的信托公司。各类持资产管理牌照做信托公司业务的公司，如大摩资产管理部在炒外汇和股票；大的家族企业或单家族、多家族都有自己的理财工作室。面对这种现象，我们尽量减少与其类似的业务。

沈南鹏：现在券商业务中的个人账户，基本上能够完全替代信托业务。

王伟东：两年半以来，基金子公司和券商子公司的资金管理计划约有4万亿元。

崔进才：保险公司都可以从事资金管理业务。

孟凡安：我来解释一下，信托产生于银行。信托公司在宏观调控以后的这几年的确处在黄金时期。在过去3年里，信托公司主营业务是房地产信托。但是由于受到房地产调控的影响，信托公司不得不转型。我跟很多家信托公司有过业务往来，因此我对长安信托略有了解。券商的资管业务虽然发展起来了，但是券商的风控能力不如信托，因此长安信托可以借着亚布力论坛15周年的东风乘势而上。

积极探索O2O及新科技消费模式

孙青峰：我们公司的主要业务是做饰品行业中的围巾，兆妩这个品牌是

2002年在上海创立的。接下来我将向各位汇报一下我们公司2015年的发展规划。2015年，消费者更加注重隐私与浪漫，他们对个性化的要求大大增加。消费者有三个需求方面的改变：第一，更加强调人性化、个性化模式；第二，隐私经济自然变成一个标准；第三，手机成为人们上网的主要工具。

2014年，全球奢侈品销售额的50%都归功于中国消费者的消费能力，但是这50%当中有将近79%的消费行为不是在中国国内产生的，而是发生在海外。由于这样的现象，世界上知名的奢侈品品牌LV、香奈儿等会在2015年陆续减少对中国内地的投资布局。

直到现在，中国都不存在真正意义上的奢侈品品牌。兆妩这个品牌从2002年在上海创立至今，我们坚守了12年，这12年来我们只做这一个品牌、一种产品。2007年，公司的定位是致力于打造中国的奢侈品品牌。在国际奢侈品品牌逐渐撤出中国的情况下，我们抓住了这个良好的契机。目前，我们在全国各地布局了42家店，且公司业绩与2013年相比增长了31%。

从2014年开始，我们运用互联网思维，通过微信与客户积极沟通，并运用微信完成了30%的营业计划。2015年，我们改建了公司官网，同时对O2O、新科技消费模式不断进行探索。与此同时，我们积极引进来自知名奢侈品集团的高端人才，为公司发展添砖加瓦。

2015年，我们在苏州建立了精品工坊；在上海，我们用老洋房建立了一个有文化、有历史、有生活品位的旗舰店；在北京，我们准备在南锣鼓巷建立一个旗舰体验店。同时，公司自己运营的官网将会重新上线。公司研发的香水，也将于5月份上市。2015年，我们将举办50场粉丝见面会。根据市场的变化，我们将用微信的形式做口碑宣传，与客户、粉丝建立更多的互动。

我认为如今的国人已经找到了对中国文化的自信，这种自信一旦建立起来，属于中国人的享誉海外的奢侈品品牌必将诞生。

国民健康意识的觉醒将催生健康险的发展

马力：如今大家对健康和医疗的关心程度有了大幅提高，国民的健康意识越来越强。随着国内富裕阶层的成长，越来越多的人能够支付到国外治病的费用，出国看病渐渐成为人们的新选择。

国内的医疗条件与欧美相比存在一定差距，造成差距的重要原因是病人数量大，资源却相对较少。国内有些医生的医疗水平其实很高，但是由于患者太多，每位患者大概只有2分钟时间向医生阐述自己的病情，导致医生无法透彻地了解病人的病情。欧美医疗资源的对外开放以及中美签证政策的开放为欧美国家吸引了大批患者。

美国的医疗优势首先体现在教育方面，美国拥有140多所医学院，每所医学院平均每年有200名学生，整体教育水平较高。另外，美国的医疗水准、医疗技术较高。例如，达·芬奇机器人手术就是起源于美国，医生操作机器人，让机器人实施手术，这种手术由于避免了人手带来的颤抖，手术的精准度极高，对患者造成的创伤极小。美国医疗界对于多学科之间的配合、医生间的配合是极其默契的，目前这对中国医学界来说是很难做到的。我国的医生都有各自的专业，且由于病患众多，医生很难做到与其他学科的医生及时沟通。这种现象是受到客观条件影响而导致不能实现，与医生的医德无关。

在创新研发方面，美国医疗界十分活跃。从中美之间的相对生存率对比就能看出美国医疗界的优势，美国生存率是66%，我国是31%左右，我国的生存率仅是美国生存率的一半。

病患选择到欧美治病的另一个原因是在国内无法获得最新研发的药品。新药在欧美上市以后无法引进国内，或是引进手续十分烦琐，导致用药时间过分延迟。例如，2014年国外研发出一种能够治愈丙肝的药物，这个药对丙肝的治疗具有划时代的影响。但是中国的4 500万丙肝患者无法及时获得此药，有钱也无法买到，只能选择出国治疗。对于无法支付到国外就诊费用的大众来说，医疗保险就显得至关重要，尤其是市场上的健康险。目前国内的大陆市场几乎不存在健康险，全民医保导致健康险很难生存。刘明康主席昨天讲到一个现象是民众排队到香港购买保险，其目的是能够到国外就诊。在国际上，健康险其实是蓬勃发展的。

综上所述，民众对健康和医疗的重视其实是健康意识的觉醒。

战略咨询行业将助力中国在世界金融领域占据主导地位

刘文波：我们是来自欧洲最大的战略咨询公司，我们在美国最大的同行就是麦肯锡。我们公司的主营业务是为客户提供咨询服务，我们的客户包括政府、企业等。我们的企业客户包括奔驰、TCL、红杉、中诚产业基金等。

我们在原有的咨询业务基础上增添了新的业务，我认为作为战略咨询公司的罗兰贝格，有能力引领某个行业的发展。我国倡导两化融合，即信息化、工业化的高度融合，在这个特定的议题里面，我们为上海市政府提供如何把上海打造成国际创新中心的策划，为中国的先进制造企业、能源企业、物流企业做咨询与策划。

战略咨询行业非常值得大家关注，因为它将对中国在世界金融领域能否占据主导地位产生影响。世界上共发生过三次工业革命，几乎每次工业革命之后都会重新确立新的经济霸主和各行各业的佼佼者，这中间存在很多供中国公司挖掘的机会。

国家对许多行业、企业具有重要的引领作用，接下来中国制造业的制造成本会越来越高，我们很难维系低成本制造业的局面，对于高端制造业的升级又没能走在世界前列，未来的制造业需要我们加快升级步伐。我认为中国企业在很多领域需要沉下心来，努力提升国际竞争力。

企业与互联网

什么是互联网规律

互联网医疗为什么这么火

如何向互联网转型

万物互联，改变世界

变革时代的媒体

未来，我们的世界会是什么样

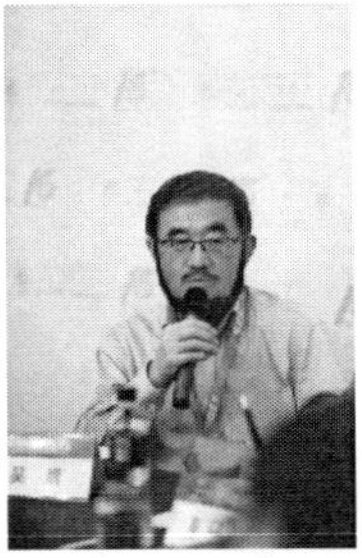

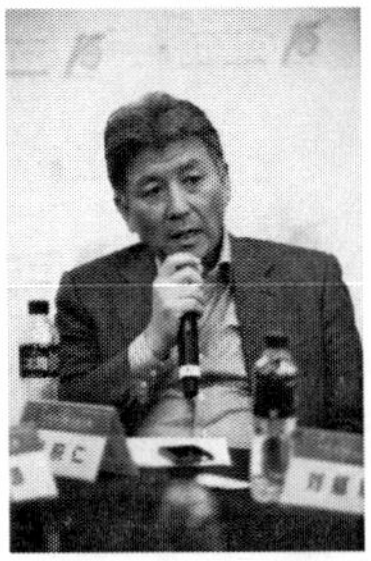

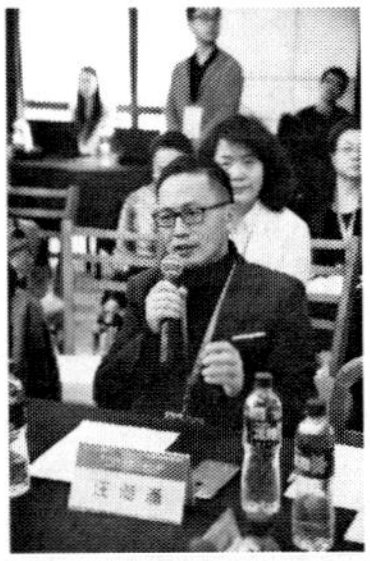

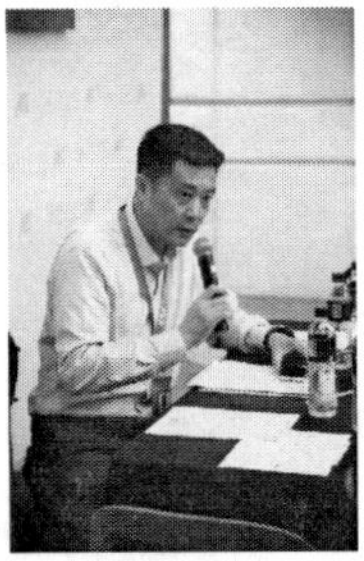

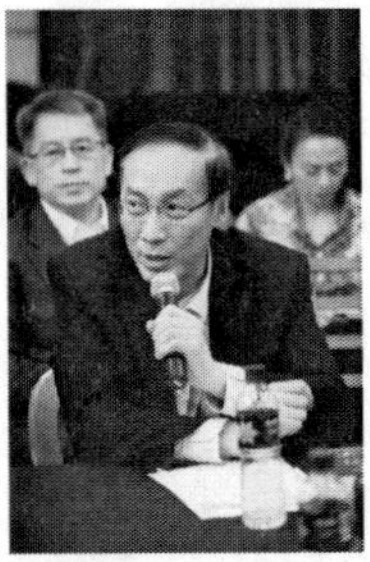

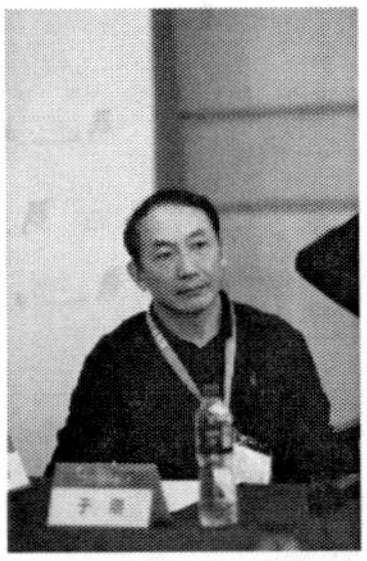

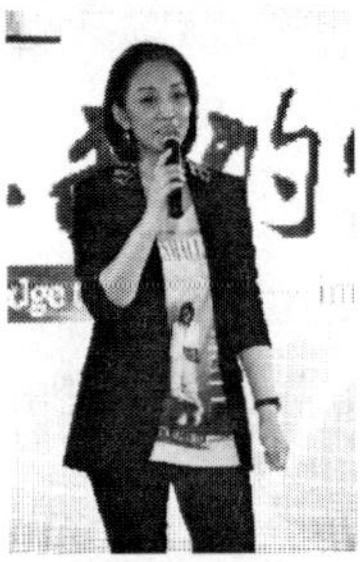

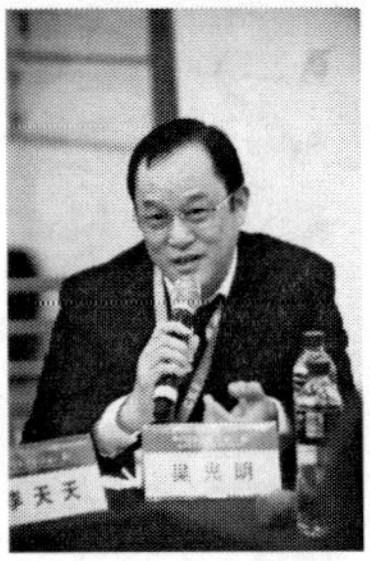
李天天
梁光明

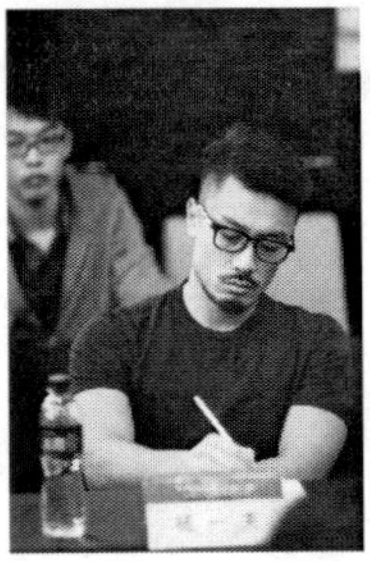

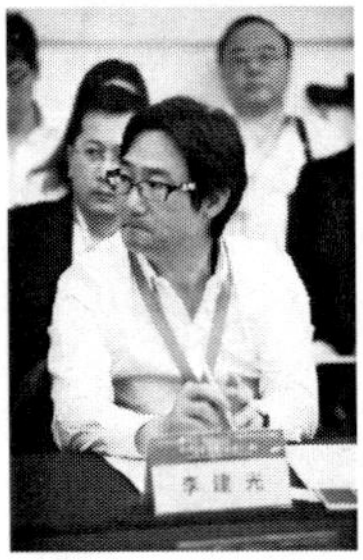
李建光

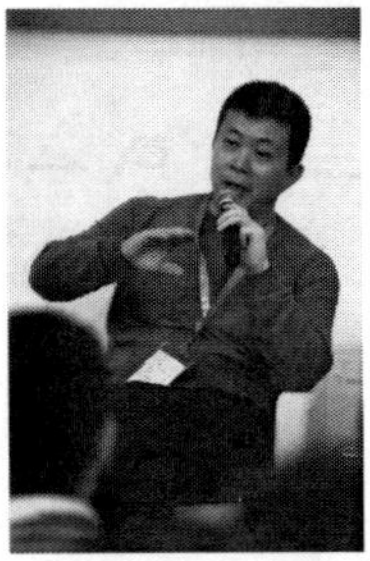

什么是互联网规律

2014年世界互联网大会上的这个问题，现在已经是互联网行业最热门的疑问了，每个从业者都有自己的答案，每个答案都不一样。对互联网规律的总结包含着每个从业者的经验和智慧，当众多聪明的大脑开始想同一件事时，我们离这件事的真谛大概也不远了。

在2015年第15届亚布力年会上，思想互动空间"什么是互联网规律？"由香港科技大学副校长翁以登主持，中泽嘉盟投资基金董事长吴鹰、途牛旅游网联合创始人兼COO（Chief Operation Officer，首席运营官）严海锋、原1号店董事长于刚、沪江网创始人伏彩瑞、人人贷联合创始人杨一夫等嘉宾共同探讨了这一话题。

翁以登：关于互联网规律，不同的人有不同的定义，有些人认为它是规则，有些人认为它是趋势，有些人认为它是框架，有些人认为它是常规，今天大家会从不同的角度讨论这个问题。首先，请吴鹰先生谈一谈他的观点。

互联网最终只是一门生意

吴鹰：20世纪80年代的时候，我有幸在贝尔实验室工作，1986年曾写过互联网的代码。当时贝尔实验室为什么做这个东西？因为有各种不同的计算机问世，而各种不同的计算机之间都无法建立联系，在这样的情况下，贝尔实验室

与大学相结合在美国国防部的支持下开始研究互联网。随着互联网的发展，很多新技术、新应用也随之出现，而移动互联网到来的时候，它会面临一个比传统互联网时代或 PC 互联网时代大 10 倍以上的巨大市场，它带来的影响也完全是颠覆性的。在这个巨大的市场面前，其实互联网要做的只有四件事：第一是省钱，第二是省时间，第三是省力气，第四是提供增值服务。雷军今天做的就是打造一个互联网的生态链，通过增值业务赚钱。我个人认为在移动互联网时代，谁都有机会赢得一片天地。

严海锋：我 2007 年创业做旅游，当时中国的旅游行业基本上是由线下旅行社做，携程和艺龙主要做酒店和机票预定，这种情况下，途牛再做酒店和机票的预定肯定就没有机会，所以他们往左走，我们就要往右走，毕竟旅游是一个很大的市场，我们总能找到自己的发展空间。当时我们对旅游业并不太懂，但我们懂互联网，我们觉得可以用互联网来改造旅游业，因为我们发现互联网和旅游业有能结合的地方。旅游业的电子商务其实没有物流，实际上只有信息流和人流，如给客户订机票、订车、订导游，这都不涉及实体的运输，而只是信息的沟通，而这正是互联网可以发挥作用的地方。并且，年青一代都开始接触并使用互联网，通过互联网查找各种各样的旅游信息，而传统线下旅行社的口碑也又较差，比如，我当时去上海出差，一下车就看见有人举着"上海一日游"的牌子，这类旅

游的景点是哪里？服务如何？旅客们完全不知道。但通过互联网，旅客自己就可以把旅游线路研究清楚，而且网上还会有各种各样的点评，旅客可以据此做出判断，所以我们从互联网的角度进入了旅游业。

但是这并不表示我们可以一劳永逸，互联网的发展速度非常快，8年前我们只需要把线下旅行社的内容搬到网上，因为互联网知识在当时也是稀缺资源，后来越来越多的企业杀入这个领域。在这样的情况下，我们不仅要懂得如何利用互联网、SEM去推广，还要去整合供应链，了解供应链质量控制等知识，随着公司规模的越来越大，还要做好公司的管理流程。我觉得，接下来互联网和传统产业的结合应该更加紧密，互联网最终只是一门生意，还是要用传统的做生意的方法把它运营起来。

成功的互联网企业应具备三个特点

杨一夫：什么是规律？规律有几个特性：普遍性、客观性、永恒性。如果真有人做到这几点，我们在这里的讨论就都毫无意义了，但我们还是有一些从我们自己的经验来看是对的东西可以与大家一起分享。在我看来，互联网本质上是新的信息存储以及传递方式。人类社会科技进步一直在围绕信息传递方式的变革而进行，如早期火车、汽车的出现，电话、电报的发明，火车和汽车虽然主要是运输东西，但实际上也在运输信息，信息是生活和生产的必需品。今天，信息的重要性变得越来越突出。基于这一理解，我很同意严总的"互联网与传统产业相结合的思维"，现在互联网新思维正慢慢向一些真正做实业、做思路的传统模式回归，我觉得这是一个大的趋势。

在我看来，一家成功的互联网企业通常具备以下特点。第一，有真实的需求。有人说互联网产品是一个创造出来的需求，我不赞同这种观点，如"社交"，这是互联网创造出来的需求吗？难道没有一号店，人们就不买东西了吗？当然不是。人都有真实的需求，互联网所做的事情只不过是把这种真实需求变了一种形态在互联网上体现出来。第二，有极致的用户体验。互联网产品本身就能收集大量信息，企业要做的就是对信息进行收集、分类，然后针对不同的需求推送出去，这也正是一个互联网产品的核心。所以，在这个过程中，企业如何让用户觉得收集到的信息有价值这一点特别关键，我们称之为用户体验。第三，一个互联网产品的核心理念应该符合主流价值观。因为所有不符合主流价值观的产品，即使有真实的需求，人们也不会愿意让这个产品成为自己生活的一部分，否则中间的断点会非常多，企业不能围绕它打造出完整的服务，并且从中获得更大的价值。

翁以登：刚才吴鹰说移动互联网具有颠覆性，在您看来，人类的需求一直都存在，只不过移动互联网对这种需求的表现形式进行了转换？

杨一夫：是的，所有的互联网企业其实都是发明性企业。将研究下一代信息传递技术作为己任的企业应该是科学家类企业，而大多数互联网企业并不是用这样的思路在做产品，它们都在用已有的方法发展和包装产品。比如"借钱"这件事，在我们把它包装成个人对个人借款的产品之前，难道就没有人借钱吗？肯定有，在互联网出现之后，也肯定有人在通过互联网借钱，只不过他的效率非常低，基本上没有成功率可言。为什么？因为传统方法或者互联网已有的产品不能满足这种需求。所以，企业会不断运用已有的方法来发展和包装产品，将产品包装成一个更好的信息传给另外一方，在这个过程中，思路也会慢慢地延展出去。

严海锋：2007年我们把旅游搬到互联网上来做，其实当时我们已经在百度上查找旅游资料，而传统旅游服务提供商还在依赖门店之类的线下产品。但那时候消费者已经发生了变化，线下旅游的客户可能是50～60岁左右的人，而线上旅游的客户则是30岁左右的青年人，他们工作繁忙，熟悉电脑办公，他们的消费习惯慢慢地发生了巨大的转变，顺其自然地迁移到网上。网上消费习惯的形成让我们更善于使用互联网这个工具，更善于抓住消费习惯的变化，更容易顺势而为。

翁以登：两位都说市场是潜在的，你们只是找到了方法，运用互联网来满足客户的需求。但是你们也知道，这个市场跟实业之间有时候是鸡跟鸡蛋的关系，到底是先有市场还是先有实业？在推出 iPhone 的时候，乔布斯并没有想到它可能带来的影响，也并不是因为看到了一个市场才发明了 iPhone。

严海锋：最近互联网的商业模式也在发生巨大的变化。我们进入互联网的时候，确实是因为发现了需求，然后将这种需求搬到互联网上，运用互联网来满足客户的需求。京东创业的时候也是因为发现了需求，以前大家去苏宁买东西，后来到京东上买东西，最后互联网提供免费快速送货服务。2009 年，我在京东上第一次购物买手机，星期天下午下单，星期一上午九点送货上门，这对我是极大的震撼。这种模式改变了人们的网购习惯，以前买的东西要三四天后才能送到，现在第二天就能送到，而且不需要运费，完全是补贴的模式。再后来就出现了团购，参与团购的东西都非常便宜，这也是一种补贴的模式。所以我觉得，这是市场费用的一种新的使用方式。

未来没有不做互联网的企业

伏彩瑞：我做互联网教育是误打误撞，并不是因为在教育领域看到了问题，而这个问题必须通过互联网才能解决。我对互联网规律有三点感受。第一，互联网不是一种发明，而是一种发现，甚至是一种自然存在，就像重力之类。第二，

互联网就像潮水一样，涌过来的时候应该选择好进入的区域先进入，然后再寻求发展。比如低洼的坑可能会变成悬崖绝壁，曾经的高山也有可能成为平地，但这需要非常漫长的迭代过程，同样，互联网企业找到好的、适合自己的模式也需要经历这样一个过程。第三，全世界的海岸线是一样平的。优秀的企业在互联网时代是共通的，它们创造的价值都一样。未来没有不做互联网的企业，所有的企业都可以用统一的方式来进行评估，如利润不能高于多少、用户满意度多少、员工变成合伙人等。

14年前我开始做这件事情，当时我是一个大学三年级的学生，还是被教育的对象，不可能知道互联网将来的发展情况，也就更谈不上教育，上课也不愿意听课。正是因为没有兴趣听课，所以我有时候在想，我是否能做一件事情，让爱学习的人变得爱学习，甚至学得很好。这种好奇心促使我着手做公益网站，这样我对互联网慢慢有了感觉。沪江网前几年做的事情只有一个，那就是不通过学校把人聚集在一起，让人变得更想学习。我们要从中找到商业模式，免费课程可以让所有人学习，因为有些人没有钱，但是有时间；也有很多人没有时间，但希望花钱学习一些快速入门课程。我感觉，互联网最终可以把不同的行业一个一个除掉。金融、健康和教育是我说的比较难爬的山，因为我们所有人都离不开这些东西。一切的进化最终都离不开教育，我不小心进入了一个很大的市场，互联网很大，教育很大，所以我们要在其中不断地探索和实践。

翁以登： 大学是一个教育机构而不是培训机构，某些课程的培训当然可以在互联网上直接进行，但也可以把互联网授课和面对面的教育结合在一起，从而更加有效地实现最优化教育。

伏彩瑞： 互联网教育的学习效果一定要比传统教育的学习效果做得更好才有意义。沪江网在互联网教育上碰到的难题是基础教育，基础教育是指小学、初中和高中教育。为了打好基础教育的基础，我们尝试与一些贫困学校以及一些大型民营学校进行合作，让学校里最优秀的教师通过我们的课件进行知识的传授和教导。

比如，某家学校里有1 000位老师，其中真正讲得好的老师只有几百位，时间一长，讲得好的老师教育的学生与水平一般的老师教育的学生之间的水平会有很大的差距。为了避免这一情况的出现，可以让学校最好的老师通过我们的课件平台进行授课，几千个学生可以同时上一位老师的课，而且可以非常生动地进行互动。有很多老师喜欢教学生，但这并不能保证照顾到学习层次低的学生，有些学习层次低的孩子不是因为脑子笨，而可能是之前的基础没有打好。在这种情况下，老师如果用中等水平讲课，那他肯定跟不上，但如果讲得内容太简单，高水平的孩子又觉得很无聊。这也能通过我们的课件避免，优秀的老师会针对不同层次的学生来准备讲课内容，学生们则可以根据自己的实际情况进行选择。这个时候，面对面上课的老师就变成了辅导老师。优秀的老师上课，其他的老师辅导，辅导的方向由辅导老师来定。最后的情况是，孩子在课堂上特别积极主动，因为本来形式就新鲜活泼，而且选出来的老师是最优秀的，听课的学生人数越多，老师就越 high。学生积极参与互动，又把老师真实的水平反映过来，辅导老师根据这些反馈进行辅导，老师与学生形成线上与线下的积极互动。

翁以登：互联网的量化可以扩大用户，同时又可以提供个性化的服务。比如伏总刚刚说的教育问题，我对这个比较熟悉，如果我们让学生先在网上自学，然后再进行面对面的教育，老师就可以分析哪些知识是学生了解的、感兴趣的，哪些知识需要多花时间进行讲解，这样就可以因材施教，实现互联网教育的增值功能。我们再来听一听 1 号店的创始人于刚先生对互联网的看法。

电商的移动化和平台化趋势

于刚：我跟大家分享一下电子商务在中国的发展趋势和机会。中国的电子商务已经全面地超过了美国，不管是绝对量、在线年销售总额，还是在社会总零售额中的占比以及增速，都全面地超越了美国。中国是最适合做电子商务的国家，原因有二：一是人口密度大、市场大；二是购物的便利性远远不如美国，所以社会对电子商务的需求在不断增加。过去几年，中国电商的发展速度在所有行业里是最快的，发展速度达到了 30%。而对于电商的发展，我看到了几个趋势。

第一是移动化。据数据显示，中国移动智能手机用户已经超过 8 亿。1 号店上线时，我们的使命是用先进的互联网技术平台和创新的商务模式，让大家足不出户即可享受购物。进入移动互联网时代，我们的使命也发生了改变，不是让顾客足不出户购物，而是让顾客可以随时随地购物。移动让很多以前的概念变成了

现实，以1号店为例，2011年的时候开始推动移动购物，那时候谁也没有想到将来会是这样一个趋势，这么小的屏幕可以搜索和展示商品，人们会应用手机来购物。2011年移动互联网的销售占比只有总销售额的1%多一点，第三年就占了总销售额的15%，2014年占总销售额将近40%，2015年我们的目标是占总销售额的60%。这种趋势很明显说明顾客在迁移，这是第一点。第二点是，未来，所有电商的主战场不再是PC，而变成了移动设备，PC将成为辅助设备。在我看来，移动购物或者手机应用仅是冰山一角，还有大量移动的特有功能没有被我们充分利用。

第二是平台化。基本上，大型电商做到一定程度以后都在做平台，我认为其中有两个原因。

其一，电商可以用自己的资源和社会资源来丰富自己的产品和服务，这样覆盖面更广，可增加更多的服务范围。这样就产生了一个良性循环的平台。

其二，电商的盈利模式有12个法则，其中的一个法则是慷慨法则，那就是很多主营业务不赚钱，但服务赚钱。比如我卖戴尔电脑，电脑本身并不赚钱，赚钱的是电脑配备的各种软件。雷军也在讲，小米的硬件不赚钱，赚钱的是它的服务。实际上，电商都在经历这样的过程，最初的盈利方式是赚买卖差价，等商品卖得很好，拥有一定客流量后，再通过营销办法进行销售返点，积累更多的流量和顾客，这时候就可以做"电子交易市集"，利用平台使用费和营销费用，以及各种各样的使用费来赚钱，同时也可以协助商家提供很多工具，如帮助商家做装修店铺，帮他引流，帮他做各种各样的营销，也可以帮助商家做互联网金融，为他提供保险、保理和贷款，最后的盈利方式是数据，因为互联网公司最重要的价值就是数据。我们现在还处于非常初级的阶段，数据只是我们的工具，只在我们内部使用。实际上，只有把数据转换成产品才能真正实现它的价值。我认为，整个电商行业都在一步一步地朝这个方向走，但平台化也是电商获得盈利的一个非常重要的方面。下一个模式是O2O，互联网是不可逆的过程，但线下和线上各有优势，线上不可能完全取代线下，两者共存。但是两者的共存比例很难讲，有的领域线上会多一点，有的领域线上会少一点。

翁以登： 大家都说互联网为人类带来了很多方便，但是互联网在造福人类的同时也带来了一些反面的影响，如威胁到人们的生活隐私。那么当一种事物发展到一定程度后，我们应该如何看待它带来的对人类社会的负面影响？

吴鹰： 任何先进生产力的到来都会带来双面性影响，好与坏都有一个度，但到现在为止人类最后总能找到一个好的平衡点，中间也必然存在一个纠错和校正的过程。比如，塑料的发明非常了不起，塑料也成了当今社会的必需品，但塑料又是一个很大的污染源，不能分解。这个时候，人们就会思考要不要生产塑料，但当年塑料出现的时候，从化工的化学角度来说这是一个进步。其实，互联网本身不是创造出一个新的东西，而是对原来的东西进行了改善，所以互联网不是万能的。我是一个乐观主义者，我认为所有的负面影响都可以得到解决，关于互联网隐私的问题，主要是防止互联网影响到人们的正常生活和习惯，防止出现为了商业利益而侵害别人利益的行为。

对于这个问题，我们应该从一个比较好的角度去理解，包括发展。信息行业为什么能发展到今天这么了不起的程度？其依赖的技术基础是半导体的发展、摩尔定律。这都是一个长期的发展过程，移动互联网的发展也是应用了大规模集成电路的原理，手机的发明是依赖七八年前最高端的个人电脑的功能和能力。令人欣慰的是，摩尔定律还会延续5~8年，但是如果5~8年后摩尔定律没有了，IT行业会变成传统行业吗？当然不会，我们还有生物计算机和量子计算机，技术的进步会带动很多新兴事物的产生，同时其他的科学也会推动现有技术往前发展。但从小范围来看，移动互联网本身产生的巨大市场和机会对中国来说意味着什么？这是一个前所未有的机会，我个人认为，到现在为止人类最伟大的创新是金融，金融用未来的钱资助现在的市场，但是社会发展到后期，第一大创新很可能就是互联网，金融和互联网联合起来会是一个巨大的市场。

自身产业链构建与法制化

翁以登： 互联网是一个全人类的工具，但现在出现了将互联网产品划分国别的做法，这是否会对整个行业、整个技术发展有一些负面影响？

于刚： 首先，互联网让很多事情都透明化了。打个比方，互联网还没有出现的时候，在同一个地方，左边有一个加油站，右边还可以再建一个加油站，如果这边不方便加油，人们可以到另一边去加油，这在物理上有一定的操作范围。但互联网产生以后，一个手动点击就可以联系到千万家网站，没有什么不可以复制，你不做，别人就会抢先去做。这个时候，保护自己的IP，让自己的创造力受到保护，就需要法治的监管和自身供应链的加强。如果我们不是将所有的注意力和硬件都放在互联网营销上，而是通过完善自己的供应链来寻求发展，那么我们就很难被别人复制，因为零售的实质是把顾客想要的产品，在他想要的时间、地点，以他想要的方式送到他手中，这一切都需要靠供应链，靠效率和管理制胜。另外一点是法治，虽然互联网的实践走在了政策的前面，但政策要跟上实践才能保证互联网发展的长治久安。中国政府正在迅速加强互联网法律、法规的建设，这是一件对互联网的发展来说非常好的事情。

【互动环节】

提问： 四位讲的各自在互联网行业的发展，都有点像生孩子，时机成熟的时候就做了，从0到1。但我关心的问题是养孩子的问题：如何让一个孩子健康迅速地成长？对企业的发展来说，创新应该发挥很重要的作用，我想问一下四位，你们怎么看待企业内部的创新？

严海锋： 首先，为什么互联网会发展这么快，可能是我们做得比传统的企业好一点。从做旅游的角度来讲，我们确实比传统旅行社和服务商做得好，这一判断是基于客户群。与传统旅行社相比，我们发现并解决了客户的很多痛点，如有客户在普吉岛丢了一个书包，传统旅行社没有办法解决这个问题，但我们推出了一项出游服务，我们可以让普吉岛的5~8个供应商帮忙解决这个问题。这个创新来自客户的反馈，然后我们不停地改进。

其次，我们内部对互联网进行了分级，比如，旅游行业就是互联网行业里客单价非常高的产品，5 000块钱一单。让客户花5 000块钱在网上买一个东西，如何解决客源充足的问题？我们发现5 000块钱相当于一个耐用品的价格，其他的耐用品使用频次很高，两年换一次，但旅游一年内可能也才会去两次，那么我们怎么让客户记住我们？这里品牌和服务就很重要，品牌就是我们借鉴的耐用品。现在，互联网正向高客单价的产品进军，最近在互联网上可以买车了，再过一段时间说不定可以直接在互联网上买房。另外，我们还发现频次也与互联网相关，低频和低客单价的产品很难通过互联网来做。比如，客栈这个产业就是一个低频、低客单价的产业，它比订酒店的频次还低，那么这时候这个行业的创新就不能自己做一个客栈的预定网站，因为频次太低了，毛利又很低，客单价也很低。我们分析下来，要么采用高频、低客单价，要么采用低频、高客单价。有没有高频、高客单价的产品？有，但这不是互联网来做的，比如垄断行业都是高频、高客单价的行业。我们内部会经常跨界去思考如何改变，如果我们的发展速度变慢了，在自己的行业里去学和改变的速度就比较慢了。

伏彩瑞：这个问题其实是企业保活力的问题，绝大部分的企业都会遇到这个问题。事实上，不管你怎么琢磨，孩子最终很快就生出来了，养孩子才是漫漫长路的问题。用国内两家公司来举例，华为和阿里，他们现在的样子和以前都有很大的不同，而且现在进入的领域创始人和创始团队当年都没有想到，但为什么他们可以取得这么大的成绩？我觉得有两个原因：一是对人的作用的认识，二是对价值观的引领。对人的作用的重视并不只是给员工多高的工资，而应该是对员工人性的关注，这应该作为一种机制上的创新来加以重视。一些人在一定的情况下选择离开公司，绝不只是因为公司创始人给他发多少钱的原因，是因为公司要到达的地方不是员工要到达的地方。公司需要考虑的理想状态是：你要到的地方不是人人都很容易到达，或者你要到的地方是梦想都到不了的地方。员工希望公司给出非常合理的规划，这就对整个团队提出了挑战。

如果在"生完孩子"后的三五年黄金时期，企业实现了自己的经济目标，那它可能就不会在我上面提到的人性和价值观两个方面投入巨大的精力，因为这两者在短期内看不到太多的直接效益。事实上，真正厉害的公司一定是所有人从一开始就都相信自己能够将一件做不成的事情做成，如小米。根据企业所处的行业和发展的阶段，如何将人的问题解决，从而将其作为自身的核心竞争力；如何将以企业价值观为代表的文化内核提炼到符合自己、符合企业甚至符合行业将来发展的国际趋势，而且要比其他企业更快发现这一点，我觉得这是创始团队需要多思考的事情。

翁以登：我以前在星巴克公司工作，星巴克公司的员工叫合作伙伴。很多公司说最重要的是客户，他们说公司里最重要的是员工，应该以合作伙伴的方式来对待员工，这样员工也自然会对顾客好。接下来，请每人用一分钟时间讲一下在互联网时代希望做的事情。

伏彩瑞：虽说互联网在中国发展的这20年取得了很多实践成果，甚至有人觉得已经到了该进行理论总结的时候，但我依然认为，中国需要更多的实干家，尤其是互联网领域的实干家。大家应该放下顾虑，也应该相信这些所谓的负面作用将来都会解决，但前提是有更多不同领域的优秀人才进入互联网领域进行操作实践，用成果推动它进入下一个发展阶段。

于刚：我们都很幸运地生长在互联网时代，互联网时代改变了人们的生活方式，我们在其中应用互联网工具。互联网还有非常多的机会，新技术的出现让大量新的商务模式和做法迅速涌现，移动互联就是一个非常典型的例子。面对这么多机会，我们非常荣幸，大家也要抓住这些机会。

吴鹰：我觉得移动互联网属于年轻人，中国是一个相对年轻的国家，虽然有很古老的历史。现在网上没有信息和应用还太多，所以互联网最牛的时期不是现在，而是经过一段时间的完善之后，我觉得10年以后可能是移动互联网最牛的时期，但10年以后再进入这个行业可能就会错过现在的机会。

严海锋：我觉得，未来互联网和移动互联网会像水和电一样不再是稀缺的资源或是某群人掌握的资源，实际上再过30年互联网可能就变成了一个稀松平常的东西。

杨一夫：我认为做一个基业长青的公司真的是越来越难，变化太快，科技进步太快。但是企业如果不能一直做下去就是对社会的不负责任，所以，我们只能尽自己最大的努力，做得久一些。

翁以登：我们生活在一个特别的时代，这个时代科技换代、媒介延伸、人文更新，人们对互联网的认识在不断加深，虽然在我们走的这条路上有很多的困难，但是人类有足够的智慧去克服它们。

互联网医疗为什么这么火

2014年互联网医疗健康继续火热,如腾讯入股丁香园和挂号网、阿里巴巴入股中信21世纪并积极筹备未来医院、春雨医生C轮融资高达5 000万美金等。资本力量的推动、宏观环境的变化、科技的进步、商业模式的更新,让我们看看未来这几个领域的机遇与变革。

在2015年亚布力年会上,亚布力论坛创始人、主席田源主持讨论了"大健康产业——互联网医疗的机遇与变革"分论坛,东软集团董事长刘积仁、泰康之家(北京)投资有限公司CEO刘挺军、好大夫在线创始人王航、鱼跃医疗董事长吴光明、丁香园网站创始人李天天、春雨医生创始人张锐参与了讨论。

田源:过去我们比较多地讨论地产和互联网,曾经互联网和金融垄断了亚布力论坛,所以我们要开辟新的战场。大健康产业是除互联网、房地产之外最火的行业,或者说将来最大的行业。这个行业目前发展得如火如荼,未来互联网医疗可能会引领行业发展,甚至颠覆行业的发展。现在微信已经基本颠覆了三大运营商,微信红包也实现了支付功能,如果微信支付一次可以付款3亿或5亿的话,基本上就不需要银行了。

我们为什么讨论"医疗的机遇和变革"这个问题呢?就是希望大家集思广益,共同探讨互联网医疗的未来。

张锐:未来医院必将去中心化

医院在整个医疗产业链的中心位置在未来会受到很大的挑战。以后有病可能不用直接去医院,在家里就能解决,所以医院的物理中心地位将会改变。医院的信息成本也非常高,其作为信息中心的地位可能也会有一些改变。

春雨医生主要做远程医疗。我们认为不一定所有的病人都必须到高成本的医

院去看病，有一部分可以通过远程治疗来解决，所以我们请医生在手机平台上开诊所，跟用户互动。这是我们做的第一件事。我们做的第二件事是人工智能开发。医学是几千年来的经验总结，那么机器能不能沉淀和降解一部分医生的功能呢？我觉得这是有可能的。未来，机器可以对人体进行大量的数据采样，进行无缝检测，从而形成数据化检测领域，事实上美国已经有很多公司在做这件事了。

李天天：构建科普信息网络是基础

我们认为互联网医疗的本质是医疗而不是互联网，医疗的本质是安全，脱离安全的医疗服务无法成为高质量、有保证的服务，会给患者带来风险。如何在互联网时代借助互联网手段为患者提供安全、可靠的服务，这是丁香园要做的事情。我们认为，简单地让医患之间通过手机互动解决就医问题会带来很大的不安全性。所以，我们决定先从信息端入手，通过信息的方式武装患者和大众。因为现在老百姓很难在搜索引擎和网站上看到有依据的医学常识，一些貌似准确的信息里其实也夹杂着不科学的东西。

在构建科普信息的网络基础上，我们接着考虑如何把患者和医生通过互联网和移动互联网手段进行更好的对接，形成线上线下结合的服务模式，光靠线上也

不行，光靠线下也不行，二者要有紧密的关联。这种关联通过移动互联网能够最好地实现，所以我们通过互联网手段做线上线下的互动。

刘挺军：用商业健康保险和互联网技术整合健康产业

医院去中心化的主题非常好，有两个因素在驱动这个进程：第一个因素不是互联网，而是中国医疗体制的改革；第二个是医疗和护理服务中非医院的服务比

重在大幅度增加，很多医疗服务不用到医院就可以享受。以美国体制为例，医院提供的医疗服务占65%，剩下的35%由诊所、养老护理机构、康复机构和临终关怀机构提供。在这方面，中国和国外的医疗体制有很大的差别。但当市场化的医疗体制改革开始后，在初级诊疗、养老护理、家庭护理等领域，互联网技术的应用可以极大地改变医疗市场，所以我非常同意医院的去中心化。

不过，医院还是有必要存在的，而它的定位也应该是解决急、重、难的医学问题。因为我们看到，现在的基因技术、人工智能技术等在解决这些问题上还存在一定的难度。泰康一直在试图做一件事，就是用商业健康保险和互联网整合健康产业，这里既有线上的保险体系产品，也在线下做医养结合、高端养老社区、综合医院、门诊、康复医院等。我们一直在争论线下和线上的重要性，其实在初级诊疗和健康管理领域，最大的困难是怎么解决线下体验的问题。我有一个同事睡眠不太好，于是在网上做了一个测试，跟网上医生聊了两天，医生给的建议是应该多睡觉。为什么会存在这样的情况？因为我们能够整合到的医生是星期六医生、退休医生，真正的专科医生都在公立医院和专科医院，而这种情况又很难被打破。但如果互联网和保险联合后，我们可以把互联网医疗模式进行变革，可以在初级诊疗和健康管理方面实现免费，这样也可以将资源进行更加快速的整合。

王航：我不太同意刘总的观点。我们一直在关注中国医生的生存状况，中国医疗体系这几年会发生商业变革，从以药养医模式转变为卖服务的模式。改革开

放30多年来，以药养医的模式奠定了大医院快速成长的基础，但是以药养医也带来了危害，人民群众正在承受它不好的一面。好大夫给自己的定位是做中国医生的经纪人，医生一定要挣到钱，不然医生会丧失从业的热情。所以，我们力图跟随医生的职业需求往前走，为医生带来除专业、病人以外的收入部分。医生服务不可能免费，不然将来就真的没有医生了。所以，我们力图成为中国销售医生服务的平台，我们称之为院外医疗服务平台。

刘积仁：无论我们想怎么改变中国医疗的核心问题，医生资源都是十分有限的，这也是全世界的问题。如果不创造出更多的医疗资源——医生，那么我们所有方便、快捷的技术都是无效的，如预约挂号。从全球发展来看，互联网技术使得没有充分发挥的医疗资源得到充分发挥，另外互联网还可以创造资源。

互联网技术创造的医疗资源在医学领域里的应用最差，但在其他领域的应用却非常好，如淘宝上半夜都有人卖货、有人买货，可以产生一大批的库存人员，创造的人力资源相当大。为什么去大医院看病的人那么多？因为大家都看重医院的品牌。如果互联网能使中国不被信赖的医生变得更加值得信赖，能使过去不好的医生变得更好，这就叫标准化。

政府希望医疗服务能够在基层落地，这件事需要很好地完成，不能凑合。发烧是小病吗？它有可能是癌症的前兆，所有的疾病都不是小病，都应该引起重视。从这个意义上来看，如果我们没有一整套的流程、法规，没有严肃性、安全性的体系来支撑，这一任务的实现就将是一个难题。互联网应用到医疗领域是互联网发展的高级阶段，这是严肃性互联网时代的要求。严肃性包括安全、法规、信赖，因为不能退货，不像电子商务，教育也同样如此，不能拿着孩子试一年，发现不行后再重来。医疗的严肃性和消费的客观性，导致医疗产业在与互联网相结合的发展过程中必定会遇到巨大的挑战：第一是信赖，第二是远程诊断。比如远程诊断，如果我们的车坏了，维修师傅能通过电话检查吗？不能，他们肯定会让我们把车送过去检查。大数据和安全性是做出精确诊断的必要基础，现在我们做医疗设备，做CT（Computer Tomography，电子计算机层析成像仪）、核磁等，60%是大数据做的，所以数据的完备性对互联网有极大的挑战。

互联网在医疗领域可以解决问题，这一点现在已经十分清楚，比如好大夫。大家找大夫一般需要提前打听一下，也要找人引导一下，如导诊，这就是入口经济的开始。就像打车一样，当大家都打车的时候，事情的关键不在于打车本身，而在于打车的需求。大家对医疗的需求绝对是刚性需求，互联网不可能完全颠覆医疗。未来，医生会成为一种越来越有尊严的职业，医生会从大医院出来在社区找工作，会有自己的诊所，也不再受传统约束。

吴光明： 首先，我比较赞同大家的意见，医学不是家电，不是旅游，也不是其他，肯定不能把互联网的概念简单复制过来。互联网医疗怎么走？我们要接地气，要懂互联网、懂医学、懂医生、懂医院。医生关注什么？国家关注什么？医院关注什么？这些我们都应该了解，如果我们只用互联网思维来想象就太过于理想化了。

通过互联网技术，我们可以让智能设备提前换代升级。但就医疗来讲，我们要考虑如何运用互联网，运用更多的智能设备和有效工具实现商业闭环。真正的商业闭环不仅要有服务，还要有药品，有器材；医生和患者之间还要有黏性。现实情况是，社区医生和患者之间的黏性不强，黏性强的是专家和病人。为什么到301医院看病需要几个月的排队都有人去？因为他们觉得疾病反复发作跟医生有关系，他们总觉得没有找到好医生。

我们原来是制造商，现在也涉及互联网，但进入医疗互联网并没有那么简单，不能把原来做互联网那一套简单复制过来，因为这里还涉及法律、伦理以及保险公司等问题，而且国家医改究竟会往哪个方向走，我们也并没有看得很清楚。医改不是简单的事情，它牵涉到非常多的利益方。但我们很清楚的一点是：今后失业的医生都会是医术不行的医生，真正有能力的医生会越来越吃香，对患者越来越有黏性。中国的三甲医院永远吃香，有能力的医生永远吃香，这是互联网改变不了的事实。

我们现在有大量的血压计、呼吸机等带有自动上传系统，从电子病例和个人体征录入开始，这些数据就可以和中华医学会的资料进行配对，配对后可以解决80％的健康管理和健康诊断问题，如果患者还是不太明白，那么还有远程视频和转诊，转诊不行还可以再转。

田源：请教各位一个问题，中国互联网医疗发展的真正难点在哪儿？是政府的政策，还是医生无法外放？是硬件不够，还是社会提供的周边条件不够？

张锐：资源不是难点，医生不是难点，现在每天新增医生的注册量是1 500名到2 000名。刚才大家谈到安全的问题，我理解的安全问题是：在诊断病患的过程中医生会有安全的顾虑，但是医生并不保守，他们会尝试。莱特兄弟发明飞机时，有人说飞机太危险，不能作为交通工具；火车出来时，大家也说它是恶魔。安全是互联网的本质问题、核心问题，但是并不能因为有安全隐患，我们就不做互联网。

我在一些场合谈过，远程诊断的有效性可能比传统诊断的有效性更强。为什么？因为今天的医学属于经验医学，线下医疗的误诊率是30％，那么有没有可能线上比线下误诊率更低？我认为有可能，原因是：未来，采集的数据更充分，可使远程诊断的精确性提高。

我不太说互联网医疗这个词，我叫它"移动健康"。互联网医疗并不是聚焦在互联网上，互联网是船，船上载着医生，医生帮你治病。很多时候，互联网医疗的核心是帮你怎样不得病，而不是帮你治病。2011年我之所以改做互联网医疗，就是因为看到了互联网医疗操作上的误区，大家认为互联网最重要，而我认为患者最重要。我父亲是医生，爷爷是医生，我不懂医，不懂药，但是我懂医生，我从小在医院长大。我在想一件事，如何对医生好。其实，只有两件事，那就是：给他钱和名望。

互联网医疗最大的困惑是什么？上面几位嘉宾的观点，我有点不认同，我会坚持去做自己的事情。我觉得政府和人民是医疗互联网最重要的盟友和支持者，医疗互联网很多时候是帮政府做分析诊疗问题，减少医保赔付问题，这是政府最支持我们的地方。但我们现在面临的一个问题是：如何改变用户的习惯。在生病求医上，用户的不良习惯主要体现在四个方面：第一，感觉不舒服后，95.2%的人不去医院；第二，向周边亲朋好友寻求帮助，这并不专业；第三，根据既有经验自我治疗；第四，上互联网查找治疗方法。我觉得要改变用户习惯，让用户在网上可以找到可靠、便利、符合基础安全性需求的信息，可能是更有效率的一件事情。

李天天： 在互联网的其他领域，我们经常会听到这样一句话：技术永远不是问题。但在互联网医疗领域，技术真的是问题。目前，互联网无法独立承担收集患者数据、分析数据的任务，因为医疗过程是对数据搜集和解读的过程。我本人是医生，当面对一个患者，特别是新患者时，我总是会想起一个词——"可怕的新患者"。为什么新患者可怕，老患者不可怕？因为我熟悉老患者的情况，但不了解新患者的任何数据，所以对新患者一般都要经过三步完成数据采集：第一，问诊；第二，体察；第三，辅助检查。这些都是互联网收集不到的数据，所以，为了保证互联网医疗服务的安全、可靠，我们应该走到线下开诊所，开诊所至少能见到病人，能帮他做做胸片、心电图等，能完成数据采集过程，之后通过数据帮助他分析病情。目前，通过互联网搜索病情和询问的，大部分都是新患者。

张锐：我经常跟李天天在观点上有差异性，我想请教一下，您刚才说到面对面，是不是所有的疾病都要面对面解决问题？

李天天：不一定。

张锐：能不能不需要面对面，看病线上化，降低医疗成本？

李天天：可以，但是你不知道哪些病需要面对面。

张锐：所以我们要做相当于 GP（General Partner，普通合伙人）一样的诊疗。

李天天：GP 是对的，而且国家正在做这个事情，就是鼓励 GP 到社区，通过 GP 第一层看门人的作用，把真正的小病鉴别出来，确定是否要到大医院治疗。这里还是要完善数据采集的过程，不能简单通过几句话来判断。

张锐：有很多问题没必要面对面解决，这给我们带来了发展的空间和可能性，给了我们降低系统化成本的机会，我们应该把机会抓过来。你刚才谈到我们的技术还没达到治疗疑难杂症的程度，那我们是否就等着技术发展到那个程度后再去做？

李天天：不是单纯地等待，技术肯定会进步，需要迭代，但是中间需要优先保证安全。莱特兄弟造飞机特别好，但是技术不成熟，如果此时有人建议开通北美到亚洲的航线，那肯定不行，因为飞机飞不了那么远。等就是伪概念，大家没有在等，都一直在做，只不过想通过互联网来做，只不过想找到切实的证据证明互联网比面对面的诊疗更有效。医院面对面看病有 30% 的误诊率，网上诊疗的误诊率有多少，我们不知道。线下服务我们正在做，所以没有人在等。

王航：对我们来说，我们提供的工具和平台，医生愿意用就用，不愿意用就不用。我们不需要管那么多，只要医生靠谱，医生会有自己的判断。互联网平台提供了各种各样的工具让医生做选择，我们把平台使用权交给医生，特别是交给靠谱的医生就可以了。

在我看来，现在最大的问题是整个社会对医疗服务的消费习惯问题，可能是用户习惯，但是我更想界定为消费习惯。很多人认为去看医生就是花几块钱的挂号费，因为你提供的医疗服务就值这些钱，但如果花更多的钱能获取更专业的服务、更舒适的体验，那么 90% 的人得病后的第一反应不是忍着，而是给医生打电话，去医院找医生。所以，如果可以建立新的商业模式、新的价值链来推动消费习惯的改变，那么我们的服务体系就会越来越美好。

刘挺军：我想补充两点。第一，患者习惯的改变需要采取某种激励机制。过去打车是招手，现在打车用滴滴，用滴滴打车可以省 10 块钱，这就是激励机制在推动人们改变消费习惯。我个人的实验是戒烟很困难，想了各种办法戒不掉，最简单的办法是买了一个戒烟保就戒了，保险在这里发挥了很大的作用。如果运动多一点，不抽烟，保险公司给你的保费就低一点，这样习惯就容易改变了。

第二，线上和线下不应该是对立的。综合的初级诊疗有很多可以在网上进行，但是涉及专科领域就一定要去医院。对于初级诊疗，我们今天的矛盾有两个。一是初级诊疗不等于初级医师。我对医院进行过调查，社区医院就诊率只有 8%，收入 4 个百分点，好医生不愿意待在社区医院，这是跟美国极不一样的地方，我们的社区医院收入低，运营跟收入不挂钩。二是社区医院没有职业发展的空间。这还是体制问题，所有的资源都被公立医院主导，而公立医院缺少民营医院的工作效率，在内部资源有效利用上也比较欠缺，这是比较大的问题。所以，实现初级诊疗、综合医院、社区和大医院之间的无缝对接才是最重要的。我们应该寻求团队合作，能够用护士解决的问题不用专科医生解决，这样就可以极大地节约成本。

刘积仁：我们希望所有人都接受我们，这是一个很大的挑战。每个行业都有自己的规律和科学性，有自己的严肃性。李天天讲的我完全认同，我们肯定不会等，技术的发展需要一段时间，通过计算带来的诊断一定是建立在巨大的数据基础上。

【互动环节】

提问人1：我想问大家，一个患者最需要的东西到底是什么？因为我们有一句话，病人得病以后，三分治七分养，生病除对身体有影响外，对病人的心理也有很大的影响。

王航：从患者的角度来说，他们最希望找到可靠、可信赖的方案，无论是喝一杯水还是吃某种药，方案背后是靠谱的感觉。

提问人2：我想请三位做互联网医疗的老总描述一下各自的盈利模式。

张锐：我们一直在做医患沟通，以前是做点对点的一次性关系，现在是医患强关系，就是刚才说的 GP 和私人医生，我们主要推的是私人医生，我们的商业模式是 B2B 和 B2C，B 是企业客户，C 是私人医生，B2B 是希望和保险联合在一起。

李天天：我是医生，我要开诊所，我要靠诊费赚钱。

王航：我刚才已经说了，我们就是经纪人。

李天天：王航会成为我的经纪人，因为我是医生。

田源：前面我提了一个问题，是互联网医疗的难点在哪里，接下来我们探讨一下机会在哪里。在整个大健康行业，尤其是互联网医疗方面，我也做了一些研究，中国互联网医疗的特点或者说弱点是在连接上做文章。现在美国和以色列，他们关注什么？他们更多地关注硬件的发展、关联硬件的发展以及新模式的发展。比如，美国 FDA（Food and Drug Administration，食品药品监督管理局）2014 年批准了一个做糖尿病管理的 APP，以前美国 FDA 只批医疗器械和药，但是现在开始批准 APP 了。为什么？一个非常重要的原因是，用了 APP 的人开始对自己的生活习惯进行管理，因此提供 APP 可以帮助他们管理自己的健康，这比吃药的效果更好。保险公司看到了其中的商机，只要他们的客户下载了这个 APP，他们就给提供 APP 的公司付一笔钱，这是非常好的模式，扩张非常快，这也是慢性病管理的突破，也是中国互联网医疗公司很少关注的地方。

中国互联网胜在人多，也输在人多。为什么胜在人多呢？任何有价值的互联网技术在中国都可以获得 13 亿客户群，所以大家可以做得好。但也正是因为这样容易，所以整个互联网关注的重点倾向于连接，而不太关注技术的发展与科学方面的结合。这点想听听大家的意见，未来我们的机会在哪里？

吴光明：我们做硬件比较多，这几年也专门在做连接，如呼吸机，带着我们的呼吸机，客户晚上睡觉的呼吸频率会被记录在里面，呼吸机还带有血氧，当客户血氧下降的时候，呼吸机的一个部位会发出一个信号，呼吸机就会给氧。

我们不要争论左和右，也不要争论黑与白，其实还有灰的地方，现在我们就做灰的地方。病人关切什么？其实病人最怕失联，只要医生在身边就安稳。病人突然感觉不对劲，明天想见医生，但是医生是否可以加号呢？所有这些都需要通过智能硬件连接起来，而且是长期联系，包括诊断问题，包括改变习惯。我们现在要解决的是医疗移动问题，把很多的设备做小、做便宜，把利益链建立起来，因为有利益链就不需要做思想工作，跟医生和医院的沟通成本也会降低。当有利益驱动时，大家都愿意做，有时改变病人的习惯很难，但我们用科技改变我们的产品，让病人适应我们的产品，这样就比较靠谱了。

李天天：我同意吴总的观点，无论是传感器还是 APP，手机的数据是孤立的，并没有连接起来。连接性能够给我们带来数据的完整性，但是数据完整性发展到下一阶段还是要靠专业人士进行解读，并且进行干预。

如何向互联网转型

传统企业的互联网化，必定是整个经营逻辑的互联网化，也只有完成了整个经营逻辑的互联网化，传统企业才可能真正转型成功。中国传统企业互联网化的生涩悲歌，才刚刚奏响。

在 2015 年第 15 届亚布力年会上，思想互动空间"向互联网转型"由美通无线董事长王维嘉主持，金沙江创投董事总经理丁健，IDG 技术创业投资基金合伙人李建光，物美集团总裁张斌，信中利资本集团董事长汪潮涌，正和岛创始人兼首席架构师刘东华，金山软件 CEO 张宏江，中金公司投资银行部董事总经理、并购业务联席主管刘书林等嘉宾共同探讨了这一话题。

王维嘉：过去一两年，业界最热门的题目之一就是传统行业的互联网转型。人们对这个转型一直存在争论。2014 年数字中国在深圳召开高峰会的时候，复星的梁信军和联想的杨元庆就有一个争论，杨元庆认为互联网是工具，梁信军说互联网是一切。到今天为止，这个争论还在继续，大家对于传统行业的互联网转型有很多不同的理解。互联网对传统行业意味着什么呢？

互联网平台化肢解传统企业

丁健：如果过去大家觉得"互联网是一切"的观点过于极端，那么现在应

该醒悟了。其实，小米只是简单利用了互联网销售，即把中间环节去掉，通过社交媒体进行营销，这个小小的改进将小米的毛利率提高了将近 10 倍。对此，我们必须意识到互联网给我们带来的震撼，而且小米所用的东西还远远没有达到互联网下一代的技术，包括大数据、人工智能等。我曾经用过比较重的一句话：互联网平台化会肢解传统企业。

小米的案例很好地诠释了互联网的力量，金沙江创投投资的滴滴打车也是一个很好的案例，这些案例已经让我们感受到互联网海啸开始前的第一波浪。实际上，第一波浪的威力还很小，第二波浪才会真正带来灾难。滴滴和小米都是第一波浪，但他们已经让传统行业感受到了互联网的威力，前段时间滴滴估值已经达到了二三十亿美元，与快的合并后估值会变为百亿美元。

我们应该怎么看待它？平台化，就像现在雷军做的事情一样，就是把所有东西都外包给不同的平台，对于平台的使用者来讲，由于互联网的出现，这些平台的成本已经趋近于零。所以，超大型平台的出现会使产品的竞争完全变成产品本身研发和特点的竞争，而产品经过平台的营销等一系列环节，利润都会被平台压低。同时，由于大数据的融合，商业模式发生了非常大的变化，企业的盈利并不一定需要通过出售硬件，还可以通过很多其他的东西，服务业在里面扮演的角色价值将会越来越大。

平台化将把大众型企业全部毁掉，只有平台企业和大型企业才能存在，剩下的平台就会把小微企业，特别是个人型企业联结在一起。这种小微企业并不是不赚钱，只是它的尺寸变得很小，小米的企业规模也就是联想的 1/10，相对联想来讲，它就是个小微企业。未来做产品就会是这样一种趋势，那就是越来越多的渠道和销售会被取代，甚至可能只剩下几个研发基地。

王维嘉："肢解"该怎么理解？是否就是说未来世界上将没有零售公司，所有的东西都在淘宝这个平台上销售？

丁健：所谓"肢解"就是把现在的企业看成一个人，他有大脑、手、脚，以及各种各样的身体器官，麻雀虽小五脏俱全，滴滴打车就是一个很明显的例子。未来一个平台就可能替代一家企业里的很多部分，如替代手和脚的功能。其实，这是对社会分工里价值链的重组，这一次新的社会分工会让企业不再需要很多烦琐的东西。当你感受到这样一个变化的时候，你可能才会真正理解这个"肢解"对每个企业来说意味着什么。

在刚需方面寻找移动互联网入口

王维嘉：潮涌如何看待这个问题？

汪潮涌：我们今天再来谈"向互联网转型"已经晚了，互联网已经深刻地改变了中国的每一个领域，包括以雷军代表的新兴制造业，以阿里、京东代表的电商行业，以及刚才丁健讲的以滴滴打车、快的打车代表的新型服务业等领域。现在我们谈的不是是否要向互联网转型的问题，而是如何把握好的时机、节奏、模式来拥抱移动互联网的问题。既然我们现在面临的是向移动互联网转型，那么我们就要了解移动互联网和我们生活中的哪些环节有最密切的联系。

15 年前，我和王维嘉在中国尝试做第一波互联网金融，当时还没有智能手机，只能用双向手机来做证券交易。雷军曾说时间很重要，那个时候也是一样。现在小米之所以能用虚拟制造的模式，把整个制造的流程肢解，是因为有了整个社会环境的支持，15 年前没有这个环境，所以那时候对接有一定的困难。现在移动互联网无处不在，移动互联网跟金融、证券、贷款、理财、支付、信用卡、大数据能实行无缝对接，所以金融领域出现了翻天覆地的变化。再看身边其他的刚需——衣食住行。快的打车、滴滴打车解决了人们的出行问题。2014年，我们和其他几家VC投资了所谓的"四美"行业，即美容、美发、美体、美甲。这个行业其实是非常传统的行业，进入移动互联网时代后，一批新的团队把身边碎片化的资源和需求通过移动互联网的平台有效地整合起来，这样就出现了类似于秀美甲之类的公司。所以，我们在不断寻找刚需、痛点、消费市场的规模等方面与我们生活息息相关的各种机会。

现在移动互联网的投资机会不是投与不投的问题，而是选择什么样的企业去投。因为大的平台企业难以寻找，基本上由BAT通吃了。我们做VC的都是寻找细分市场，垂直化目标，就是寻找所谓比较肥的市场。对于这个细分市场，雷军讲了几大领域——互联网金融、互联网健康、互联网教育、互联网娱乐，还有一块就是汽车车主这类有消费能力的群体之间的对接。我们也投了一个叫车投邦的项目，有超过1 000万的车主在这个微信群里，这些人利用移动互联网交流，相互分享路况信息以及一些社交方面的资讯，未来它的商业价值会体现出来。所以，我们既要寻找比较肥的市场，同时也要寻找比较大的细分市场的移动互联网入口，这是我们认为向移动互联网转型的比较好的机会。

王维嘉：IDG基本上算是中国第一家VC，1992年就进入了中国。随着整个互联网的发展，IDG几乎投资了所有发展比较好的互联网公司。最近几年，建光自己又投了旅游地产这类相对传统的行业。那么我想请问，今天有哪些行业还没有与互联网接触？旅游地产是否受到了互联网的影响？

李建光：IDG是从互联网投资起家，我们最大的激励和挫折都在于怎么认识互联网。觉得互联网不行的时候，一大批互联网企业兴起；觉得互联网到处是机会的时候，所谓的泡沫破灭危险又到来了。我们相信互联网是一切，互联网会颠

覆所有的东西。对 IDG 的转型来说，在 IDG 老一代合伙人里我是最年轻的，但是我也远离了互联网，所以，我们愿意把所有的权利、决定、感觉都交给年青一代，让他们去投资，只要他们看好就去做，我们不懂就说 Yes，从来不说 No。我现在的主要精力放在了体育方面的投资上，如做了差不多小 10 年的英超在中国的传播，最近也投了昆仑决，在美国也投了一个小的体育基金等。

就我个人而言，我们这代人还是做一些扎扎实实的东西较好，而把这些可能升华的机会和途径交给年青一代来决定和处理，这就是我对向互联网转型的一些领悟。

回归商业本质和拥抱互联网

王维嘉：物美集团被誉为中国的沃尔玛，是中国最大的零售集团之一，请张总讲一下物美在互联网转型中遇到的困难，以及你们是如何应对的？

张斌：做实业的企业，不仅要考虑思想转型，还要重视行动转型。企业管理者的思想如何转变，企业员工的思想如何转变，这对我们来说是两层问题。其中，企业管理者如何更好地带领员工在行动上真正和互联网结合起来非常困难。

我想用两点来概括物美在转型当中的思考：第一，回归商业本质；第二，彻底拥抱互联网。我们一直在跟国际上商业零售化最高的企业对标，而要实现与他们的对标，我们首先要强调高品质，其次要强调在高品质基础上的低价格。要实现高品质、低价格的目标，企业销售的商品品类就不能太多，否则照顾不过来。

我们曾经走过弯路，我们希望店里卖的东西越多越好，其实不是这样的。为什么要回归商业本质？商家应该替客户选择商品，而不是让顾客花尽心思来选择。所有成功的企业，在一个时间段内销售的商品越少越好，而且好的商品价格越低越好。同时，企业还要考虑供应链效应。现在无论是实体店还是网络虚拟店铺，核心考虑的是如何使企业本身的供应链效率比竞争对手高，不是因为有了互联网才这样做，而是在产生互联网之前就需要用互联网思维去思考。

卖好产品、高品质、低价格、高效供应链，这几项是传统企业必须为顾客做到的，而实现这个目标的前提是通过微创新的手段彻底拥抱互联网。有人说互联网经济是去中心化、去中间化、去实体化，我赞同这种观点，我们也在往这个方向努力。那么该如何真正使我们整个运营的系统简单化、标准化和系统化，从而能与其他竞争对手进行有效PK？第一，要有网上的竞争；第二，要有大批线下的零售企业。在竞争过程中，能够在有效运用互联网技术的同时发挥自己的优势并把线上和线下有效结合起来的企业，目前在中国还没有出现，物美希望在这方面做出一些尝试。

王维嘉： 其实，现在传统行业的思维基本上都类似，就是摊子大了，不可能天天改，只能一点一点改。丁健觉得这个靠谱吗？

丁健： 我觉得没有时间和机会去一点一点改，所以我们应该向前看。首先，对于价值链肢解本身，我们要有预感性，要在价值链中占据主动位置。因为价值链重新分配的时候会带来很多的机会，所以我们要主动做一些事情，想办法为整个行业服务。其次，我们应该反思我们是不是落后了，包括我们的投资理念。为什么我们做了很多关于未来科技发展的论坛？因为我们想知道高科技发展的趋势，而这种趋势远远超过了我们的想象。前两天网络上最热的话题是"白金和蓝黑"，这看上去是很简单的问题，但是它已经涉及了大脑对不同颜色的识别，我们家三个人看出了三种不同的颜色。我的一个做人工智能的朋友在HP很早就做过这个实验，他们专门研究过人脑在不同的环境之下对颜色产生的个体化差异，正常与差异之间的比例能达到 50∶50。为什么举这个例子？因为我们说 PC 互联网已经过时，我想移动互联网也快过时了，现在已经开始讲 IOT（Internet of Things，物联网）了。当技术发生如此巨大改变的时候，实际上我们应该更多地向前看，而不是去强调"没有办法"；当海啸来临的时候，我们没有机会说"没有办法"，没办法也要想出办法。

拥抱移动互联网与关停运转

王维嘉：大概十几年前有一本非常著名的书——《创新者的两难》，是由哈佛商学院克莱顿·克里斯坦森撰写的。在他看来，迄今为止传统行业的转型还没有成功的例子，比如，1994 年比尔·盖茨给微软的每个人发了一封邮件，说互联网大潮来了，我们必须变成互联网公司，但是直到今天，很多人还是不知道微软究竟是互联网公司还是软件公司。传统行业的转型为什么如此艰难？克莱顿·克里斯坦森讲了几个原因：第一，公司受到供应链和产业链的牵制，即使公司想转型，如果供应链和产业链无法转型，公司的成功转型也实现不了；第二，在原有的产业里，任何公司都会有自己的竞争对手，你刚说放弃某块市场，该市场份额马上就会被竞争对手占有；除此之外，人、制度、流程等都存在很多问题，因此，转型不是我们想做就能做到的。当然，任何事情都不是绝对的。比如，金山过去是非常传统的软件公司，但现在它已经成为一家移动互联网公司，这一点是如何做到的？下面请张宏江先生跟大家分享一下经验。

张宏江：移动互联网到来的时候，我们必须全身心地去拥抱它。为了全面转型到移动互联网公司，金山做了一个关停运转，把十几个产品关掉，只剩三个传统产品，加一个新产品。三个传统产品之一是大家最了解的办公用软件 WPS，它的收入在所有金山收入中的占比不到 10%；另外一个产品是毒霸，它已经被免费的安全产品打得一塌糊涂，一夜之间从收入 3 个亿掉到很低；最后一个产品是游戏产品，从 PC 游戏转到网游，游戏部分占到金山总利润的 90%。这三者中，向互联网转型最快的是毒霸，是被人家一巴掌打死的业务。因为没有退路，别人免费，我们也就必须免费，慢慢地也就真正实现了向互联网的转型。关于这一点，我的理解是，做互联网要用互联网的原住民，毒霸的转型成功也依赖于我们重新搭建的团队，负责这个团队的人曾经在360工作，所以他非常清楚互联网的工作路数，用互联网的路子把毒霸守住了，更重要的是他真正把所有的精力投入到了向移动互联网转移这件事上。

在投资领域，我们看到了很多国际化投资的例子，移动互联网在其中做了这样一件事——就是自动把全球扁平化了。两年前，我们开始做一款小的应用，叫清理大师。当时国内移动互联网的发展已经如火如荼，为了避开国内的这股风头，我们选择先在海外推广。任何产品要想在移动互联网上立足，首先产品本身要好，能真正找到别人的痛点并解决。我们这个小的应用就做了两件事：一是帮助用户把移动端的垃圾清理掉；二是把应用管理起来。这样一个小工具，3个月内达到了3 000万的月活跃量。随后金山加大投入，把所有安全产品上赚到的钱全部投放到这个产品的研发上，6个月以后它的月活跃量过亿，18个月以后月活跃量过3亿。依靠它，金山现在在海外一天能赚45万美元的广告费。今天，移动手机工具软件的业务已经占到金山总收入的50%，这是金山向移动互联网转型道路上的一个比较典型的例子。

传统企业向互联网转型非常艰难

王维嘉：刘东华从媒体人华丽转型到正和岛这样一个很新的公司，你是怎样定义正和岛的？请为我们讲一讲正和岛与互联网的关系。

刘东华：阿里巴巴在美国上市之后，中国企业家跟美国的投资人做交流，他们说了一句话，对中国投资的要点是卖掉旧中国，投资或者收购新中国。他们所说的"旧中国""新中国"不是社会和政治意义上的表述，而是中国传统的企业和产业没戏了，但是新的产业和企业有无限机会和空间。对于移动互联网带来的影响，以及传统行业与移动互联网的融合，大家的意见比较一致，但是在社会上，互联网思维是不是一个伪命题还在被很多人争论着。我觉得，单说互联网思维不够充分，应该说互联网基因。刚才张宏江谈到原住民，他们生下来就生活在移动互联网的疆土上，那他们肯定拥有互联网思维，因为他们有互联网的基因。现在传统产业的企业家敏感地发觉，原有的方式已经不能适应这个时代的需

求，需要转型和变身，甚至需要基因突变，但要成功确实非常困难。在传统行业的企业家里面，张瑞敏算是非常早就意识到要转型的一位，海尔的转型也从十年前就开始了。在这个过程中，移动互联网到来了，面对新的时代需求，海尔还在转型，但依然非常艰难。

对于传统企业的转型，我的看法是：传统企业的行业领袖如果用母体进行互联网的改造和转型，那么成功的概率会非常低。但是如果用体外的企业来进行互联网的改造和转型，不管是在自己的平台上重新创业，还是收购其他企业，与这家企业的产业链进行很好的结合，其转型的成功率都会稍微高一点。

作为媒体人，十几年前新浪、搜狐出现的时候，我就跟他们较劲，我想知道究竟是内容为王还是渠道为王。结果是，我们一天天烂下去，他们却一天天成长起来。于是，我开始思考出现这种情况的原因，当时得出的结论是，他们确实走到了社会价值链的高端，而且还在往上走，但是我们在创造核心能力，只不过这种核心能力是与一种落后的、即将死亡的模式在一起。同样的道理，对于传统企业的发展，我觉得他们不缺核心能力，核心能力也在不断提高，但关键是能不能找到一种更新的甚至在价值链更高端的商业模式，并与之相结合。我特别庆幸，中国的企业改制最后失败了，因为如果改制成功，那我们必然会在原有的逻辑里孵化全新的东西，而这实际上没有成功的可能。所以，我们现在是把原来积累的、创造的核心能力和核心资源完全用一个全新的载体、全新的模式去嫁接，经过几年的努力，正和岛离我们希望的大方向越来越近。

王维嘉：你的大方向是什么？

刘东华：我的大方向已经非常清楚，如移动互联网在全世界最成功的商业模式之一就是网络社交，到目前为止全世界没有做高端网络社交成功的例子，正和岛起步就是做高端社交，做解决问题的价值聚焦的社交。正和岛有大正和岛与小正和岛，这几年我们主要是做小正和岛，就是在移动互联网时代做一个无限放大的中国企业家俱乐部，把线上和线下结合起来，无限放大。实际上互联网转型要分成三个层面：第一个层面，决策者要看清时局，全面拥抱互联网；第二个层面，重构整个业务体系；第三个层面，重构整个管理体系。

投行发展需要去中介化

王维嘉： 刘书林先生，你怎么看互联网对传统行业的影响？

刘书林： 互联网行业里很重要的一点就是分享，其中很重要的就是利益的分享，分享利益使大家都有动力在激烈竞争的动态环境下去拼命，而且可以让奋战在第一线的员工有相应的决策权力，资本市场对这种做法是非常认可的。

目前有哪些企业没有被颠覆，或者将要被颠覆？投资银行可能是其中一个，这里面有几个重要的特点。

第一，投资银行是受监管的行业，这对投行来说可能是一种保护，但也可能是一个灾难。

第二，投资银行的业务模式本身是B2B，给公司型客户带来的移动互联网的冲击和颠覆不会即时传导给投行自身。

第三，客户要求遵循保密原则，特别是做并购，投行为客户提供一个避风港，让客户暂时不会受到大风大浪的冲击。但是我们在实践的过程中也感受到，客户已经发生了很大的变化，主要体现在以下几个方面。

第一，靠搞客户关系做生意。这种情况在新的互联网时代已经发生了变化，客户很容易接触到他想要见的投资者。这是一个很大的挑战，客户可能已经不需要你了。

第二，专业知识很容易被客户掌握。投行一旦提出一个规则，或者一个商业模式，客户马上就会知道。投行对客户来讲没有太大的作用，因为客户跟投行了解的知识一样多，甚至比投行还多，这也是一个很大的挑战。

第三，可以提供资本的渠道越来越多。钱本身都是同质的，所以投行在这方面的优势也不明显。

将这些因素综合起来看，投资银行也处在去中介的危险情形之下，只不过我们在这个环境下受到了一点保护。我们内部也做了很多探索，在经济业务方面我们努力通过移动互联网接触用户，采用低价吸引客户。未来，特别是 TOB（Takeover Bid，要约收购）的业务可能会在两个方面发生变化：第一个方面，在对外客户服务方面可能会产生一种 O2O 模式，它能够把投行的资源整合起来为客户所用；第二个方面，在后台系统方面，将来可能会出现一个外包集中化甚至通过云端来提供服务的趋势。

王维嘉： 投行非常专业，你们有关系，有知识，有资金，但还是不能任性，互联网的影响确实很大。从我们的讨论中可以听得出来，拥抱互联网的战略在投资行业和传统行业已经达成共识，大家已经认识到必须拥抱互联网，但是在具体做法上每家企业都不一样，传统企业还是有向互联网成功转型的案例，不是完全没有希望的。

【互动环节】

提问人 1： 我的企业以前是做传统家装的，最近两年开始做互联网家装。从现在来看，我们的产品已经很成熟，落地的问题也有思路，施工和服务也都很成熟。我们现在面临的问题是如何把企业做大。

王维嘉： 你这个家装公司跟互联网有什么关系？

提问人 1： 2015 年以前互联网是我们推销产品的手段，现在我们要转型成互联网公司，不是家装公司，而是做家装产品的公司。

汪潮涌： 国内 A 股资本市场是以价值升值为出发点，所以，市场上有很多上市公司说要拥抱互联网，把股价炒上去。但是从 VC 的角度来讲，他们很不愿意投所谓的转型类企业，而更愿意去投资一家新创的企业。我不知道其他人怎么看，反正我们过去投的项目基本上是新创、原创的。所以，传统企业向互联网转型，我并不认为这是一个主流方向。它能解决一些局部的问题，但是离真正的互联网企业，以及寻找互联网的载体还差得很远。

提问人1：确实不能在现有公司内部向互联网转型，而应另外成立一家新的公司，下一步我们还要做智能家居，也已经有了外部投资，但是我们该如何建立这个平台？

丁健：做家装的企业都会有自己突出的产品，我不了解你的企业中哪一个元素可以放大，所以我必须与你聊至少半个小时以上，才知道商业模式里面哪个元素是可以被互联网放大，因为你需要寻找到这个元素。在家装领域，服务很难被取代，如果能把服务平台化，开放给整个行业，那它可能会像最后一公里的物流一样，成为所有家装产品服务最后的那只手，你也就可能会建成中国最大的家装服务平台。

提问人2：我一直是非常看好互联网，也投了很多互联网上市公司，但我一直在思考，传统企业真的会被互联网肢解吗？美国的移动互联网为什么没有把传统企业弄死？巴菲特为什么不投移动互联网公司？请大家分析一下。

汪潮涌：对资产管理机构来讲，产品有很多种，VC是其中的一项产品，还有不同行业的PE和二级市场的基金，所以一个产品错了问题不大。而且在VC领域，最好的结果就是：如果投中一个，它会把其他的错误全部弥补，甚至还有更多的回报。我觉得在投资领域，传统产业、新兴产业、互联网行业都可以做资产配置。

张斌： 从目前的情况来看，我为什么一直在讲回归商业本质？商业的本质就是同样的商品谁卖的价格最低谁就能赢，同时还要保持效率最高。但是发展到什么程度，如何更好地结合，这可能需要大家共同的努力和实践。

王维嘉： 这个问题看起来还是要继续探讨，而且我觉得，似乎中国互联网对传统行业的改造比美国和其他发达国家要厉害得多。我相信在今后若干年之内，互联网依然是我们业界最关心的一个话题，只要我们不断探讨，各种各样的商机都会逐渐呈现。

万物互联，改变世界

文 | 周鸿祎　360公司董事长

我叫周鸿祎，名字的最后一个字很怪。人家经常叫我周鸿伟，为了提示别人不要叫错名字，我经常穿红色衣服。我说话也比较直率，容易说错话，所以同行亲切地称我为"红衣大炮"，其实我最多算是一个"小钢炮"。

没有透彻理解互联网

我们公司叫360，最早我们用的名字是奇虎，后来觉得这个名字不好，因为骑虎难下。我们是做网络安全的，希望360度保护每个人的手机、电脑以及公司的网络，所以取名为360。但是我们跟其他提供安全保障的公司有很大的不一样，我们觉得安全是基础服务，应该免费，所以在这一方面我们坚持免费，自己坚决不赚钱，也坚决不让同行赚钱。因此，同行就认为我们非常非常"二"，就是一群二百五想做110的事，250加110正好等于360。

其实我是第一次来亚布力，因为我一直觉得亚布力离我很遥远。亚布力使我想起了西伯利亚，而且亚布力有一群大哥，像我这样的后辈小弟就不要来瞎混了。在我看来，中国有三类企业家：大部分是伟大的企业家，他们都已经在亚布力了；还有一批是文艺企业家；我则属于"二逼"企业家。这次来到亚布力之后，我发现环境挺好，还让我这个"二逼"企业家在这么多伟大企业家面前讲话。我是麦霸，讲几个小时都可以，我跟竞争对手的辩论技巧是拿着话筒不让对手有说话的机会。

大家觉得我有点思想，其实我想明白了，大家都有思想，没有思想就做不了企业家，只不过我是其中爱嘚瑟的一类人。两年前郭广昌拉我到上海，请我给他投资的几十家企业老总做一次互联网思想的分享，当时的会议题目叫"拥抱互联网"。很多企业家成功之后都会讲自己如何成功——高瞻远瞩、运筹帷幄，进而成为了伟大的领袖。但我有一个优点，那就是爱讲实话。我发现，互联网领域里很多司空见惯的概念、很多常识性的东西都没有被理解透彻。很多企业家也都有一种焦虑——互联网焦虑。因为大家之前看不上互联网，都觉得互联网是一帮小破孩弄的玩意，比如，在某某公司心目中谷歌是什么？就是一帮小孩儿为了搜黄色图片整出来的东西；在谷歌心目中，脸书是为了什么？是为了划分好看与不好看的女生。那时候互联网离其他行业很远，但最近两三年大家突然感觉不一样了，觉得互联网除了创造价值外，可能也是一个价值毁灭者，它开始在很多行业横冲直撞，对此大家开始担忧。其实很多传统行业的企业家比互联网企业家更有智慧，情商更高，但他们对互联网的冲击还是感到焦虑，我认为还是因为互联网行业中的一些概念、常识性的东西没有被点破，所以，2014年我把我讲的这些东西做了一个总结——《我的互联网方法论》。

互联网的核心是连接

"互联网"这个词热了之后，对互联网的理解社会上出现了几种误区。一种是把互联网当成了一个媒体。互联网肯定是一个新媒体，但是它绝不仅限于是媒体，所以如果我们只把它当作一个传播渠道、一个新的广告载体，那我觉得这是"术"。另一种是把互联网当成了一种新技术，比如大数据、云计算。互联网的很多技术是公开、免费的，我觉得每家企业都应该用，但是这并不意味着只要采用了互联技术，我们就变成了真正的互联网化的公司。还有一些企业家跟我说，我们终于学会了如何利用水军，互联网似乎就是骂街。互联网上存在各种匪夷所思的营销，我觉得这也是很多人把互联网思维理解错的原因。还有很多企业家不用"互联网"这个词，而总说"电商"。他们说，我们在天猫、京东上都有店，从传统销售转向了电商销售。运用电商已经进步很大了，但是他们还是把互联网当成了传统的渠道，就像过去是直销，后面是电话销售，现在是互联网销售，还是没有真正掌握互联网的"道"。

互联网的"道"是什么呢？15年前，中国互联网泡沫破碎了，中国仅有的三大互联网公司——搜狐、新浪、网易的股票都跌得很厉害，人们对互联网也产生了很多质疑。当时丁磊做了很多广告，给自己打气，给同行打气。当时的广告叫"网聚人的力量"，如果用一句话阐述互联网的威力，我觉得就是"网聚人的力量"，是唯一一个可以把很多人连接在一起的东西。在多次对外讲话中，马云讲如何通过淘宝进行连接，马化腾讲如何通过微信进行连接，所以我们可以看到，在整个互联网的发展中，"连接"是最主要的词汇。所以，我们只要从"连接"和网络的角度来看，就会理解为什么互联网会对这么多行业带来巨大的改变和推动。

如果我们将互联网的发展做一个不科学、不完整的时代划分，PC互联网阶段可以说是互联网的1.0时代。因为PC只是生产的工具，每人每天用PC的时间也就几个小时。在那个时候，互联网仅仅实现了PC的互联，它主要是解决了信息的高速传递，所以在那个时代，互联网更多地改变了信息的获取方式，被称为信息高速公路。而到了现在这个时代，人人都有手机。手机是什么？我觉得手机跟电脑不一样。有人说手机是掌上电脑，是随身携带的电脑，我觉得不对，手机是人类"长"出来的一个"器官"。我们可以让一个人不干某一件事，但如果禁止他用手机，他一定会跟你急。以前我们到饭馆的第一件事是找厕所，但现在是找WiFi。所以，手机互联网第一次真正实现了把所有人都连在一起，而一旦把人都连在一起后，这种连接关系很难再中断。因为除了睡觉的时候，手机都会开着，这种连接关系就比PC互联网有利得多。所有学数学的人都知道，网络的价值与网络节点的关系不是正比关系，也不是平方关系，而是指数关系。当全世界有几十亿人都在使用智能手机,每天每时每刻都联网之后,我们就会明白为什么现在网络表现出如此巨大的推动力和摧毁力。当所有用户都连接到网络上,整个时间和空间的界限被拉平之后,连接的改变会对整个社会产生非常大的影响。

举一个简单的例子,过去做宣传,我们总是希望能运用 CCTV 这类具有话语权的媒体,因为传播是单向的,所以企业一定要做一个大众事件,这样人们才会去关注。但是今天我们发现,当人们全部互联以后,关键问题已经不是信息是否高速了,因为很多公司都做了自己的 APP,有网站,每个用户选择获取信息的方式也改变了,他们完全可以选择自己爱听的东西,甚至可以发出自己的声音,这种声音还可能会影响很多人。PC 时代我们也做客户服务,但我们无法发展粉丝,为什么?原因很简单,10 年前发展粉丝没有价值,因为我们跟用户之间没有连接,用户也不能影响别人。但是今天不一样,因为有了网络,最初的 1 万个客户可以形成一个指数级发展,从而影响更多人。连接改变了整个话语权的分布,过去这种线性、层状的结构已经被没有中心的网络结构取代了。

再举个例子,大家最近都在谈论 Uber,它是什么?我体验过一次,在我看来就是黑车大全,这在没有手机互联网的时代是不可想象的。在 Uber 上,一个客户从 A 地到 B 地,如果有一台车就在附近,他就可以搭乘,实际上它让做交易的方式发生了变化。为什么中介在逐渐消失,甚至过去很多合理的组织都没有再存在的价值?那就是因为连接使得人们互相之间可以直接解决问题。

IOT 提供了万物互联的机会

下一个 5 年,如果说有什么事比做手机更加让人激动,我觉得有一个词汇是 IOT,它可能会创造出一个我们更难以想象的辉煌的未来。IOT 给我们提供了一个什么样的机会呢?那就是万物互联。IOT 有两层含义:第一层是今天我们所有能看到的物件,小到眼镜、领带、皮鞋、衣服,大到汽车、飞机,可能还有你能想象到的家电,如灯泡、插座,它们都会变成一个个智能化设备,而且是 7×24 小时连接到我们。也就是说,未来 5 年可能会有 300 亿~500 亿的不像手机但实际上是手机的玩意连到互联网上,这种连接会产生真正的大数据。举一个例子,比如手机已经产生了比电脑更多的数据,但是人睡觉的时候不会用手机,这个时候就没有数据,但是有人生产了一个手环戴在手上,即使睡觉的时候它也能监测人的睡眠,所以只要人活着就会产生数据。

很多人在关注特斯拉,但大部分会关注特斯拉的电池。其实用电、用油是技术问题,对我来说特斯拉真正最牛的是,它就是一台有四个轮子的手机。以前买了车后,客户跟生产商不会再有任何关系,但特斯拉跟车厂服务器是永远连接的,这就是未来最大的变化。除了硬件设备的连接,我觉得 IOT 给我们提供了真正转型升级的机会。过去轮子不管如何改进,最终不可能是方形,现在我们可以考虑怎么造一个轮子,虽然你不能把它造成方形的,但是现在你可以考虑它是否也能智能化,当然智能化不是目的,目的是为了连接,因为只有智能化之后才能连接。所以,我理解的 IOT 不仅仅是物联网,"物联网"这个词在中国已经被解释成了传感器网络,这就太低估 IOT 的价值了。IOT 最重要的特点是手段要智能化,因为只有智能化后才能连接,而连接之后很多硬件就不再是一次性买卖,而会变成用户、客户和厂商之间的连接。

最近一期《福布斯》杂志上有一个例子,GE 是卖航空发动机的公司,但现在它在每一个部件里都加入了智能化的东西,这就使 GE 能够实时监测飞机的状态,通过这些数据航空公司可以知道哪一台发动机需要检修了。这样飞机也是永远可以被连接,也是可以随时在线的,是IOT提供了这样的一个机会。其实我经常会表达一个观点,如果没有用户,只有客户,那我们跟客户之间就是"一夜情"的关系,客户给我们一笔钱,买到东西后就跑掉,以后也不可能再联系。如果我们还是这种商业模式,那么哪里来的大数据?没有智能化,没有连接,没有把用户长期黏住,我们从哪里收集用户的数据?在没有这些数据的情况下谈大数据只不过是"皇帝的新衣"而已。

最近我对IOT又有了更深的理解。我过去是做纯互联网的,觉得互联网很牛,但是我最近发现可以对IOT有一个新的解释。这个"T"不一定是物理的,而可以是任何一个行业。比如说快的打车、滴滴打车,还有一些送餐公司、外卖公司,跟互联网连接之后就更鸡犬升天了。实际上,互联网正在改造所有的产业,所有的产业要想办法从一次性提供服务或者说提供产品,变成体验的互联网化、产品的互联网化,更重要的是商业模式的互联网化。

所以,互联网思维肯定不是有些人吹嘘的那种神话,一网就灵。最近一夜之间,之前做传销、讲管理的人都开始讲互联网思维了。我认为这是一个极端,还有一个极端是彻底地怀疑互联网,觉得互联网就是一个泡沫。我觉得其中肯定有泡沫,没有泡沫的啤酒不会特别好喝,但是互联网思维是真实存在的,我们更多地要思考如何去改变,或者去适应这种环境的变化。因为连接的变化,我们之前在链条中的位置没有了;因为连接的变化,忽悠消费者的这种可能性在急剧消失;因为连接的变化,如果产品无法与客户建立连接,我们可能就会被其他更有黏性、更有连接的同行取代。在这样的情况下,我们该如何利用互联网的这种思想或者"道"去指导转型?这些在我的书里都有分享。

"用户"是连接中最重要的基本概念

很多人在转型互联网的时候会问一个问题:我应该怎么做?就这个问题,我写了四个关键词,叫"用户至上、体验为王、免费模式、颠覆创新",这里我重点讲一下"用户至上"。我觉得"用户"是理解"连接"中最重要的基本概念,那么什么是用户?坦率地说,很多伟大企业家的生意可以做得很大,但是传统生意里往往没有"用户"这个概念,因为做生意本质上都是将一个商品或者服务卖出去，谁掏钱买谁就是客户。因为客户是我们的衣食父母，所以我们就编出很多词汇，如"客户永远是对的""客户是上帝"等。

最开始互联网行业没有"客户"的概念，原因可能是20多年前的互联网企业还都没有商业模式，都不知道怎么赚钱，都是给用户提供免费服务，所以只能编出一个概念，叫作用户。但是后来我发现"用户"这个概念特别了不起，为什么呢？用户是客户的基础，是使用我们的产品和服务的人，但是最重要的是他跟我们要有长期的联系。如果一个人虽然从你这里买了一辆车，但10年内他不再买你的车，或者有一个人从你这里买了一套房子，但20年内他都不再买你的房子，那么他不是你的用户，仅仅是跟你有金钱关系的客户。而互联网重视的恰恰是这个人三天两头地惦记你，隔三差五会用你的产品和服务，哪怕是一个很不起眼的服务，哪怕是一个免费的东西，我觉得用户是所有希望向互联网转型的企业必须要建立的最重要的基础概念。因为只有有了用户的概念，我们才可以把"马上到互联网上赚钱"的想法收一收。当然，我们也可以在淘宝、天猫上赚钱，但这样的话，我们永远只是天猫这个产业链背后随时可以被替换的一环，而不可能成为一家伟大的企业。因为如果希望在互联网上转型成功，我们首先要忘掉将原来赚钱的东西换一个途径来卖的简单想法，而应该多想一想能给用户做些什么，让客户肯定我们的价值，然后逐渐积累用户基础。

互联网里赚钱的模式其实并不多，虽然产品眼花缭乱，但是赚钱无非是靠广告，还有靠卖传统商品，这叫电商，或者卖传统的服务，我们叫它O2O，还有如网络游戏，向少数或者一部分用户收增值服务。但是我们会发现，无论什么样的商业模式，它的前提都是要有一定量的用户基础，也就是说没有用户量的基础，我们在互联网上很难建立起自己的商业模式。在谈到商业模式的时候，很多人会问怎么赚钱，这就是将商业模式与赚钱模式狭义地画等号。实际上，商业模式是复合名词，首先等同于产品模式，然后还有用户模式、市场模式，我们通过什么样的方式可以让它扩展，只有有了这些基础，我们才可能找到一个赚钱的模式，而这四个模式合在一起才能叫作商业模式。

互联网里最牛的公司，如谷歌、脸书，最开始大家都看不懂，不知道它们怎么赚钱，但是它们成了最伟大的公司。今天马云也很牛，有一个3 000亿美元的公司，可是十几年前大家都觉得他是骗子，做淘宝、支付宝免费的时候，也有很多人替他担心，不知道他怎么赚钱。如果一家公司即使人们看不清它怎么赚钱，但它真能创造一种产品服务，可以让很多用户经常用它，念叨它，离不开它，那我觉得它的价值会不可限量。如果不改变观念，我们就很难理解滴滴和快的每家公司狂烧几亿元钱的现象，它们的目的是什么？那就是把车变成入口，建立与客户之间的连接。所以，向互联网转型，很多人最大的障碍也是最简单的障碍，就是暂时忘掉挣钱的客户关系，而去想一想怎么做用户关系。免费为什么在互联网里大行其道，而在现实中却经常被当作骗人的手段？因为它是积累用户基础的最容易的手段，如果不能建立用户的概念，怎么解决与其他人的连接呢？只有有了用户，才会有连接。

再举两个例子，比如卖电视的大哥们卖了20年的电视，过去卖出电视后，用户跟他们就没有关系了，存在的联系或者是退货，或者是维修。但到了今天，像乐视这类电视机被卖出后，服务才刚刚开始，也才把这个客户变成用户，要每天伺候他，今天给他推荐几款游戏，明天给他推荐几个爱情、动作片。生意不一样了，之前卖了20年的电视，但现在要做一个电视台的生意，这绝对是基因上的挑战。

雷军刚开始做小米手机的时候，除了他自己，我是他这个模式的最坚定的拥护者，我认为小米模式就是手机里的360，一种硬件免费模式，有非常大的颠覆力。对此，很多人都不相信，觉得我不光是二逼，还是傻逼，大家从看不起、看不清、看不懂，一直发展到现在看不见的阶段。当然，雷军做得还不够彻底，我会做得比他更彻底。我们看到，某星在中国市场上的销售额排第一，但是将手机买回家后用户跟这家公司不再有任何联系。所以，它即使卖了1亿部手机，也只是做了1亿次生意而已，而小米的用户买了小米的手机后，他对小米品牌很认知，也每天用小米的各种服务。这样，小米在得到一个客户的同时，也得到了一个用户。用户和客户的价值是不一样的，一个是一次性的，赚得再多跟用户都不一样。有时候我在想，雷军如果有了1亿用户之后会干什么？因为用户每天都在用小米的手机，所以雷军知道你们每天在玩什么、干什么，有没有品位、有没有钱他也都知道，没准他就靠这个发展P2P（Peer to Peer，个人对个人）金融，变成大的互联网金融公司，而不是靠卖手机挣钱。

谁掌握用户，谁就是下一个价值的创造者

未来在 IOT 的推动下，很多硬件会免费，生产者只赚取成本。过去做制造业的兄弟们打价格战，这些都是有底线的，无非是挣多与挣少的问题，但在互联网上，价格战没有任何底线。所以，未来的生意模式会变得非常不一样。有一次跟刘强东聊天，他说如果在冰箱里放满传感器、探头，那生产商就会知道中国人每天吃多少鸡蛋，吃多少肉，这就收集了大量的数据，这种情况下免费把冰箱送给消费者也是可以的。他的想法我很认同，如海尔采用了这样的技术，那么他们可以随时知道谁家的肉坏了，因此可以将一块新鲜的肉送上门。这样连接改变之后，过去的价值观都零乱了。互联网模式不是我发明的，也不是雷军发明的，但它让消费者的地位得到了空前的提升，而且解决了信息不对称的问题，而这实际上改变了整个商业环境。所以，每个人都要明白，这种颠覆真的已经不限于硬件了。

几年前运营商曾请我去做内部交流，听完我分享的想法之后，他们再也不请我去了。为什么？因为我像《皇帝的新装》里的小男孩一样说了实话，我说未来几年面对互联网大户的挑战，运营商会越来越痛苦。最近几年他们又请我去交流，因为不到 3 年时间，我所说的事情就发生了。现在人们用苹果手机，用安卓系统，用小米软件，用微信，这些都与运营商越来越没有关系，仅有的联系只是每个月买套餐，这样运营商也就变成了管道。与用户之间的连接中断，我认为这对运营商是致命的打击。对此，运营商会有什么感觉？他们觉得难以理解，因为如果没有他们铺设的道路，用户的车辆是没法开的，但现在车把路颠覆了。但事实是，未来价值链中谁离用户最近，谁能引领用户行为，谁能跟用户不断互动，谁能在价值链里变成主宰，谁就会是强者。

比如保险行业，它们曾经沦落到很苦的阶段，电话推销的时候，推销员刚问"大哥买保险吗？"对方的第一反应就是把电话挂了。后来我们更是发动几亿用户把保险公司拒之门外，因为我们的 360 手机卫士会将所有推销保险的电话做上标记，用户看到来电被标记为"保险推销"直接就不接了。所以，保险行业也最恨我们。但后来泰康人寿的东升大哥来找我，我推心置腹地和东升大哥谈了我对互

联网的看法，我说，互联网时代就是要让用户感知，如果用户都不愿意接你的电话，那他们也很难感知你的产品。后来东升大哥提出要给用户免费的保险、有价值的保险。比如大家坐飞机，过去被强行购买20元钱的航空险，现在是自由选择，对此很多人觉得麻烦，因此泰康人寿给大家送了一份免费的航空险。免费提供保险产品可以比较容易做到千万用户，而且不用打那么多电话，也可被用户真正认可。这样的情况下，保险公司才能向用户推介其他更有价值的保险，与用户也才有了更多的沟通机会。总而言之，谁掌握用户，谁就是下一个价值的创造者。

变革时代的媒体

世界正在经历一场深刻的传播变革浪潮。社会化传播将如何影响21世纪的社会生态？如何影响政治、商业乃至文化格局？传播权力与传播格局的变迁中，传统传播主体将扮演什么角色？包括所谓大数据在内的全面移动互联以及新的传播技术将如何影响和塑造新的传播格局？未来哪些新传播势力将占据核心地位抑或任何势力都只是参与者而已？新传播格局如何塑造和影响社会风尚和人的价值观？中外传播机构在这场变革中有何差异？中国要建设有强大传播力、公信力、影响力的新型媒体集团，如何在外部经验和自身创新中探索道路与方向？

在2015年亚布力年会上，界面（上海）网络科技公司创始合伙人、CEO何力主持讨论了"变革时代的媒体"，新浪董事长兼首席执行官曹国伟与《每日邮报》主席罗瑟米尔爵士（Lord Rothermere）进行了深度对话，共识传媒出品人喻杉、著名主持人敬一丹、原《第一财经日报》总编辑秦朔、红杉资本中国基金董事总经理蒲晓燕进行了精彩点评。

何力：很高兴能够有机会来主持今天的这个讨论，讨论的议题叫"变革时代的媒体"，其实讨论这样一个议题应该不仅仅限于媒体本身，因为我们可能都意识到了，互联网的发展导致的传播领域的变革已经深刻地影响到每一个人、每一个企业、社会乃至国家。在互联网特别是移动互联网的浪潮下，媒体正面临着巨大的变革。我们做企业其实也是在做传播，大家都感同身受。

昨天在中国互联网上，最惹人关注的新闻是关于北京雾霾的一个新闻纪录片。我粗略统计了一下，仅视频的累积播出量就超过了5 000万人次的点击率，而且在这个基础上还引发了新浪微博的讨论，柴静个人微博的转发量就有上亿人次。我相信今天早上在我们各自的朋友圈里，关于雾霾这样一个公共议题的讨论、纷争、辩论还在继续。

今天这场高端对话有两位发言嘉宾，他们会围绕这样一个议题来谈一些自己的看法，台下也有几位嘉宾给大家做一些点评。我先简单介绍一下这几位：一个是新浪董事长兼首席执行官曹国伟先生。新浪是中国最著名的新闻网络，其实新浪网本身在社交化、新媒体的发展方面也做了很多工作，特别是新浪微博，在今天中国舆论场中的地位大家都非常清楚。另一个是罗瑟米尔先生，《每日邮报》的主席。他其实应该是《每日邮报》家族的第四代。《每日邮报》是英国很有名的报纸，它的有趣之处是让很多中产阶级的女性看新闻，跟《泰晤士报》之类较严肃的报纸比较起来很有趣，也获得了很多读者。而且我注意到，自从第四代掌门人在20世纪末接手之后，十几年间《每日邮报》有了非常巨大的变化。因为我最近刚刚创办了一个新媒体叫《界面》，在这个过程之中，我们学习和借鉴了包括《每日邮报》《赫芬顿邮报》在内的很多报纸，所以也很荣幸，欢迎罗瑟米尔先生。

台下还有几位点评嘉宾，大家都是老朋友了。喻杉是共识网的出品人；敬一丹大姐大家也很熟悉，她是CCTV的著名主持人；秦朔是《第一财经日报》的总编辑；蒲晓燕是红杉资本的高级合伙人。

曹国伟：过去一年，新媒体加速影响着我们的生活，特别是移动互联网变成了现实生活当中不可缺少的一部分。我们发现，传播方式在发生根本性的变化，柴静的环保视频传播事件就是一个非常好的对新媒体传播的诠释。从早上10点发布，到晚上10点，短短12个小时，这条视频就拥有了超过5 000万次的播放量，更重要的是它引发了社会上的广泛讨论。

新媒体为我们每一个人，不管是普通民众，还是专业的新闻工作者，提供了一个非常好的渠道去快速传播有价值的信息、有价值的新闻。如果一个人有能力做报道，他就可以运用新媒体的渠道去发布和传播，甚至可以产生很大的社会影响力，这就是社交媒体或者新媒体带来的根本变化。这不仅是媒体的革命，实际上也对我们社会的方方面面都产生了很大的影响。因为当每个人都有能力去发布、传播甚至影响社会的时候，以前传统社会里的信息不对称就被打破了。

以前讲的媒体大部分是大众媒体，大众媒体是由少数人控制的精英媒体，它由少数人来选择传播的内容，从而决定读者读什么、看什么，因为他们掌握了媒介，掌握了内容渠道。但在新媒体和社交媒体时代，当每个人都有发言权，并且都有技术手段去传播、影响的时候，信息壁垒就被完全打破了，信息的不对称也被打破了。这对我们的政治、商业以及文化都会产生方方面面的影响。比如，在政治上，自从有了社交媒体，老百姓跟官员、社会精英人士掌握的信息越来越对称，因此，这个时候我们必须改变社会的管理方式，如果不改变的话，管理者就会非常被动。因为以前的很多管理方式是基于信息的不对称，但现在信息越来越对称，所以之前的管理方式就需要改变。现实中，我们很高兴地看见很多政府部门做出了改变，如建立了自己的官方微博、官方微信。新浪微博上的政务微博，包括政府机构、政府官员的微博被认证过的就已经超过12万个，这已经是一个非常大的数目。这样的一个趋势，对整个社会政治体系及治理方式的改变都会产生深刻影响。商业上其实也是一样，互联网带来了一个很大的变化，就是让企业、产品生产者或者服务者能够直接面对消费者，它真正起到了去中介化的作用。所谓的互联网思维实际上跟这一条密切相关，就是让信息更加对称。

何力： 我有一个问题想请教，你讲到互联网最大的改变就是让每个人都拥有了发表看法、发布新闻的权力，这样的情况下，在海量的信息中公众如何去辨识哪些消息是正确的？

曹国伟： 我觉得这实际上是一个动态的矛盾，需要不断地解决。从互联网角度谈媒体发展有两条主线：一是让我们发布信息、传播信息越来越方便，但是这也导致了信息泛滥。这就导致了另外一条主线，就是让我们自己筛选信息，找到有价值

的、真实的、有意义的信息,这样才有了门户网站,对内容进行分类,后来又有了搜索。互联网媒体的发展,一直是沿着这两条主线在走。社交媒体实际上也是一种筛选信息的方式,那它通过什么方式筛选?通过关注一个人、一个账号的形式来选择信息和内容。以后这个过程会变成一个动态的、多种方式相结合的过程,我们可以通过搜索,或者通过社交媒体筛选信息。这是一种情况。

另外一种情况是,我们发现在虚拟社会、社交媒体里也需要有公信力、信任和信誉。信誉从哪里来?有些信誉是天生就有的。比如,为什么在社交媒体里传统媒体还能起到很重要的作用?因为它本身具有这方面的专业能力,所以它发布的信息更容易让人信任,也能够得到更好的传播。

现实当中的很多体系在社交网络、新媒体领域里面还是会被引用或者使用,只不过用的技术手段会不断改变,会更多地通过数据来建立信誉体系,让有价值的或者可以获得信任的信息更加凸显,从而更容易被网民获取。

何力: 还有一个问题是关于新浪本身的,我相信大家也很关心。在中国的互联网新闻发展过程之中,新浪是至关重要的一个组成部分,但是大家也意识到,伴随着社交媒体的发展,新浪更多地代表了老一代的互联网新闻模式。当然,新浪也在努力,比如也在开展微博业务,但现实是其他的媒体正在挑战新浪的地位,如果大家分析昨天柴静视频播放的平台结构就会发现,其中腾讯占了相当大的比重。那么在移动化和社交化这样的背景下,新浪如何让自己原有的优势延续下去?

曹国伟: 我觉得你刚才说的移动化跟社交化其实是新媒体发展的一个非常主要的趋势,这也是我们过去几年做内容、做新闻的一个核心策略所在。其实,微博就是一个非常典型的移动化、社交化的媒体平台。从移动的角度来说,80%以上的微博使用量来自移动终端;从社交性方面来看,腾讯的微信是以通信为需求的社交平台，而我们是以媒体为需求的社交平台。从使用的基数和频率来说，微博的通信频率和基数要高于一般媒体。我们也可以看到，从使用数量跟使用频率来说，微博和微信还是有很大的不一样。微博是一个公开的媒体平台，而微信是一个关系型的、私人空间的社交平台，前者媒体性很强，后者社交性很强，比如说财经在微博上的传播速度和广度会远远超过微信。所以，我觉得微博与微信无论是作为社交媒体平台，还是作为社交网络平台，两者之间的特质是很不一样的，在社会上传播起到的作用也不一样。两者各自的特点会越来越明显，也会有各自的一片天空。

在移动社交化媒体的发展过程中，我们可以看到很多新的公司会参与新一轮的竞争，我们相对的优势会被削弱，这是不可避免的事实。就像任何一个互联网时代的产品一样，一旦出现就会面临竞争，就会被新的创新颠覆，所以我们需要不断创新，不断颠覆自己，这样才能继续发展。我相信很多人的感觉跟我们的实际感受不一样，其实现在微博的发展非常好，只不过与很多用户或者业界人士的期望还有一定的差距。

何力：刚才曹总讲到，传播的媒体属性和人们的社交需求之间既有共同的一面，也有一些差异。其实互联网的发展，无论是移动化还是社交化，都强化了人与人之间的各种各样的关系。马克思最早提到"关系"一词是在《路德维希·费尔巴哈和德国古典哲学的终结》里，"人是一切社会关系的总和"，我觉得将"关系"用在中国的社交媒体发展上也很有意思，因为中国传统文化中"关系"是特别微妙也特别重要的一个词汇。下面请罗瑟米尔先生发表见解。

罗瑟米尔：《每日邮报》很早就进入了互联网行业，20世纪90年代我们发现这里有机会，7年之后我们便开发了在线报纸，后来在线报纸变成了我们一个非常大的业务。

《每日邮报》在英国有很好的发展，在其他国家也有很好的发展，我们有2.2亿用户，这使《每日邮报》成为世界上最大的报纸。我们对报纸业和媒体业有深刻的信仰，并对此做了很多投资。我们有线上和线下的用户，我们有一批非常年轻的、聪明的编辑，他们能以一种崭新的思维去看待新业务。

为了让网上用户看到更多的图片，我们就成立了图片网，和世界各地的图片机构建立联系，他们会提供一些专属图片给我们。我们也报道了非常多的名人故事和体育赛事，专门组建了一个团队到旧金山、纽约等地，现在我们和《纽约时报》在

美国的浏览量已经相当接近。在整个媒体和报纸领域，视频也是非常重要的一部分。一年前，我们发现年轻人特别喜欢在手机上看精彩视频，接着我们就购买一些非常有吸引力的视频放在网上，利用脸书等媒体来传播。

何力：我其实差不多每天都去看《每日邮报》网站，当然现在网页翻译软件的水平还不是很高，所以看的时候还是有一点困难。但是有几点给我印象很深，就像罗瑟米尔先生刚才谈到的图片视频化，还有《每日邮报》的在线新闻，它把一件很困难的事情做得特别棒，就是我们中国人讲的"雅俗共赏"。

我有一个问题，雇人去写报道现在看起来也是蛮贵的一件事情，我相信《每日邮报》每天的更新量也很大，那么《每日邮报》是不是会借助一些社会化的用户来帮助内容生产？自己的内容生产和用户帮助内容生产是什么样的关系？标准怎么掌握？

罗瑟米尔：一般情况下，只要用户的视频和图片有价值，我们就会用。我们有专业的记者重新撰写故事、修改故事，如果这些故事是来自用户，他们也会进行修改，因为我们必须要有我们自己的风格，要遵照自己的风格和主题来做报道。我们处理评论的时候非常谨慎，只有非常有意义、有价值的，我们才会放进去。

何力：我还有一个关于版权的问题，大家认为互联网上的新闻，很多不是自己去写，而是聚合，就是中国人说的"天下文章一大抄"，不知道在英国或者在《每日邮报》怎么去处理这个问题?

罗瑟米尔:英国也会有你说的这种新闻盗版情况,但是我认为版权的定义要明晰,同时我们要知道怎样维护我们的权益。我们会用自己的方式来制定政策,来规避这种情况的出现。对记者们来说,只有有版权的保护,他们才会把照片发给我们,我们也才可以帮助他们用互联网更好地传播。

何力:在一个所谓的社交化时代,什么样的东西更易于传播?在中国,一些无厘头的东西也会在网上迅速传播,这几天有一个词——"Duang"迅速传播开了。以您的经验,比如说英国,您怎么判断哪些东西更适合社交媒体?

罗瑟米尔:在英国我们把它叫作Cats,这是开玩笑,比如说你很喜欢猫,喜欢分享它,但是说不清楚,只是爱好。新闻实际上越来越全球化了,人们都试图去知道大的头条新闻,比如说犯罪新闻肯定容易吸引眼球;然后就是一些好玩的事情,比如笑话,人们愿意分享笑话,博得大家开怀一笑;还有名人事件,通过它人们可以了解这些名人的生活,这是一个很大的领域和空间。

何力:今天对很多企业来讲,特别是一些大的企业,他们自身就是一个内容主体,或者是一个传播主体,社会很多公众议题也面临着社会化传播的议题,对此请各位发表一下见解。

喻杉:在中国,特别是2014年一年大家觉得传统媒体很悲哀,要死去或者在等待死去,或者已经有大量的媒体人离开,到互联网公司或者社交媒体去工作了。这让我感觉到,新闻的坚持是需要有信念的,特别在中国,新闻的存在有特别的意义,不能随便轻易放弃。

当然,我也能理解为什么中国现在很多媒体的转型要另起炉灶来做,这可能是因为管制比较严格，相对来说国家对新媒体的管制措施还没有那么齐全，还在发展当中，所以它的生存空间比传统媒体大一点。但是新闻的精神一定会在新的媒体上坚持下去，我羡慕罗瑟米尔先生所在的新闻机构，也羡慕他的环境，他可以很快转型，没有任何障碍地去做。

新闻精神不能死，新闻人的精神不能死。即使你不是一个媒体人，或者不再是传统媒体工作者，但只要你做了大量对社会有价值的工作，做了独立调查，一定会对未来发挥作用。

敬一丹：昨天柴静的事很值得研究。柴静是我的同事，但是我们两个没在一个栏目工作过。东方时空、焦点访谈、实话实说、新闻调查都是一家，大家都很熟。柴静这个事可以从多个角度去看，柴静在央视的公信力还在，大家熟悉她、信任她，这也是她长期认真工作的一个结果。现在这种力量依然在，所以她能以柴静的个人身份做调查，但这次发表的方式跟以往完全不一样，这只是一个媒体的现象。昨天晚上看到媒体这种现象以后，我就建议北京大学电视研究中心对这种现象进行研究，而且我多次建议将"北京大学电视研究中心"改名，因为现在单独研究一种媒体已经不可能。当然，研究报纸不仅仅面对报纸，研究网络也不仅仅面对网络，这是一个融合的时代。变革的时代最明显的特征是媒体的变化，因为它的变化更有带动性，更引人注目。

身为媒体人，我们其实也挺不安的。你们现在还看《焦点访谈》吗？我走进大学的时候总要问学生三个问题。第一个问题是：谁没看过《焦点访谈》？没有人举手。《焦点访谈》已经 21 年了，和在校的大学生同龄。第二个问题是：你们现在还看《焦点访谈》吗？也没人举手。对于这个结果，我很不甘心，《焦点访谈》当年毕竟也算第一栏目。当我的目光跟几个年轻人对视的时候，有几个人给我面子把手举起来了。我问他：你为什么还看呢？他会说：因为我妈特喜欢你。第三个问题是现在谁经常用微博、微信，几乎全部同学都举了手。这三个问题我从微博元年开始问，一直问到微信诞生，一直问到现在，从北京问到西藏，从云南问到江西，不同地方的回答却一样。网络确实把一切都给弄平了。

其实现在的广播电视、刊物无一不在这种困惑中，集体焦虑。比如说《焦点访谈》，20 年前的《焦点访谈》，头一天播出一个节目，第二天街谈巷议。现在我们经常做什么呢？谣言粉碎机，大批节目是在应对网络上的谣言，我每次做这个节目的时候都觉得，对于网络上不辨真假的消息，主流媒体应该出来给予澄清，给予专业化的调查。但是，我们用这么大的成本去辟谣，这对社会财富是不是也是一种浪费呢？成本太高了。我特别期待网络能有自净能力。

曹国伟：网络肯定是有自净能力的，但是你们的存在让网络自净效率就更高了。

敬一丹：今天是企业家论坛，我想问一下在座的企业家经常和媒体打交道吗？我想说的是，今天和媒体打交道也有很多新课题。比如说，过去和传统媒体打交道，大家肯定心里想防火、防盗、防记者，一旦出了事就要去"灭火"，找主管部门，找各种关系。现在这些方式都已经失效了，因为媒体环境变了。在人人都是记者的时代，和媒体打交道是企业家普遍需要面对的课题。这些年我经常在国家行政学院、清华大学、中国传媒大学开展与媒体素养、媒体沟通相关的课程，因为很多企业家都有一种迫切的现实需求，那就是学习和今天融合着的、变化着的媒体打交道。

其实，不仅是企业家、官员，社会各界都有提高媒介素养的需求。中国人从小就缺少对媒介素养的培养，以口语表达为例，这是最简单、最表层媒介素养，但是我们有多少人拥有从小当众讲话、当众表达的机会呢？所以，这种教育的缺失就延续到了成人社会。对企业家群体来说，他们需要有好一些的表达能力，但我们也经常看到企业家在媒体面前的被动。有时候由于他们不擅于和媒体打交道，很小的事情都会带来次生灾害，其实这些损失是可以避免的。

秦朔： 我 1990 年毕业就一直从事媒体工作，做过杂志，《南风窗》，做了 14 年，后来创办了《第一财经日报》，在《第一财经日报》还主管过电视、杂志、PC 互联网、移动互联网、信息服务等。在从业的 25 年里，我见证了中国整个媒体变革的过程，在《南风窗》工作的 14 年也见证了中国都市类媒体革新的过程。

最近两三年，大家特别焦虑。我跟大家分享几个很现实的数据，中国城市报纸的拐点出现在 2011 年，中国杂志的拐点出现在 2012 年，中国除了卫视以外其他地面频道的拐点大概是在 2013 年，2014 年是除了少数领导型的卫视之外整个电视行业的拐点。曹总所在的互联网领域过去 10 年的发展是什么情况？我们看到，这个拐点也非常明显。竞争力强的广播、杂志、报纸的拐点可能会延续几年，但是这个趋势不可抗拒。像《第一财经日报》相对比较专业，也有比较好的口碑，但是我们也抵挡不住这个大趋势，只不过延后了 1~2 年，所以技术变革给我们带来的改变很明显。

过去，媒体人的中心化是因为特许的权力和技术条件赋予了媒体人这样一种特权，现在它消解了，这种消解在很多行业都存在。这时候用户崛起了，他要求跟你随时随地互动，而且你还必须围绕他的偏好组织资讯。做《第一财经》的时候，我很自豪，也觉得只要我们坚守好的价值观就会长盛不衰。现在有很多新兴互联网资讯生产机构，他们不称自己为媒体，而叫资讯。我有的时候感慨地说，机器可能比价值观还重要，因为机器可以通过对消费者的转发、收藏、浏览痕迹等数据的分析，了解他们的偏好，并精准地为消费者推送他们喜好的信息，这是一个趋势。这个趋势对用户来讲是好事情，虽然对我们来讲挺悲哀，但是实际上这就是社会在进步。

最后也分享一下我对柴静这件事情的看法。在媒体社交化、移动化、资讯化的大背景里，我们为什么会看到这样一个现象的发生？这说明我们新闻工作者的价值还是存在的。如果你能生产跟每个人命运息息相关的报道，那它会比一般资讯有影响力。

何力： 我觉得有三点特别重要：第一，信息技术和互联网带来了用户能力的发展和崛起，这个崛起不仅仅对媒体行业来说是一种挑战，其实对各行各业，包括政府、社会组织来说，都是一个新的课题和考验；第二，硬件的发展致使我们所有的习惯都可以数据化，我们的一些行为最后都可以在数据的模型里找到它的路径，我相信在这个领域还有很多可以探讨的话题和空间；第三，作为传媒业者，在社交化或者新媒体时代，我们应该重新去审视那些真正有意义、有价值的内容。这并不是说过去的渠道不好，也不是说新媒体的影响使内容变得不重要，而是需要思考我们是否真在关注那些真正有意义、有价值的内容。

蒲晓燕： 无论我身在媒体行业还是投资行业，我都深深地感受到媒体行业的集体焦虑感。这种焦虑感不仅来自传统媒体，也来自以微博为代表的新媒体、社交化媒体。科技的进步，让过去处于优势地位的媒体被威胁的可能性大大增强。对微博、微信等处于优势地位的社会化媒体来说，其可能都会问下一个新技术是什么，最新的媒体形式是什么？这是一种焦虑，也是一种期待。未来一家企业如果想成为成功的传媒企业，那么首先应该是一家科技企业，微博的成功也是基于技术的进步。

以前媒体既生产内容也传播内容，但现在由于技术的发展，传播渠道与内容生产出现了分化。与其说我们每个人都是媒体，不如说我们每个人都是搬运工，我们的参与感其实来自对信息的二次消费。这种分化可能是一种趋势。

【互动环节】

提问人1： IBM做了一个研究，全球所有资讯中90%的资讯都是在过去两年创造的，80%是完全没有结构的。在这个大时代里，每个人都是一个媒体。我想请问一下两位，你们的商业模式是怎样的？你们将来的定价能力怎样？10年以后你们的商业模式会产生怎样的变化？

罗瑟米尔： 互联网里确实有很多内容，全世界的人都在不断提供内容，而且还在不断传播。人们生产内容跟朋友分享，比如把一张图片放在网上，有一些确实很有价值，是我们想要的，但也有很多不是我们需要的信息。所以，企业需要找到那些最有价值的信息，尤其是找到有才华的人帮助我们找到这些有价值的信息。

关于商业模式，一个很务实的方法是做广告，我们30%的广告来自我们信任的一些品牌。对于我们而言，要理解我们的顾客是谁，他们的需求是什么，这样我们才能够更好地去发布广告，并做一些推广。

曹国伟： 这是一个信息爆炸的时代，每天在互联网上产生的信息总量超过人类在2003年以前整体创造的数据总量，但是究竟什么样的信息跟我们相关？我们要利用社交平台，利用大量技术手段了解每个用户，这样我们对数据的掌握会

越来越精确。我知道你是谁，知道你在哪里出现，知道你可能需要什么东西，然后我会推送给你。我们会慢慢走向信息推送时代，也就是个性化时代。所以，现在很多移动端的产品也越来越注重两个方面：一是让热点快速传播；二是让个性化的东西精确化推送。

其实一个国家愿意养一个媒体，花多少钱都可以，一个组织如果有钱，也可以养一个媒体。他们的诉求不是为了挣钱，只是为了表达立场、观点，传播理念。这时候，不管是传统媒体还是新媒体平台，都可以达到目的，只要没有赚钱的压力。但是为什么现在很多媒体会有焦虑？很多传统媒体慢慢衰弱下去了，而新媒体不断强大？这些本质上都跟它们的赚钱效率有关。实际上，新媒体里也存在激烈的竞争，真正能够长大、能够规模化运营的是那些变现效率最强的媒体。移动互联网没有出现之前，PC 搜索是变现效率最强的产品，90% 的用户都被吸引了过去。但进入移动互联网时代，个性化能力越强、营销能力越强的产品变现能力越强。

至于 10 年以后我们会是什么样的模式，现在谁也讲不清楚，可能 5 年以后这个世界就变了，我们今天用的微信、微博客户端可能也过时了。现在科学技术进步的速度非常快，我相信未来一定会走向个性化时代。所以，未来怎么样我们没法预估，但一定会是更加个性化的时代，更加精确的营销时代。

提问人2：我们知道微博很成功，类似的模式国外有推特，它们有相同之处，也有不同之处，两位怎样把握本土文化与国外文化之间的关系？

曹国伟：中国市场的规模跟本地化的运营能力实际上是相关的，中国很多公司，如果成功的话，一方面它会借鉴美国在新技术、新产品上面的创意；另一方面也会进行非常本土化的运作，比如了解中国用户的特点，了解中国市场。因此，我们做产品、做运营的时候会非常本地化，因为只有本地化的产品才会成功。历史上不成功的互联网公司，不是因为其产品不好，而是因为他们没有理解本地化的需求在哪里。另外一个是反应速度，国外互联网公司不可能为了中国市场而改变其在全球市场中的很多功能，这个差异化决定了中国公司能在中国互联网市场占有主要的优势。

罗瑟米尔：我觉得这是一个很难回答的问题，我同意曹先生的观点。在英语国家，我们确实有一些相同之处，但我们在不同的地区也需要处理本地化的问题。我们的做法是，找当地很好的合作伙伴来实现本土化的问题，因为高质量的内容要想在当地更好地被运营和推广，也需要非常好的本地化推广。

未来，我们的世界会是什么样

我们的想象力已无法跟上前沿科技的发展。更重要的是，这些前沿科技不是还待在实验室里，而是已经处在产品化阶段。关于未来的狂想，需要疯狂的梦想家，还需要优异的企业家精神。

在亚布力论坛第15届年会上，大疆创新董事长李泽湘，LinkedIn（领英）全球副总裁、中国区总裁沈博阳，北京格灵深瞳信息技术有限公司CEO何搏飞，北京蚁视科技有限公司创始人覃政及13D Research董事总经理兼亚太区总管李峻恺展开了对未来的狂想和讨论，武红新盟国际公关公司总裁武红主持了这场讨论。

武红：我不知道有多少人了解关于刚才播放的视频里的这个人，他是瑞·库兹维尔，以他为原形的电影《超验骇客》在2014年播出，他还有一本书叫《基点临近》。这其实就是今天我们讨论的关于未来的主题，我们叫"未来狂想"的主题，大家所想要期待了解的未来，实际上做了一个对未来的预测，就是在2045年人工智能将超越人的大脑。当然对于他提出来的这个基点理论，很多人有些质疑。但是不管是质疑还是认同，我觉得最关键的一点是，我们要有一个开放的思维和开放的心来期待未来，展望未来。有请第一位嘉宾，李泽湘教授，他的公司叫大疆创新科技，主要研发无人驾驶飞机。李教授是第一批被公派到美

国留学的，他不但获得了数学和计算机的双学位，后来又在加州伯克利大学拿到了数学、计算机双硕士和博士学位。他以这样一个科学家的背景来创业，我相信他对未来的科技、对未来前沿的思考非常值得我们期待。

李泽湘： 在学校有个好处，就是82岁的年纪可以有28岁的感想，而且一不小心可能还能够实现。实际上我原来是准备用粉笔跟黑板来写字的，有PPT实际上是很了不起的一个进步。今天我们全方位进入了4.0时代，这是一个颠覆与被颠覆的时代。我们看到，现在很火的公司如eBay、阿里巴巴、京东、滴滴打车、快的打车，它们都有一个基本的模式，就是互联网技术。移动互联网、互联网技术、大数据还有云计算等，再加上新的商业模式，在以非常疯狂的速度颠覆着很多个行业和企业，所以我们暂且把它称为商业4.0。因为讲到工业4.0，我们必须回忆一下前面的1.0、2.0、3.0，它实际上不仅颠覆了一个行业，而是颠覆了一个国家。

工业1.0是蒸汽机的应用，我们看一下这里有一张表，是全世界主要国家的GDP在世界中所占的比例。这两个红色的是中国，上面一点的是印度，2000多年中我们创造了很多的辉煌。宋朝的时候，我们的人均GDP达到了2 000多美元。康乾盛世时期所占的比例，比现在美国所占的比例还要高。但是工业1.0出现之后，英国等国家开始崛起，我们大清王朝的辉煌时代开始落后。工业2.0就是电机的应用，之后德国、美国发展起来，我们接着被颠覆。工业3.0的核心是

数控，工业机器人以及所有制造技术的改进，这时候基本上我们就一穷二白了。

经过30年改革开放，中国有了一定发展，现在进入了4.0的时代。工业4.0是什么呢？以制鞋为例，现在要做鞋，每个人都有3D传感器，手机可以测量鞋的尺寸。如果我们觉得主持人的鞋很好，在手机上测量完成之后，立即可以在互联网上做一个设计修改。之后送到工厂，工厂马上可以按照你的要求量身定做，最后可能用无人飞机将鞋送到你家门口，这叫作工业4.0。

我们可以看一下工厂的布局，但是跟传统的工厂大不一样。它有几个特点。第一个是工业机器人，各种设备把它连起来互通了。第二个是信息从一个零部件、传感器驱动，到每台设备、每条厂线，一直到客户，都是打通的。机器人技术有了极大的提升，我们可以把它分成8个核心技术，控制、驱动、传感、传动、计算机、传感器等。再加上互联网的技术，这两个技术的互动会产生很多颠覆性的行业，具体有：第一，传统装备的升级改造，出现新一代机器人、工业物联网，这构成工业4.0；第二，农业的技术装备在几十年中没什么变化，智能农业装备把智能机器人、无人飞机应用到农业，这就构成了农业4.0，也会改变整个农业的现状；第三，城市4.0，医疗机器人、家庭机器人、整个社区的安防等，加上城市物联网，这就构成了全面的城市4.0。

过去十几年时间，从科技大学的自动化技术中心走出了几家公司：一个是固高科技，是中国最主要运动控制的公司；另一个是大疆创新；还有新一代工业机器人公司和想做水上特斯拉的公司。这些公司积累了很多核心的技术，而且这些技术为我们下一步发展提供了很大的基础。比如固高的控制器，从管理到设备，所有的信息被打通，这个信息跟移动互联网，跟物联网是完全不一样的。通过控制器，人们可以操控远方的工厂，可以进行调控和监测。人们可以设计服装，可以试穿，然后用大数据、云计算将信息传递到工厂生产，最后服装被送到人们家门口——这是我们正在做的一个案例。

关于农业4.0，中国是个农业大国，农业产值大概是8万多亿元。我们有新的技术把农业的产量提升至少50%，同时把化肥、农药的效率也提升1倍。这样一减一加，我们的效益可能就是万亿元的规模。那么如何来实现？就是现在的无人飞机技术，如装上热成像就可以监测整个作物的全生长过程，然后根据这些数据来施肥，来管理，来洒农药，来种植，等等，这是一个革命性的变化。这是我们为农业 4.0 构建的框架。

提问人 1：请问咱们的无人飞机是自己生产制造的，还是来源于国外？

李泽湘：大疆所有的核心零部件都是我们自己研发、生产、制造、销售的。

李亦非：请您先给大家定义一下工业 4.0。

李泽湘：工业 1.0 是蒸汽机，2.0 是电机应用，3.0 是电子信息技术，4.0 就是现在的机器人技术与互联网、移动互联网技术的整合。

李亦非：我想问一下，您刚才说到无人机可以在工业，包括传递、物流方面应用，那么监管怎么解决？北京上空允许各种无人飞机飞来飞去，递包裹吗？

李泽湘：这是非常好的问题，实际上我们一直在思考这个问题。无人飞机这个技术就像计算机技术一样，发展起来以后会有很多的应用空间，比如农业、安防、边境巡逻等，只不过可能在每个领域的成熟度都不一样。现在社会上炒作的送货，我觉得还为时尚早，因为这需要时间，需要从易到难一步步实现。

李亦非：大疆过去的成长能跟我们分享一下吗？

李泽湘：这些网上都有具体的数据，基本上我们有 3～5 倍的增长。

提问人 2：转成服务需要大量的数据来支撑，但如果这些数据不是通过你自己的数据网络来采集的，你如何能将这些数据转变成你的服务？

李泽湘：你提的问题非常好，我们也一直在思考，比如说固高在做工业 4.0，我们是做控制器。控制器最能掌握这些数据，但是对于我们的用户来讲，他不希望他制造的工业数据流到外面去。所以，我们也还在跟我们的客户商讨怎么能把这些数据进行有效的管理，而且能保护他们的私密性。

沈博阳：46 亿年前地球开始形成，30 亿年前生命开始起源，700 万年前人类出现，1765 年工业革命开始，人类技术开始加速发展。1989 年万维网出现，人类文明开始爆发性增长。人类社会向更智能的方向发展，这中间遵循着什么样的规律？我个人比较认可的定律是加速回报定律。这个概念是说人类社会智能发展呈指数性的增长，而不是线性增长。人类社会发展会变得越来越快。

我们今天的话题是畅想未来，实际上，回顾过去往往能让我们更好地去畅想未来。在这里我用个人的亲身经历跟大家分享一下过去，也帮助大家展望一下未来。我们这一代人非常幸运，是伴随着中国互联网的成长而长大的一代人。我 2014 年写了一篇文章——《中国互联网 20 年》。1994—1995 年是中国互联网元年。1995年我在南开大学读大四,开始申请去美国读书。那时候,整个南开大学只有一个电子邮箱,整个天津可能只有两个电子邮箱账号。我们申请去美国念书,没有办法上网查资料,只能借鉴图书馆里每年发布的一本留学指南,所有申请留学的学生共享同一个电子邮箱号,查看电子邮件的话,就要去收发室打印。这样的情况下,我们这一批想去留学的人牺牲了很多,只能依靠邮件跟国外联系,而一个邮件来回至少需要一个月的时间。

我的印象里,大学四年,我没有上过网,更没有个人电脑、手机。那时候学校里最拉风的是中文显示屏的传呼机,当时手机还叫大哥大,像砖头一样,绝对是少数人专有的奢侈品。但从1995年到2005年之间,我们整个PC互联网有了一个飞速的发展。这时候互联网的信息也有了爆发性增长,谷歌的出现从根本上改变了人们接触信息的方式。2005年我加入了谷歌,一些新的互联网模式很快被发现。当时我发现很多同事跳槽去一家新的小公司,这家小公司就是脸书,当时脸书还非常弱小。

2006年我跟着谷歌回到了中国。印象中,当时中国无线上网还是少数人的游戏,而且无线上网速度非常慢。另外,我觉得大家用无线上网只是看新闻资讯。当时买了摩托罗拉的Ming1200,那几乎是当时第一部触摸大屏幕手机,2.4寸的屏幕,分辨率是320×240,而且需要触摸笔去操作。就是这么一款手机,在我2006年从北京到硅谷出差的时候,谷歌所有的同事都围过来看,因为他们觉得这个手机太炫酷了,当时美国用的手机还是按键式的功能机。但是很快更大的变化就来了——2007年1月份,苹果发布了第一部iPhone。iPhone把整个人类社会带入了智能互联网、智能手机的时代,这是一个翻天覆地的变化。

再看一看今天,我们的4G网络、WiFi都非常普及,每个人可以在线看视频，在线听音乐，在线看比赛，在线操纵无人飞机，等等。另外，我们可以看到人工智能变得越来越发达，在谷歌所在的山景城，无人驾驶汽车已经跑了好几年。此外，还有可穿戴设备、虚拟现实等技术，都已经慢慢地进入了我们的生活。所以，如果把一个 1995 年的我放到 2015 年的现在，用一句非常时髦的网络用语来讲，就是有可能被"吓尿了"，所以这是一个"吓尿点"。20 年就可以让我们被吓尿，所以人类智能发展是一个指数性的增长，过去 20 年已经发展得这么快，未来 20 年的发展速度一定会快到我们根本都想不到。

今天我的角色是带领 LinkedIn——全球最大的职业社交网站进入中国。今天，在职场上我们也已经看到一些新的教育方式出现，比如说在线课程项目。它的概念是把很多有名大学老师的课程放在互联网上，这样可以帮助我们跨地域，跨学科，跨学校，去学习自己想要学到的东西。

那么职场上的明天（20 年后）会是什么样？在教育方面，我想个性化、可定制的在线教育可能会变得非常普及。各种各样的沟通方式会变得很发达，并且基于全息技术和遥控机器人的发展，所有实地操作的工作都可以被全息技术和机器人替代，所有人都可以选择自己的工作地点。整个交通体系也在变化，未来私家车可能会消失，大家都共享乘车，而且每一辆汽车肯定都是自动驾驶的电动汽车，这些都是我们的未来。那职场的未来会是什么样呢？人工智能会越来越聪明，人和机器人会变得合二为一，很难分清，这是大家需要思考的问题。

这对企业家有一些什么样的借鉴意义呢？我们知道，人类社会发展中的每一个重大节点都带来了非常多的机会，其中一些基本的规律我们一定要把握住，比如，机器会变得越来越聪明，人类智能的发展呈指数增长。只有把握住了这些规律，我们才可能抓住突然而来的机遇，比如，PC 时代造就了微软、甲骨文、惠普；互联网时代造就了谷歌、脸书、亚马逊，造就了中国的 BAT；无线互联网时代造就了小米，也促成了苹果的再次腾飞。下一步可能是无线互联网加上共享经济的公司，包括中国的嘀嘀、快的。总体来讲，每个大的节点都会有很多巨头消失，也会有新的巨头涌现。

马云曾经讲过，他的希望是阿里巴巴能存活 101 年，101 年需要跨过 3 个世纪。人类的发展既然是几何级数增长，阿里巴巴活 101 年有这么容易吗？100年、200 年以后的社会是什么样？我们的想象都跟不上。但我们一定要知道，这里面孕育着非常多的机会和梦想。

提问人3：对于3D打印技术，您有什么看法？

沈博阳：3D打印我们也挺关注，但是我感觉离大规模商用还有比较远的距离，至少现阶段还只停留在实验室里。我个人对未来的畅想更多的是纳米技术，人如果可以在分子级别去操作的话，也许会使3D技术实现跨越发展，直接在分子角度再造很多更有意思的东西。

提问人4：作为LinkedIn曾经的用户，我发现LinkedIn有一个很大的问题，比如我招人的时候，要在LinkedIn上看一些人的简历，于是加他为朋友，但是我发现有些人试图在我的朋友中发展他自己的朋友，不知道这方面是否有所改善？

沈博阳：您讲的这个问题是一个非常好的问题，我个人去加别人为好友的时候也很慎重，一般猎头加我为好友，我都不愿意接受，因为我知道他想将我作为跳板认识更多的人。但是做互联网、社交平台的人，某种意义上不是特别担心这个问题。我反复跟我们的团队讲，我们做的这件事不是斗地主，而是德州扑克，具体玩法我们希望由用户提供，我们只是从中做一些规范。所以，从这个角度来讲，我们更多地关注大数据，因为不同的用户有不同的使用方法。

提问人5：不同的用户可以设置不同的等级，为什么要把不同圈子的人混在一起呢？

沈博阳：这是更好的问题，详细信息无法多说，但唯一可以透露的是，在中国我们很快会推出职业社交平台。这个平台跟国际化的LinkedIn有一些区别，后者高大上，是一个精英的全球社交网络；前者更多地面对更一般的职场人士。

何搏飞：人类做出的所有技术创新、技术变革都是为了一个目的，就是把人类自己解放出来。当工业革命和电力革命发生的时候，我们的四肢被解放出来了，我们不再需要用镰刀，而是用大型农业机器。到了今天，人类大脑的一部分功能也被替代了，最常见的例子就是计算器。手机做数学运算可能比人脑更快、更准。对人类来说，我们人身上有两样东西是最难被取代的：一个是眼睛，一个是大脑。

人获取信息、知识，80%都来源于视觉，这就是眼睛对我们的重要性。人工智能要实现，电脑首先要具备自我学习能力，只有自主学习，整个智能程度才可能呈现指数级增长。

但今天有一些应用，开始让计算机看懂世界，比如说微软的一些软件，可以看懂我们的行为，可以通过人机互动、肢体运动控制电脑，控制游戏机。2010年的美国医生已经可以用计算机视觉在跳动的心脏上做手术了。因为心脏是跳动的，当计算机视觉可以把跳动的心脏稳定成图片的时候，医生就可以用机械笔在跳动的心脏上做手术。

计算机视觉对未来会有什么样的改变？当自动驾驶技术真正成熟的时候，对我们这个社会将有巨大影响。

首先，如果汽车可以自动驾驶，我们会变得更加安全。我曾经跟谷歌的无人驾驶汽车项目负责人聊天，他说，其实无人驾驶汽车要实现没有别的任何技术障碍，唯一一点就是计算机视觉。因为无人驾驶最难的就是不知道什么时候有行人穿行，什么时候加速，什么时候减速，这是计算机视觉应该做到的。美国一家保险公司的数据显示，在美国平均每1万英里有1个小的交通事故，而谷歌的无人驾驶汽车已经跑了160万英里。如果车跟车之间可以通信，车跟路之间可以通信，在上路的时候就知道什么时候可以变道，什么时候加速。如果都通过一个中央神经系统控制，是不是就意味着所有的道路就像是一个隐形的轨道一样，我们的车就可以像火车一样连成串在这个隐形轨道上行驶呢？

汽车在行驶的时候，60%的能量在对抗风阻。当汽车可以在隐形的轨道连成串行驶的时候，我们的能源消耗会大大降低。如果说汽车可以自动驾驶，未来甚至只需要相当于现在 1/3 的车量就够全人类出行了，因为我们可以把分享做得更加简单。

武红：其实无人驾驶汽车已经不是新话题了，这一段时间大家都在热议，特别是谷歌的无人驾驶，听说在美国加州已经可以上路了，这不是未来，而是现在就已经发生了。我想问一个特别愚蠢的问题，如果说无人驾驶的技术非常成熟，那人在汽车上路的时候，他的作用是什么？

何搏飞：汽车对人来说有几个属性：安全属性、舒适属性和驾驶乐趣。如果发展到自动驾驶，汽车将会成为一个非常封闭、狭小，但是又可以给人类提供体验的空间，它就是一个简单的运输交通工具，但是人在车里的时间将会变得跟现在完全不一样。

武红：可以在车上打电话、开会，有时候我在车上来电话就会手忙脚乱，如果有自动驾驶汽车，这个事就解决了。

张树新：关于成像识别和分析处理，我觉得过去静态的分析、处理、预测，数据量不是太大。我想请你预测一下，再下一步的完全的动态图像的识别、分析预测，它的计算量跟现在的计算量相比大概是什么样的？你将来的服务规模是不是能达到？

何搏飞：我们把所有图像的处理放在前端，我们测算过，今天用最先进的移动端，相当于手机的预算平台，就可以处理人类非常初级的对世界的理解。但是如果真正要达到我们大脑的能力，我觉得这可能是未来 10 年、15 年需要做的事情。

覃政：我是个科幻迷，从小就喜欢科幻。科幻小说里面描述我们人类在未来可以飞到太空，探索宇宙。从小我就想当航天科学家，坐火箭、飞船探索太空，我就顺理成章地本科上了北航，硕士是在航天五院，中国 NASA 读博士。我读这个专业读了 9 年，但是 2014 年我放弃了还差一年就能拿到的博士学位，是为了什么呢？虚拟现实。虚拟现实是科幻文化里另一个让我魂牵梦绕的事情，这是让我真正下定决心做了现在这项技术的原因。虚拟现实里最核心的就是视觉，视觉占了 80% 的感官。我在 2012 年开始研发，通过自己的时间开始研发头戴显示器。这在当时还是一个非常新的领域，但是在 2012 年 4 月发生了一件大事，谷歌眼

镜横空出世，这被认为是可穿戴设备的起点，我也想研发自己独创的全息显示。2014年我创立了蚁视科技，之后估值增长了100倍，这也是整个行业爆炸式的写照。

回过头来说科幻，科幻是我的人生导师。刚开始是向往航天，后来写科幻小说并且发表了几篇，我想成为作家。但是后来又迷上科幻电影，也拍了，得了一些奖。现在做虚拟现实，我觉得科幻讲的是技术对于世界的影响。在科幻小说里面描述的人类未来的两种可能性，第一种是我们去探索宇宙，我们用航天科技去征服别的星球；第二个可能是我们在虚拟世界里面掌握一项非常好的虚拟科技，在虚拟世界里生活。这两种可能是非常令人神往的。

我们认为所有的文明都是追求高效率的，如果在虚拟世界里可以比真实的物理世界获得更高的效率，就是做一件事情在虚拟世界里比在物理世界里做可以耗费更少的能量；如果我们可以通过虚拟的技术，能够让你在任何时候获得一个虚拟的商品，进入一个虚拟的场景，就可以省掉交通能耗。为了做到这一点，我们需要虚拟的视觉、听觉、触觉、痛觉。

我们视觉有头盔显示器，美国公司和日本索尼，还有微软也推出了头戴显示器。未来像这种墨镜式的显示器，可能会人手一部，或者通过植入式方式，随时让你看到虚拟的画面。听觉方面，我们有非常成熟的5.1、7.1，甚至全景深的系统，我们可以通过技术还原真实的声场。这是人类最经典的虚拟触觉的实现方式，通过振动实现虚拟视觉，进行初级力反馈。比较高级的力反馈，开枪的时候机械臂会给你一个真实的开枪感觉。这是通过空气包的方式，给你的手一个实时力的作用。这是MIT的实验，他们通过这样的柱圆阵列的方式来模拟任何的形状，让你去触摸。接下来说痛觉，这是美国一个哥们儿，为了体验女性在生产时候的痛苦，让医生给他贴两个电机来电击他，这之后他更爱他的妻子了，因为他觉得女人很不容易。

再说效率，我们说吃货改变世界，人类需要丰富的食物资源、食物的多样性，这其实给自然资源带来了很大的负担。我们设想一下标准化的食物，它口感非常好，吃进去之后通过味道素产生不同的味觉，这是很神奇的事情，需要虚拟的嗅觉和触觉。有各种味道可以混合排列，甚至可以得到法国大厨一般精妙的手艺。人类的嗅觉有1 000种嗅觉受体，如果全部模拟出来会非常复杂，可以通过几个初期的模拟，让你在吃饭的时候，手机释放出烤肉的味道，这样可以一边吃白米饭，一边享受烤肉的感觉。

还有住，中国人平均住宅面积是30平方米，这在美国是100平方米。如果人类继续繁衍的话，总有一天空间会不够用。我们可不可以在3平方米内享受所有的空间？这就是虚拟现实的全像跑步机，可以在很小的范围内完全体验自由的运动。这种技术有一个局限性，它只是在原地运动，感受不到真实的加速度。那要感受到真实加速度也可以，通过动感座椅，甚至可以通过耳朵里的前听神经来感知。

说了这么多，我们如果把所有这些技术都实现了，感官都模拟出来了，就进入了狂想部分。虚拟现实有下面四个阶段。

第一个是感官模拟，直接通过对人的中枢神经和大脑皮层进行刺激，如果生物技术足够发达，我们可以直接产生虚拟的感官。

第二阶段是神经介入的方式，这就是科幻小说里提到的脑肌接口，这时候我们可以整天泡在虚拟世界里，肉体泡在营养器里。此时肉体就成了很大的累赘，更激进的一批人就会不想要肉体，把大脑提取出来。所以，我们需要更可靠的载体。

第三个阶段是意识上传阶段，就是如何把人的意识上传。当人工智能、量子计算机技术达到一定程度的时候，它的复杂程度会超过人脑，把人的意志平移到电脑中。人类从碳机生命变成硅机生命，我们会进入一个跨越式发展的阶段，这时候所有的哲学、数学、科学、物理学都会有极大的进步。人类终于参透了真相，就是所有的文明去了什么地方，答案是他们会为了追求不朽而进入更加安全的世界中——这就是第四个阶段。

我们还有探索太空和进入虚拟世界的安乐窝两件事情。作为私人来讲，第一件事情在中国现在没法做。无论哪种可能性，我都希望人类在未来的两种可能中，都能保证我们整个文明生生不息和繁荣昌盛。

提问人6：人工智能发展到最高阶段，它自己会思考。它会想人类是否想毁灭它，那它会不会先把人类毁灭掉？

武红：霍金也担心这个问题。

覃政：我们不需要强人工智能，人类自己会演变成强人工智能，我们自己进入虚拟世界。我们只需要弱人工智能为人类服务就可以了，不需要自由意志，自由意志只由人来拥有。

提问人6：这个有点理想化了，会不会像核武器一样，最后自己都控制不了？

覃政：我们束缚魔鬼的力量也在发展，所以，我们不要过分地发展强人工智能，甚至我认为人造是没有办法实现强人工智能的，只能通过自己发展来获得高人工智能。

张树新：我想问一个哲学问题，其实人跟机器融合之后一直在扮演神，从碳机到硅机的转变会导致混乱，那么它能实现你这种转换吗？

覃政：人类在创造硅机世界、硅机虚拟世界的时候，承担的是上帝的角色，就像在碳机世界里，我们也认为有一个人创造了碳机世界，这是不断迭代的。我们创造新世界的时候，其实它不会受到传统世界的束缚，新的世界里有自洽能力，这是完全可能的。

张树新：但是在转换之前，其实是蛋白质在支撑你的硅机，所以人类具有蛋白质，这怎么消除？

覃政：所有智能唯一的目的是为了不朽，所以为了追求不朽的方式，我们必须把碳机消灭，因为碳机太不稳定了。

提问人7：航天五院是很好的单位，你选择自己创业的原因是什么？

武红：选择创业，就是选择自己的意志。

覃政：如果再不创业的话，我之前所有的研究成果都会被别人超越。说实话，在中国的航天领域，个人是无法做到突破的，因为是在体制内。

提问人8：如果将来进入虚拟现实，那么对我们来说到底什么是真的？

覃政：虚拟世界也有虚拟世界的法则，这是一定的。它也是一个社会，它有自己的法则。

提问人 8：那究竟是现实的世界是真的，还是这个虚拟世界是真的？

覃政：每个世界都有自己的法则，遵循法则就可以了，跟真实的世界没有关系。

提问人 8：但是这些东西都是需要真实世界来支撑。

覃政：它只是介质化的支撑，本身的体制是独立的。

提问人 9：你刚才所说的虚拟生存，应该有一个假设前提，那就是我们其实是在一个三维空间里，那么未来的世界是几维？

覃政：只有我们进入第四级才可以考虑，因为在黑洞里是可以突破四维的。

李峻恺：今天要讲的是现在和未来 5～7 年我们要应对的是什么问题。现在机器人每一秒钟的阅读能力是 5 000 万页纸。它不是记下来，而是一边读一边吸收，同时做逻辑的判断。那我们人脑怎么跟机器竞争？第一，我们有感情，机器是没有的，包括亲情、宗教。第二，我们有创造力，但是机器到目前为止还没有，将来有没有并不清楚。第三，也是最重要的一点，就是机器人还不明白企业家精神、冒险家精神。那么用什么办法去增加我们的创造力，还有我们的冒险家精神？

第一个办法，就是你阅读的时候要反过来阅读，但是一定要把那篇文章读完。如果不喜欢的话也可以倒过来阅读，这都可以增强你大脑的记忆力。

第二个办法，运动。引用美国癌症协会的说法，只要一周不抽烟，吃9种不同颜色的蔬菜和水果，花5个小时做有氧运动，可以减少70%患癌症的可能性。

第三个办法，如果你要创业，不要找一些专家，而问一些无关痛痒的人，问一下计程车司机，问一些小孩。

10年以后我们的工作只有两种，第一种是你管理机器人；第二种就是你被机器人管——那就很可悲。在这个过程中我们要迎接很多成功者、失败者。

如果财富是一个宝藏的话，智慧就是财富的看守者。茫茫大海有很多数据，有很多资讯都是免费的，怎么样可以把它提升到知识的层面？有机器人帮我们。但是从知识层面如何把它提升到智慧？这还要靠人类的脑袋，通过我们原创性的思维，通过冒险家的精神，通过企业家的精神，就是亚布力论坛的精神。

提问人10：我听了这几个演讲突然觉得自己很老了，为我的孩子们很担心，就是我应该怎么教育他们。在未来的世界当中，他们应该是好好做一个学生，还是现在就创业？我们为未来一代应该做些什么准备？

李峻恺：我很不认同传统教育，我也跟我太太讲了很多关于这个问题的事情。有一次我们公司开了一个研讨会，我问同事怎么教育孩子，他说我不进行传统教育，而是通过游戏的办法让他们学习，一般会把不同年级的小孩子集中起来一起学习。为什么呢？高一级的小朋友可以教比较小的一代，你学习了之后再教人家，就会很有成就感。但问题是，在我国香港地区或者在亚洲，这种方式可能到中学三年级之后就结束了。

提问人11：我觉得您讲得有道理，但是不全对。您把人生归结成知识，但是还有很多美、爱等，这些都是机器没法复制的。

李峻恺：这个我同意，实际上智慧才是我们人类独一无二的。智慧里面包含的东西其实很广，也包含您刚才讲的。

提问人11：还是要靠人工智能是吧？非常强势的人工智能？

李峻恺：这就到了下一个问题。从下棋比赛的例子来看，我们输给了人工智能，那我们怎么做？会不会是它来管理我们？其实最重要的是把人和机器联手起来组成一个队伍，人和机器互有输赢，这是我们的未来。

武红：机器到底是人类的朋友还是人类的敌人，是天使还是魔鬼？这是我们未来都要探讨的，没有人能界定到底是怎么样。当然，我们更乐观地希望人机可以形成一个非常好的环境。最后请大家预测一下，人工智能最快是 5 年、10 年还是 20 年，就会在我们生活中无处不在？

李泽湘：我没有办法预测，因为预测成功的案例太少了。

沈博阳：我就不预测了，我希望比覃政说的 10 年更快。

何搏飞：如果你每天都在用人工智能，可能你就不觉得它是人工智能了。

武红：如果是这样的话，我们人类向何处去呢？

李峻恺：我觉得在家里是最舒服的。

何搏飞：能给人更多的自由去考虑一下其他的东西，其实是一个好事。

沈博阳：我觉得人可以把自己解放出来，并不要把自己泡在营养液里。如果可以把人解放出来，就去做更有创造性的东西，做机器永远代替不了我们的东西，比如说艺术。

武红：再次感谢台上所有的演讲者给我们的分享。最后我跟大家推荐一本书，是 2014 年美国前总统克林顿向全美推荐的，非常值得一看的一本书，叫《富足》，副标题是"未来原比我们人类想象的更美好"。我们就用一个非常积极、乐观的态度看待未来吧。

企业与行业判断

小米将带领整个行业的发展

工业4.0，中国还要走多远

抓住机遇，拥抱汽车业大未来

楼市，黄金、白银还是黑铁

电影业的未来

我们，千禧一代

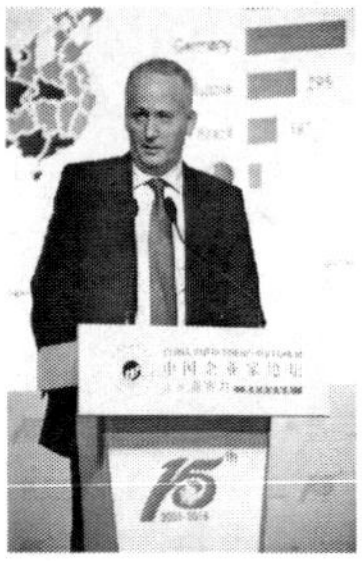

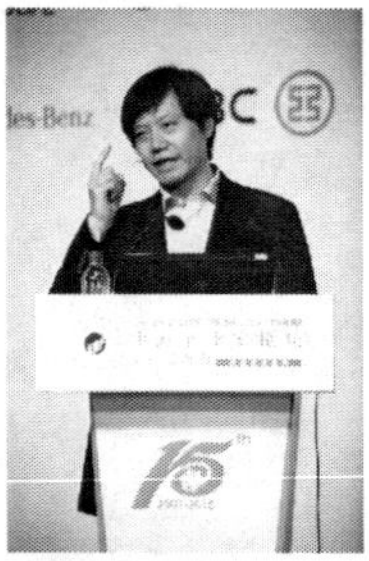

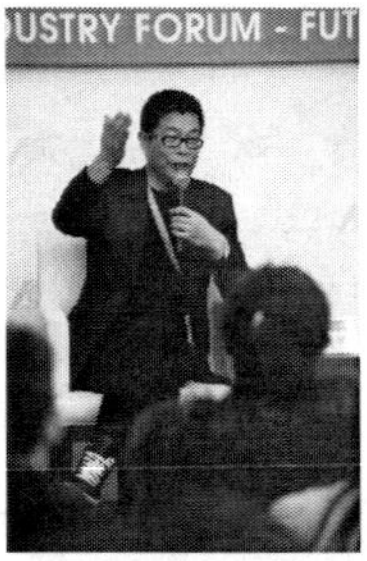
USTRY FORUM - FUT

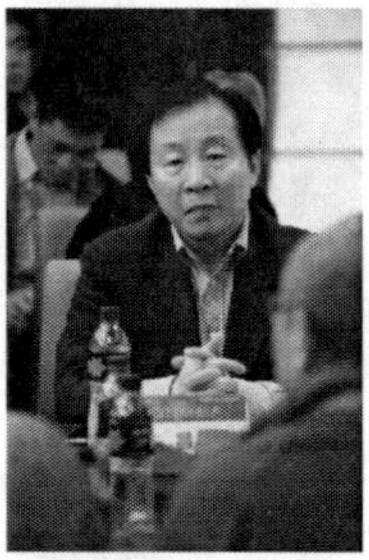

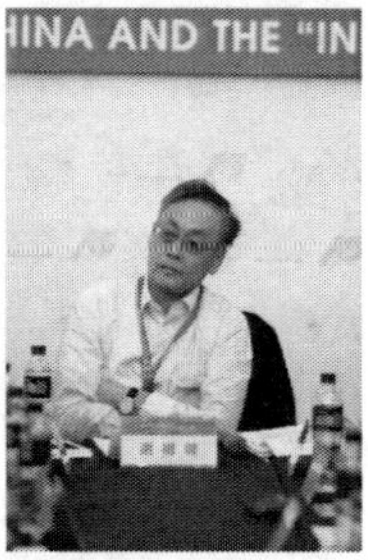
HINA AND THE “IN

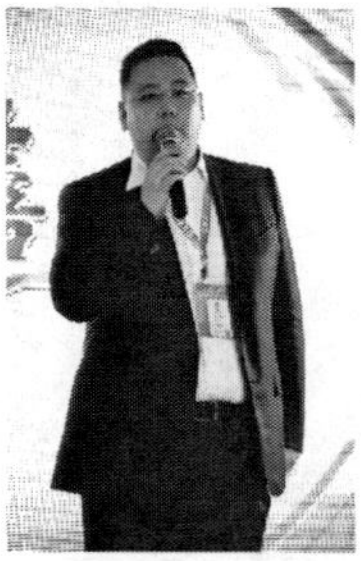

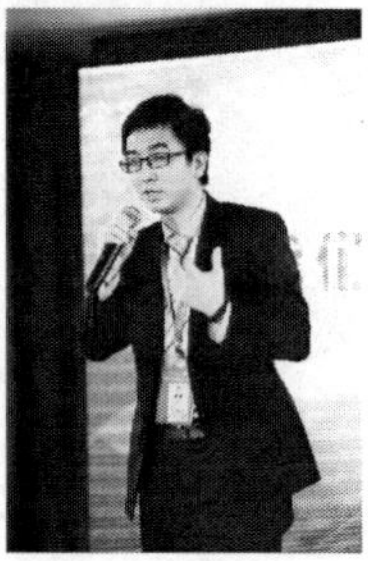

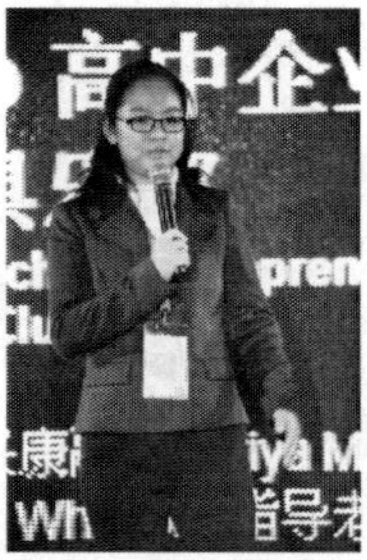

小米将带领整个行业的发展

文│雷　军　小米公司董事长

如果要用非常通俗的话来介绍一下小米，其实只需要几句话就可以了。第一，小米愿意不惜代价、不惜成本、真材实料做好一款好产品。我们已经到了消费设计的时代，大家对产品的品质有很高的要求。小米跟以前绝大部分中国公司非常不一样，我们在做产品的时候，强调的是不惜代价。比如，3年半以前，我们第一次做手机的时候就选用了高通最贵的处理器，用了夏普最贵的屏幕，在每一个环节都是不惜代价。我的观点是，以前我们做东西都是追求价格便宜，这就要求严格控制成本，而控制成本的 DNA 一旦形成，人们就很容易自觉或不自觉地做样子货，这就是市场上有大量假货的原因。所以，小米在做产品的时候，愿意不惜代价地做东西。

第二，通过商业模式创新，从研发到渠道到营销等各个角度的创新来提高运作效率。我们的运作效率到了怎样的程度？创办小米之前，有几家公司给过我很大的启发，其中两家高效率的公司更是给了我巨大的震撼。第一家是沃尔玛，沃尔玛在65年前创办的时候，只有一个很简单的想法，就是在毛利率为22.5%的条件下生存下去。65年前的美国零售业，大商场一定要有45%的毛利率才能赚钱。现在中国社会也差不多了，也要有30%~40%的毛利率才能挣钱。在这个目标下，他们有了两个小小的创新：其一，以前的零售业一定是在最繁华的地方开商场，零售业的铁律就是位置、位置，还是位置。但沃尔玛把商店开到了城乡结合部。其二，不盖新商场，将一些仓库简单装修后变成商场。这些看起来很简单的创新，使沃尔玛所卖商品的毛利率做到了22.5%~23%，到今天为止依然是这个数。然后通过大规模的效率改善，沃尔玛用20年时间成为了世界第一。

第二家是Costco（好市多），它给我的震撼无法用语言表达。我第一次去Costco是三四年前，我跟一群高管去美国出差，除了我以外所有人一下飞机都去了Costco。对此我比较纳闷，还有什么东西需要我们到美国买吗？晚上他们全部回来了，跟我展示他们采购的战果。我问猎豹CEO傅盛买了什么，他说买了两大箱东西，最后的保留节目是买箱子，因为买的东西需要箱子装。

他给我举了一个例子，新秀丽的超大号箱子再加一个大号箱子，在北京卖多少钱？大概9 000多元，而Costco只要900元人民币，150元美元。听完后我真的一下子就被震住了，然后也去Costco逛了10分钟。后来我专门去研究了Costco，Costco究竟是一个什么样的公司呢？在Costco，任何一个商品只挣1%~14%的毛利率，一件商品的毛利率如果超过14%就需要获得CEO的特别批准。据了解，从创办起到今天，Costco没有任何商品的毛利率超过了14%。这和在座的企业家想象得非常不一样，可能也跟在座的很多投资界的朋友想得不一样，这个公司是控制毛利率的，它的综合毛利率只有6.5%。一个大型的连锁超市只需要6.5%的毛利率就能维持生存，这是多么了不起的事。这就意味着，顾客走到商店里拿起的任何一件东西，它只赚了6.5%，这6.5%就是它的利润，它是怎么做到的？

第一，它只面向美国的中产阶级。美国有3亿人，它只服务于美国的5 000万人，但是它希望这5 000万人口袋里有一半的钱都花在Costco。第二，它的商品琳琅满目，但每种商品只有两三个品牌，也非常精致。这么大的商店里只有3 500种商品，而且每种商品都是老板亲自挑选、自己用过的。Costco提了一个要求，让顾客在Costco看到10件商品的时候至少能对其中一件感到惊喜，觉得惊讶。所以去 Costco 以后，人们不需要看价钱，不用琢磨它是否好用，直接拿走就行。因为每个东西都很好，而且非常便宜。这是全球零售业的奇迹，6.5%的毛利率就能维持盈亏持平。大家可能会问，如果只有 6.5% 的毛利率，那么这个公司怎么生存？员工怎么涨工资，股东怎么获得回报？

其实，他们也知道 6.5 的毛利率并不会让股东高兴，所以他们也采用了我们一再谈的互联网思维，并且在 30 年前就开始采用，他们的羊毛也是出在猪身上。在这方面，Costco 干了两件事，其中之一就是发信用卡。信用卡的利润占总利润的 1/3，接近 70% 的利润来自会员卡。会员卡每年 60 美元，因为 Costco 的商品非常好、非常便宜，所以每一个人都愿意交这个钱。

Costco 的故事让我很震撼，当我们整天都在想怎么不断地提高毛利率的时候，我们是不是已经进入了一个怪圈？而这导致中国市场上的任何东西都越来越贵。那么怎么解决这个问题？既要东西卖得便宜，又要真材实料，我们怎么能做到？那就必须下功夫做全渠道、全产业链的整合，只有这个大胆的创新才有机会把成本控制在合理的范畴。

小米在过去的创业时间里，研发、制造、维修、服务、市场、渠道，所有费用率加起来只占了营业额的 5%，或者商品零售价的 5%。传统商业的这些费用加起来至少要占零售价的 50%，而小米到今天只用了 5%，原因是这个创新使小米能以相当于同行一半的价钱很轻松地做任何产品，因为我们形成了一个最高效的运作模型，我认为这才是小米真正有利的地方。

仔细想一想，大家的零售价怎么才能降到只有 5% 的成本？小米的模式与 Costco 惊人地一致。我 15 年前做卓越时也是采用这种模式，我们只用了两年的时间就做到了国内电子商务的第一名。卓越是做书店的，可是我们只有 1 500 本书，但每一本都是陈年同学读过的，我一定要找一个懂书的人，看的书肯定要比我多。

总而言之，小米的模式就是：第一，不惜代价做好产品。第二，通过全年的流程优化，把成本控制在 5%～6%。第三，做到别人一半的产品价。

我们是怎么做到的？这要感谢时代给予我们的机遇。

第一是电子商务。通过电子商务直销，我们可以把整个渠道和零售的成本全部压缩掉，而且这个直销还是品牌电商，全部由我们自己干。我们自己在网上开

店，用户直接在我们店里买东西，这样只需要一两个点的成本，我们就完成了整个销售过程。但如果用别的电商的平台，成本可能比我们想象的要高很多，因为电子商务的成本并不便宜。它虽然比传统产业要低很多，但与电子商务直销相比，成本还是要高很多。

第二，我们要感谢社交媒体的时代。在小米创办的过去 5 年的时间里，微博的成长、微信的成长给了小米巨大的机会。在创办小米的时候，我自己也没想到会有这么快的成长速度。我们的产品是 3 年半前发布的，第一年（2012 年）销售额就达到了 126 亿元人民币，2013 年达到了 326 亿元人民币，2014 年则是 743 亿元人民币，2015 年过千亿元应该没有什么悬念。我相信，拥有这样数据的企业在全球范围里应该都是成长最快的企业。能如此快速成长的原因是什么？就是因为口碑传播的速度比以前更快，以前需要花大量的成本做广告，但今天不需要了。只要产品好、便宜，通过微博、微信等社交媒体，这些产品就能够在非常短的时间里传遍大江南北。

第三，我们切入的时间点正是智能手机爆发的时间点。3 年半前，摩托罗拉卖给了 Google，最近联想又收购了摩托罗拉，诺基亚宣布放弃传统业务，智能手机、移动互联网时代开始来临。电子商务条件的成熟，智能手机的爆发，再加上社交化话题，这 3 个因素使小米的业绩超乎想象。

还有一个与我们大背景相关的有利因素，那就是过去 30 年改革开放的红利。这 30 年的改革开放对小米有什么意义？经过 30 多年的改革开放，中国已经成为世界制造大国，全球销售的商品绝大部分在中国制造。当我们能够制造出顶级产品的时候，再做智能硬件、消费电子，中国拥有的优势将远远超过全球其他所有国家。我相信在未来 10～20 年时间里，这个优势会越来越明显，所以小米又开始打造硬件生态链。但是我们是否能做出来如国际品牌一样品质甚至更好的产品？我们制造的产品能卖到什么样的价格？能否只是国际品牌价格的 1/2、1/3 甚至 1/10？2014 年我们做了一款空气净化器，A4 纸大小，但它每小时净化的空气量能达到 406 立方米，价钱只需要 899 元，相当于国际品牌的 1/10。其实这样的商品比比皆是。我们的智能手环的待机时间 60 天，国外其他同类型产品的待机时间只有 5～7 天，他们的商品要卖 1 000 多块人民币，而我们只需要 79 块人民币。

  为什么举这些例子？我是想说明，改革开放之后中国强大的硬件的生产、制造、设计、研发能力为中国公司创造了巨大的机会。再加上我刚才谈到的全流程优化，包括研发环节的优化，这些都将为我们创造辉煌的未来。

  如果我们的成本只有零售价的 5～6 个点，我们就有机会按成本价零售，迅速把产品铺开，然后通过互联网的衍生收益的模式来获取利润。其实，这就是小米模式的核心内容。在手机行业取得成功之后，小米也在做电视、路由器，这是小米的核心业务。我们已经投了 27 家智能硬件公司，他们都是做手机各个周边的硬件。而怎么把这些硬件全部有效地联结在一起，就是我们最近的智能家居的战略。怎么以手机为中心连接所有的智能设备，把这些设备全部联网，全部可以通过手机控制，这就是我们最近在做的一件事。

  前一段时间我们入股了美的，我们希望能参与到整个家电智能化的过程中，我认为这对整个中国都是一个巨大的机会。我们设想一下，你一回家掏出手机，家里所有设备都连在手机上，都可控制、可管理，信息高度透明，而且全部数据都在云端，这将是多么便捷的生活。我举一个例子，很多人买了空气净化器之后基本上不换滤网，这样的话，用了空气净化器比不用更差，因为过滤网本身都有问题，不停地过滤实际上是加大了污染。而把空气净化器联网有一个什么好处？当过滤网到期以后，我们只需要按一下手机就可以换，使用体验和感受会完全不同。

  包括前段时间大家在讨论特斯拉，特斯拉车上有一个 3G 的 WCDMA 卡，这样车时时刻刻都处于联网状态，车的运行状况也都在服务器上。当车子出现故障的时候，维修厂能通过互联网知道问题出在哪里并加以维修。所以，当真正开始联网的时候，各种各样的服务都会产生，这会使你的生活变得更舒服。

  小米智能家居的核心战略就是以手机为中心来连接所有的设备，我们希望用

10～20年的时间带动国内一大批企业走向世界，并在各个领域成为世界第一。我相信，小米有一天会像20世纪70年代的索尼一样，带动整个日本制造业的发展；像20世纪80年代、90年代的三星一样，影响整个韩国的工业。

小米进入手机行业3年多时间，它带来的一个巨大的变化是，国产手机质量变好了，价格便宜了，而且用国产手机的人越来越多了。2014年年初小米进入了移动电源市场，一年前1万毫安的移动电源在淘宝上卖200块人民币，而且质量没有保证，因为移动电源里主要的部件是电芯，它其实对安全因素影响很大。而我们全部是用顶级进口电芯，铝合金外壳，1万毫安的移动电源售价只有69块人民币，过去的一年里我们卖了1 960万只移动电源。今天再看移动电源市场的时候，你会发现所有移动电源的质量都上来了，外观都变漂亮了，而且价钱都便宜了。

所以我相信，小米能用这种方式影响一个又一个行业，乃至整个工业界，我觉得再有10年时间，中国可能在各个领域都会处在世界前列。我们不但能把产品做好，而且我们的品牌和品质能得到全球用户的认可，这也是过去一年小米开始做全球市场的原因。目前小米已经进入了7个国家和区域，我相信再有5～10年时间，我们会在多个领域获得世界第一的位置。

工业 4.0，中国还要走多远

所谓"工业 4.0"，是旨在通过充分利用信息通信技术和网络空间虚拟系统相结合的手段，推进信息技术与制造业深度融合，促使工业领域的设备、生产与系统以网络化的形式向互联网迈进，将制造业向智能化转型。中国是制造业第一大国，在全球都向工业 4.0 时代迈进的大环境下，中国企业该如何应对？中国面临怎样的机遇和挑战？

针对这些问题，在亚布力论坛第 15 届年会上，长青（集团）股份有限公司董事长何启强、红星美凯龙家居集团股份有限公司董事长车建新、量通租赁有限公司董事长穆毅、郑州思念食品有限公司总裁王鹏、天壕节能科技股份有限公司董事长陈作涛、新疆金风科技股份有限公司总裁王海波展开了深入讨论，高风咨询创始人谢祖墀主持了该场讨论。

谢祖墀： 首先，大家可能也注意到，在过去几个月的时间里，有不少报道提到在中国进行制造业的一些外资企业好像有撤离中国的情况，计划到其他邻近国家，包括印度和东南亚国家建设他们的生产基地。这个现象很值得我们关注，今天也可以听一下各位嘉宾对这种趋势的看法，以及其对中国制造业的影响。

其次，我也关注到最近我们中国很著名的一位经济学家林毅夫教授，看他发表的一些言论或者是其他人转发的他的言论，他觉得中国的经济可能会被印度追上。他提出的原因是中国制造的能力逐渐离开了中国，撤

离到其他国家，包括印度。所以，很多本来制造业产生的红利可能会逐渐减少，以及我们周边的国家可能会争取到这方面新的红利。我这么多年都关注林教授的一些言论，这是我第一次听到他对中国经济顾虑的地方，这也牵扯到制造业的前景。

还有，最近我也关注了一位朋友的言论，就是在投行方面比较出色的银行家蔡洪平。他是德意志银行亚太区的投资主管，他非常关心这个问题。在他看来，中国要进入工业4.0是很难的。他现在到欧洲去研究，与很多当地的工业家讨论这一问题，工业家们觉得在欧洲以德国为首，包括奥地利和瑞士，在这次工业4.0的发展中，他们是不想跟中国人一起合作的，不给中国人这个机会——这是蔡洪平的言论。因为他们觉得中国人过去制造业的发展都是比较低端和粗放的。我也跟很多欧洲的企业合作，他们都是我的客户，在与他们讨论的时候感觉也不一样。举例来说，西门子在"工业4.0"方面，无论是在德国以及在全球都是走在前沿的。对西门子来讲，在中国市场发展"工业4.0"是他们整体战略的一点。德国总理默克尔2014年来中国访问的时候，也带来了很多当地企业的代表到中国来跟李克强总理签订协议，或者也表露了意向，与中国在"工业4.0"方面进行相关的合作。

我关注到的言论有一些比较悲观的观点，同时也有一些比较乐观的观点。我想问，对在座的各位朋友来讲，所谓"工业4.0"对中国的行业究竟意味着什么？对像中国这样的制造业大国意味着什么？我们是否面临新的机会和挑战，是否出现了一个拐点？"工业4.0"是真的还是假的？这些都需要我们讨论。

我希望我们就三方面进行讨论。第一，"工业4.0"是什么？它的基本定义是什么？1.0、2.0、3.0又是什么？第二，"工业4.0"的作用和影响是什么？第三，什么样的企业能成功成为未来"工业4.0"的领先者和领导者？首先请王海波王总介绍一下对"工业4.0"的理解，以及它跟传统制造业的差别究竟在什么地方。

王海波：我们对工业4.0的理解也是在这两年的摸索中逐渐获得的。讲"工业4.0"，我们还是要理解前面的1.0、2.0、3.0是什么。1.0是机械制造行业，工业2.0是电气化，很多非电气化的生产制造就可以归结到1.0。电气化再往上实际上应该是自动化，自动化在中国相对比较普及。我们对"工业4.0"的理解是，过去的自动化是基于生产制造这个环节的自动化，但我们跟客户之间没有实现自动化，跟供应商之间也没有实现自动化，还有就是管理本身还是在靠人。这几个维度是我们对工业4.0跟工业3.0之间不同的认识。当然，工业4.0对每一个企业来讲都是一个比较大的挑战，我们觉得关键还是要看工业4.0中间的管理逻辑。这个管理逻辑可以通过学习获得，如果学习硬件可能有一点难，学它的逻辑应该比较容易。比如跟客户之间的个性化设计、优质的客户体验，这个应该是我们要学的。再一个就是生产的产品，它的创新是不是让产品更加智能。这个大家都可以看到，现在物联网还有智能家居实际上都是产品的智能化。生产制造的过程如果更多地用机器人来代替人，我觉得恐怕还有一个比较长的过程。但是可以学习的是把整个生产制造的过程变成一个可编程的过程，做到去中心化和去中层化，使整个企业更加数字化。这是我觉得中国的企业可以学习的地方。

谢祖墀： 在你们的业务里4.0已经有了吗？从你们的角度来讲，4.0跟传统制造业的区别在什么地方？

车建新： 我不是做家居的，我们是卖家居的，对家具行业的生产我还是比较了解。目前来讲3.0可能都不到，只有2.0，还是手工和机械相结合。首先，我觉得虽然这个4.0现在对中国来讲还只是一个理念，但是我们要去追求它。其次，我们的产品要重视品质，重视产品的品位。什么是品牌？品牌的背后最起码要有品位，什么样是有品位？最起码是要有品质。有了品质才可能有品位。但我们在产品的品质和品位上，特别是品位上还做得不够，整个中国的制造业还是有漫长的路要走。我经常去德国，那里有很多小工厂，但它们生产的东西都十分精致，是有品位的。而我们现在还是处在低成本、低加工的时代，这确实需要改变。我们不仅要追求4.0，更要追求品质和品位，在这方面我觉得我们做到的可能只有2.0。

那么我们应该如何从 2.0 跨越到 4.0？这个问题确实值得我们反思。4.0 是什么？我也不清楚，但最起码产品做出来要高贵，或者是自动化生产的。它的定位是自动和高贵，所以说我们的路还很漫长。中国的加工业有优势吗？所以说，我们需要把工人和技工的能力提升，首先要达到 3.0。我们在 2.0 的时代说 4.0 还早了一点，要先实现 3.0 再来做 4.0。

谢祖墀：王鹏王总怎么看？

王鹏：我们都是从 0.0 开始的，为什么这样讲？思念做中国最传统的食品，每一样产品，如汤圆、水饺、面点、粽子在中国都存在了几千年，但我们不想以最传统的方式来生产，所以我们希望从 0.0 发展到 4.0。大概 10 年前，我们的产能是 10 万吨，一线工人是 2.4 万人。现在我们的产能是 50 万吨，如果按照 10 年前的生产模式，这一产能实现需要 10 万名一线工人。大家可以想象一个 10 万人同时包饺子的场面吗？那是我绝对不希望看到的，我们也不可能这样做。现在我们的一线工人有多少？7 000 人，工人的数量只是原来的 1/3，但是产能翻了 5 倍。其实不管几点零，工业化、自动化、智能化一定是未来的趋势，这是作为生产型企业必须要解决的问题。

我也非常希望给我们的装备制造业打打气，为什么这样讲？作为一个传统的行业，其实没有人帮我们去进行产品设计，我们也没有办法去跟其他国家学习，或者引进。方便面、饮料、牛奶这些行业都有几十年、上百年历史，这些行业都有成型的设备可以引进，建立一个工厂，引进一套设备，然后做品牌和营销就可以了。但我们真的是用人工，最初真的是两万多人包饺子，做得很差很慢，品质还不好。当然，包饺子的设备国外也有，因为全世界不是只有中国才吃饺子，意大利、俄罗斯也吃。欧洲的设备很好，一台 140 万欧元，饺子做出来很漂亮，但是我们不能用。为什么？因为中国的消费者根本不认可它的形状，没有人吃意大

利的饺子。后来去日本参观，他们的设备也很先进，跟人手的原理一样，但日本的设备有一个问题，虽然相对品种多，花色繁多，可是单台设备的效率太低了，与中国的饺子也不一样。后来我们开始跟小的设备厂商接触，他们的设备和欧洲、日本的相比，不管是外观还是装备制造的水平，以及精细度，都根本没法看。但是他们有自己的想法，对中国食品有自己的理解，知道客户想要什么。我肯定是想用成本低，效率高，次品率低，能跟前段、后段工序配合很好的自动化的工具。虽然样机很差，但经过一两年的摸索，我们真做成了。设备的原理跟人手的原理完全不一样，但它符合中国传统水饺包制工艺的要求。这种设备是欧洲和日本单台设备效率的2到3倍，价格只有1/3，而且次品率低很多，最重要的是口感绝对比它们两个都好得多。

我讲这个是什么意思？我认为未来中国的装备制造业很有发展潜力，只要能找到客户，把细分领域做好。当然，中间需要找到客户，客户也要愿意配合。我们每次做实验的时候，一次出几十吨的次品都直接扔掉了。只要选择好一个细分领域，做装备的制造和工业的制造，前景还是很好的。

谢祖墀：目前的基础比较薄弱，但机会特别好？

王鹏：中国市场一直处于发展的过程中，而且这个过程还相对比较复杂。我们用的制冷设备已经很先进了，对于大型成熟设备，我们的采购要求很简单，要么是全球前三，要么是全国前三，因为只有买这样的设备才能保障生产的稳定性和连续性。每台设备都要在机房里加WiFi，以保障能随时在工厂监控设备的运行。

谢祖墀：回归到第一部分的问题，4.0代表了什么？它跟传统制造业的差距在什么地方？我知道穆总做过很多不同的行业，现在做租赁，请您介绍一下现在业务的情况和对"工业4.0"的观察。

穆毅： 工业4.0是一个新的提法，源于德国，它的目的主要是维持自己工业领先的地位，对上是对抗美国互联网的干预和侵蚀，对下可能是抢占像中国这样的发展中国家的部分市场。对中国企业来说，怎样从最底端（按照德国人的划法）跻身于德国市场，以至和互联网联合、融合来做全球市场，是一个很大的挑战。前面两位讲到设备的更新换代、核心竞争力、品牌、品质，这些都是我们把企业做好必须追求并实现的东西。我们如何像德国企业一样做到千年老店、百年老店，做到精致化、细致化？这些我们都需要学习。我不是从事工业和传统制造业，所以在这方面发言权不多，也没有什么实例可讲。

但从融资租赁方面来讲，工业4.0对企业的帮助是有的，而且非常大。2006年，我们进入融资租赁行业，近10年间投放进去将近500亿元，面向的都是高端制造业。刚才大家也讲到，中国要实现向高端制造业的转变，但这不仅需要技术，还需要一些资金的支持。对我们来说，重点是如何支持企业走出去。

谢祖墀： 大家认识到工业4.0的重要性，尤其在国外，在欧洲的一些已经发展到比较先进程度的国家。相对来讲，中国在制造业方面的基础比较薄弱，我们在一些地方是0.0、1.0，一些地方2.0，一些地方3.0、4.0还没到。但是我们有很多机会，因为中国市场庞大，发展快速。因此，这里的关键是传统的制造业如何从目前的基础快速转变，跟上世界的潮流，把整个企业的管理生产整合。4.0不是技术的问题，更多的是管理能力问题，比如如何利用第三方资源，包括互联网、大数据、3D打印、机器人等。将来的智能生产，用德国人的概念来讲，就是不希望两个人在同一个厂房里，这不仅是生产概念，同时也是供应链的概念。传统的供应链是线性供应链，从采购、生产到服务，但工业4.0概念下的供应链可以是网络式的。这种设计对整个中国的生产布局、资源配置以及企业管理理念都会带来革命性的影响。那么"工业4.0"的作用和影响究竟都有什么？

陈作涛："工业4.0"不仅仅是技术，实际上是在全球技术高速发展的基础上，用互联网的思维和方式对传统工业的概念进行颠覆和改变，而并不是在企业内部做4.0。移动互联网时代，小米企业成长的核心理念是用户体验，互联网的精神就是专注、极致、快，这是工业4.0重要的逻辑基础。我们是一家很年轻的公司，2007年成立，2012年在创业板上市。从成立到上市只用了5年时间，这可能是中国资本市场上市速度最快的纪录。其间，我们就是用最专注、最极致、最快的方式在做一件事，我后来想，这就是互联网的思维和精神，因此也才会有互联网年代的速度。当然，中国进入工业4.0并不是对每个企业来说都适用。虽然随着技术进步和移动互联网的到来，中国不可避免会进入工业4.0时代，但就单个企业来说，进入工业4.0都需要一段时间的准备，也需要一个过程。

谢祖墀："工业4.0"的作用和影响究竟是什么？有请何总。

何启强：4.0对我们来讲是新的课题，这个问题对我来讲也有点为难，但我的一部分业务是做制造，不关注也不行。

2014年我们曾到德国，听他们谈工业4.0，但那时候的理解比较肤浅。后来我们对4.0做了一些了解，在我看来，网络、信息化、3D打印、机器人是实现4.0的手段。无论互联网如何发达，对制造业而言，都必须卖出产品。因此，大部分企业的运作都在围绕如何争取最大市场份额进行，其中有几个要素决定了运

作的成败：第一，如何吸引客户；第二，如何拿到更多订单；第三，能否做出产品，做出的产品是否更有优势。这里，4.0 就等于销售的升级版。

那么工业 4.0 将来会对制造业产生什么影响呢？一直以来，中国主要是靠成本优势在发展制造业，但随着人力成本的增加，我们正在逐步丧失这一优势。现在，人的工资太高了，不是从 1 000 多元变成 4 000 多元的概念，是因为人只能工作 8 小时，8 小时以外的工资另算，而且越来越高。但机器人可以 24 小时不停歇地工作，而且不用支付加班费。另外，除了机械故障，机器人可以严格按照要求做事情，但人有情绪，当情绪不好时，人完全可能懈怠。配送方面也可以通过机器人完成，可以自动化。如果进入 4.0 时代，间接成本的降低会最终体现在产品的价格上。对中国制造业来说，如果我们跟不上，这对未来中国制造业的发展及其在世界上的地位会有比较大的影响。从目前的情况来看，中国没有任何优势，发达国家由于拥有高科技的基础，所以比我们更加有优势，在工业 4.0 时代更能快速发展。

谢祖墀：这不仅是技术方面的考虑，还有思维方式的调整。刚才你提的这一点和陈总谈的是一致的，现在我们考虑 4.0 的问题不仅仅是我们要不要做的问题，而是说时代逼着我们要做，因为这个时代来临了。那么什么样的企业能够成为未来"工业 4.0"的领先者？在实现"工业 4.0"的过程中我们需要具备什么条件？

王海波：我们已经做了一年多"工业4.0"的尝试，这里跟大家做一些分享。

为了适应工业4.0时代，我们通过模块化的设计使产品组合。现在我们的产品量非常大，有200多个品种，基本上覆盖了全球90%的市场。个性化的产品我们也在做，但同时我们在努力将产品做到没有型号的边界。比如，我们原来的产品是隔10米有1个型号，现在是隔1米有1个型号，而我们正在做的是使产品可伸缩，客户需要什么样的尺寸就有什么样的尺寸，没有型号的区别。包括塔架，原来是100米，但以后我们可以做成拼装式，客户可以根据自身需求来拼接出塔架的高度。

再有就是注重客户体验。在全国我们有1 000多个基础销售站，30年来积累了大量的数据。我们自己投了1 000台测风塔，能够积累每分钟的气象数据。正是基于这些大数据，我们可以为客户提供全面的数据分析、可行性选择以及最佳路径。同时，我们像海尔一样追求服务的质量，这就需要我们特别关注员工的工作态度。过去我们关注员工的工作积极性，现在我们更关注他们的可靠性。企业内部的管理指标，也从简单的有人管的可靠性转向了没人管的可靠性。

我们的竞争对手是GE和西门子，我们看到他们也还没有发展到工业4.0的水平，生产制造环节还达不到，但是他们的产品本身正在向工业4.0调整。产品的质量需要踏踏实实来做，要有长效的理念，简单的"追风口"行为在工业领域是很可怕的事，因为风口是追不上的，只能碰上。因此，对工业制造企业来说，我们要沉下来做产品质量，需要脚踏实地往前走。

谢祖墀：那什么样的企业能成为"工业4.0"的领先者？

车建新：国内很多企业的经营模式都是加工、出口，我觉得如果要迈入4.0，我们首先必须脱离加工，否则很难实现工业4.0，可能会永远停留在2.0，这是最基本的要求。其次，以价定制，想办法把价格卖高，这样质量才能提高。价格卖不高就没有办法研发新产品，也没有研发的资金，我们要有定价权，没有定价权的话很难往4.0方向走。

王鹏：我非常同意王海波王总讲的，无论处于几点零时代，也无论企业的主营业务是什么，我们首先要适应时代。当时代发生变化的时候，我们也必须相应地作出调整，否则会被淘汰。同时，要永远记得关注客户的需求。无论是2.0、3.0还是4.0，只要提前找到客户的需求，想到他没有想到的预期，那么企业会永远有溢价，永远走在时代的最前端。

当然，客户都有个性化需求，那么工业化生产如何解决个性化需求？只要我们肯想办法，这个问题可以解决。从理论上讲，我们这类做食品的企业，技术永远不是问题。而如何搭配技术，让技术成本可控，让消费者满意才是问题。像现在的传统食品行业，饺子、汤圆如何吸引"80后"、"90后"的消费者？只有做到了这些，4.0才有意义。现在的"80后"、"90后"很有意思，反传统，完全以个性作为出发点。以前卖水饺，胡萝卜馅儿水饺、大葱馅儿水饺都可以，现在则要起一个好名字，如果叫"牛魔王""称王称霸""西冷"，不用大力推广，顾客就会自己过来。时代在变，客户在变，我们要做的就是找到并满足客户的新需求。这不是说要盲目跟随潮流，那都是别人制定的标准。但是作为企业，核心理念是什么自己要想清楚，这才是企业迈向3.0、4.0应该具备的。

谢祖墀：三位刚才讲的企业管理的理念回归到最基本的地方——柔性客户管理的手段和尊重，这样就能做到4.0吗？

穆毅：企业是否具备迈向4.0的能力，首先要看有没有互联网思维，有没有国际视野，有没有创新精神，有没有可用人才，团队行不行，科研力量足不足，捕捉信息能力强不强。任何企业做任何事情，包括金融行业也是一样，有共同的方面，那就是要考虑风险。因此，我们要看准一个行业，能推出前瞻性的产品，同时也要找到市场的需求点。

陈作涛：在4.0时代，一个企业要具备怎样的素质？个人觉得，首先企业的负责人一定要适应互联网时代，一定要用互联网思维方式来看企业，能够判断企业在行业里的不同发展阶段。实际上，不同行业的发展阶段是不一样的。我们是给工业做服务，属于做节能环保新能源服务的企业。上市前期的5年，我们是用1.0版本来提供极致的服务，用互联网思维的专注、极致、快实现客户管理双方分享。但是工业产业的周期性很强，企业要盈利，要为投资者负责，所以我们升级进入了2.0版本。在后工业时代，希望天壕这样的工业服务企业能够快速升级，实现更可持续的盈利——这是企业家、负责人要考虑的事，无论是几点零。

做节能产业，不仅要做到节能和环保，还要通过新能源，特别是以天然气为代表的新能源比例的提升，从根本上减排，达到环境治理的核心目的。大家有这么多对环境的担忧，解决这一问题的核心是清洁能源。从目前国内的情况来看，天然气战略工程在提速，我们在逐步把天壕变成纯粹工业的服务企业，努力提升到2.0版本。我们希望快速对稀缺资源进行占有，所以我们在2.0版本会用2~3年快速占领重要的资源风口。

我最近在思考3.0版本。实际上天壕实现3.0是要为工业4.0服务，对能耗企业能源实现智能化管理。大型企业能源管理是很大的文章，很多工业企业的大量成本源于能耗支出、能源支出。我们希望能为更多的能耗企业、工业企业降低能源成本，达到环境保护的目的。

何启强：工业4.0是德国人提出来的，是基于德国的基础尽可能发挥德国的优势而提出来的。在理解德国人所谓的工业4.0并将其引入国内时，我们首先要弄清楚对中国来说4.0的优劣在哪里。目前在中国，已经实现的工业4.0时代的产品有两个：一是3D打印，二是机械人。3D打印解决的实际上是一个快速出样板的问题，大规模3D打印的成本还是非常高，所以，3D打印可以解决快速出样板、出首件的问题，但是不能解决批量生产的问题，而低成本批量生产恰恰是中国的优势。

至于机器人，机器人是刚性的，不是柔性的。如果要让一个机器人去制作另一种产品，那么需要对这个机器人重新编程，这个过程会比较长。另外，为了发挥机器人的优势，我们还要改进自己的自动化设备。首先要从接单开始，人工操作的时候我们可以接很多品种的单，批量也没有太多的限制。但实施机器人操作后，我们不能接太多品种的订单，只能优选其中的一些，而且批量小的订单也不能接，因为在批量小的生产中，机器人根本发挥不了作用，成本还很高。当然，机器人解决了劳工成本上升的问题，也化解了劳动合同法里对制造业不利的一些条款。

当然，工业4.0概念也有我们可以借鉴的东西，中国的互联网已经比较发达，走在了前面，但现在我们面临的问题恰恰是先进的互联网和落后的制造业之间的匹配问题，很多制造业对互联网思维的理解停留在销售的概念上。所以，我们要从工业4.0中学习到如何指挥整个生产调度的系统，如何解决物流，如何减少库存、减少间接成本，达到最有效率的工业制造，这是我对此的理解。

谢祖墀：互联网在中国发展得非常迅速，非常成功，但工业的发展不尽如人意。我想，未来中国工业如何借助互联网的成果发展壮大，这将是中国制造业的机会。

抓住机遇，拥抱汽车业大未来

文 | 唐仕凯　戴姆勒股份公司管理委员会成员
戴姆勒大中华区董事长兼首席执行官

汽车行业已有 100 多年的历史，在德国、美国都一样，但是我们更关注中国市场的发展。这里是全球最大的发展创新引擎，因此今天，我也想跟大家分享一下汽车行业的创新情况。

如果大家在过去 5～10 年中参加过一些汽车的会议，就会知道每个人都在谈论中国的增长机会。但是这些人最近也在质疑中国发展的机遇问题，这出于中国最近 GDP 增长的放缓，也包括一些报道，都呈现了对中国经济发展负面、悲观的预期。当然，过去几年中国 GDP 以两位数的高速增长，而现在中国经济已经进入新常态，GDP 增长大概在 7% 左右，我们认为这是更加稳定和可持续的。而且，不容忽视的是，这样一个增长速度就全球范围而言，依然是非常强劲的。预期显示中国将于 2025 年成为全球最大的经济体，我们也非常看好中国市场。

当然，中国汽车市场的增长会让人更加兴奋。就在 10 多年前（2000 年），中国汽车市场比意大利市场还要小，而意大利并不是世界上最大的汽车市场。如今，中国已经成为全世界最大的汽车销售市场，我预测它将永远成为世界上最大的汽车市场。

美国和欧洲汽车行业花了100年以上的时间发展，中国不到10年就已经达到这样的情景。与此同时，我们也必须理智，我本人在北京居住了2年，也经历了北京有名的"堵车效应"，这是大城市面临的挑战。

对于今后的中国汽车市场，我持很乐观的态度，有以下几方面原因：

第一，不少一线城市以外的城市和区域均以高于10%的年增长率在发展。

第二，如果和世界上其他市场对比，中国的人口汽车密度依然比较低，特别是在大型城市，因此，这还有很大发展空间，今后我们会看到汽车密度还将继续增长。

第三，中国会继续推动城市化发展，这是带来汽车快速发展的根本因素。新常态就意味着在今后我们的增长要放缓但是会更健康，所以我说中国会成为汽车行业中最大的市场，中国市场非常有动力，非常有活力，并且是以顾客需求为基础的。

有一组数据值得注意，德国购买豪华汽车客户的平均年龄是54岁，而在中国是37岁，其中C级车的中国购买者要比德国年轻22岁。另外鼓舞人心的是，不少中国客户人生中的第一辆车就是豪华车。在德国，没有人购买第一辆车就会直接购买豪华车，这是中国和德国很大的差别，而在购买德国豪华车的中国人当中，24%是购买他们人生中的第一辆车。对于奔驰C级轿车而言，29%的客户是首次购车客户，而即使对于我们的旗舰车型S级轿车，这个比率仍高达10%。

因此，我们认为中国市场仍然极具活力。这是一个非常积极的发展态势，不仅是汽车市场，还包括与汽车市场相关的服务产业，在中国的发展趋势非常明显。

另外，有一个新趋势是不容忽视的。中国人对"连接性"的要求非常高，希望随时随地"在线"，同时，他们对新鲜事物也抱着开放的心态，希望获得新的产品，智能手机的使用和普及就是很明显的例子。2015年除夕当天，我们了解到有6.8亿人参与支付宝红包游戏，互联网用户习惯于线上支付。

此外，这里有第三空间的概念，那就是除了家和办公地点，汽车就是人们的第三空间。除了在家里和办公室上网，人们可以最长时间使用网络的第三个地方就是他们的汽车。因此，我们清楚地意识到客户并不希望网上生活止步于车内，他们自己的各种设备能与车辆整合、连接，希望连接线上的生活。当然，在实现这一点、提升舒适性的同时，如何减少驾驶干扰、增加行驶安全性也非常重要。我们会找到合理的方案，比如人性化的接触板等来解决这些问题。

我们也会看到，越来越多的车型配备 WiFi 热点，这样将更容易连接上互联网，与此同时有更多的商机展开，就是车联网的概念。我们可以用移动设备查看你行驶的道路是否拥堵；还可以分析汽车燃油效率如何，昨天和上星期燃油效率如何；甚至还包括自定义你的车辆专属区域，当你的汽车驶离该区域的时候，你可以获得信息提醒，甚至可以远程熄火；此外，我们还可以得到及时的维修保养提醒，提前预约甚至线上支付等，这里有很多的其他应用都是围绕汽车展开的。

此外，还有许多其他功能可以通过车联网实现，我们可以提供更多的渠道和连接以及新的服务，在今后中国的市场会产生新的趋势和潮流，会超过西方世界。

现在有非常多的互联网趋势和创新是由中国企业引领的，美国以及其他地区要跟随中国的趋势，像滴滴打车和微信等，这些应用是非常好的，能够充分显示出中国市场的生机和活力。在一些大城市中会有交通拥堵的状况，我们会看到新的商业模式，会有车辆共享的模式。大家知道在美国和欧洲已经有了车辆共享的模式，这是非常流行的，你可以用智能手机找到可以共享的车辆，驾驶这样的车辆，最后利用智能手机按照你的驾驶里程直接付款。凭借 smart car2go（即享），我们已经在欧美市场投放超过 11 500 台 smart 用作汽车共享，现在这项服务也即将登陆中国。我们也看到有不少中国公司推出这类服务，相信将来也会越来越多。

中国有愿景，也有潜力、有意愿成为世界最大的新能源汽车市场。2014年有约6万台新能源汽车注册，尽管这个数量不是很大，但将来有政府的支持，新能源汽车数量会不断上升，这会带来非常多的商业机会。

在未来物联网的世界中，大家会看到车彼此会进行沟通和通信，比如说他们会和十字路口、交通灯、停车场以及其他的建筑进行沟通，这会给我们开启新的业务领域，会使我们的生活变得更加便利。

同时，在不久的将来我们就会看到无人驾驶车，这对于很多人来说听起来就像科幻小说一样，但是在我看来这毫无疑问。驾驶充满乐趣，但当碰到拥堵时，我们何不让汽车自主驾驶呢？这样，我们就会有更多时间和朋友联系、洽谈生意或者上网了。全球的各行各业都已经发现，车联网将是很好的发展趋势，自动驾驶车辆已经成为共同的愿景。在近期举行的北美国际消费类电子产品展览会当中，我们推出了自动驾驶这样的愿景。当然，这里有很多重大监管的安排，需要很多的法律法规实现愿景，但是毫无疑问，自动驾驶是一定会出现的。

其实，不少先进的自动驾驶技术当下已被运用到现有的车型里，当然前提是你买对了适合的品牌。这些技术可以实现自动巡航、与前车自动保持事先设定的距离，并自主进行驾驶、加速、减速、转弯，而且车辆在出现紧急事件时紧急停车。

我相信汽车工业最好的时代即将到来，那将是一个零排放、零事故，而且是永远在线的时代。中国是全球最大且最具活力的市场，中国汽车市场将会进入新常态，成为最好的市场，未来的成功将更多依赖我们是否有能力识别并捕捉新机会，看到新趋势，大部分企业家都做到了，我们现在在企业家论坛上，我们如果能够抓住全球机会和趋势，就能够取得成功。

中国的未来和以往一样是充满生机和活力的，前景非常光明。

楼市，黄金、白银还是黑铁

中国楼市的泡沫将破裂，还是会在更强大和密集的政策托市下反转？这是楼市利益参与方最渴望得到解答的问题。黄金时代已经结束？或还将延续？接下来是白银还是黑铁时代？对此没有答案，但必须不断辨析、求证。

在亚布力论坛第15届年会上，万通投资控股有限公司董事长冯仑、中国房地产业协会副会长任志强、美好置业集团股份有限公司董事长刘道明、上海长甲集团董事长赵长甲、苏州广大投资集团有限公司董事长朱昌宁、卓尔控股有限公司董事长阎志、天明集团董事长姜明、山屿海旅游发展股份有限公司董事长兼总裁熊雄以楼市为话题，展开了深入的讨论。北京首都创业集团有限公司董事长、亚布力论坛理事刘晓光主持了该场讨论。

刘晓光：针对2015年房地产政策环境的变化，大家有什么看法？有人说未来就是崩盘，泡沫破灭是很快的事；有人说地产还是有广阔的发展前景。

朱昌宁：我的公司参与了一些地产，比较倾向做商业旅游地产，把商业和地产进行结合。地产业当初那种捞块地盖个房子就赚钱的时代过去了，但也没有崩盘，而是要做得更精，要做大品牌。我觉得地产方面有三个趋向。

第一，前期更加注重金融，注重各种金融产品和地产的结合。比如说万科，当年冯总（冯仑）也希望用基金的模式把物业留下来，慢慢持有，这是大金融的概念。

第二，趋向转型做内容。地产原来只做一个壳。从人们的消费来讲，现在商场不像从前那么好做了，所以要注重内容。商场里50%、60%是吃吃喝喝，再加上休闲娱乐。内容的问题如何解决，这是地产商需要回答的。这是一个趋向。

第三，侧重物业服务。在物业上寻求增值服务，原来扔出去的东西现在要捡回来。我们现在在物业管理上做了三件事。其一，在物业房屋上增加智能化产品。在这一基础上增加服务，今天大的物业管理系统智能化是非常重要的。其二，和万科筹建物业管理学院。原来物业管理人员整体素质偏低。但物业管理服务不是那么简单的，而是管家式。我们有两个模式，短期培训和学历培训。短期培训是即刻上岗，这一点我国台湾地区做得很好，我们引进了他们的模式，和万科筹建物业管理学院，希望为地产商培养一些人才。其三，增值服务。我们最近在做便利店，与物业APP结合。每个小区设置一个50平方米的便利店，采用O2O（Online To Offline，线上到线下）形式，与每家每户建立联系，提供食品、做饭等个性化服务，结合了互联网的概念。

房地产黄金时代不在了，现在要慢慢做精细化工作。今天讲发展趋势，无非是说 2015 年我们该怎么办，甚至 2015 年以后又该如何。

刘晓光：朱总的意思是地产趋势坏不到哪里，也好不到哪里。

朱昌宁：北上广深还是火爆，我们苏州没涨没跌还可以，三四线城市日子比较难受。

刘晓光：小米向咱们渗透，咱们也要向他渗透。李克强总理讲："中国的现代化必然伴随着城镇化，中国地产刚性需求是长期的，调整也是正常的。"另外，他还讲到，中国小城镇每年会有 1 800 万人进城。周小川也讲了，要保持货币政策的稳定性。因为房地产市场不存在严重的全国性问题。陈政高也讲，2015 年房地产市场将仍然保持平稳运行，房地产业仍然是支柱性的行业。

冯仑：我不赞成黄金或白金的提法。这是什么意思呢？你说少女是黄金时代，柴静就不算黄金时代？过了青春期也算黄金时代，更老的秦怡 90 岁了，你说她不是黄金时代？关键是看你作为不作为，你不作为，青春期就"坐台"了，不是黄金时代。作为行业来说，地产始终是黄金时代，只是在不同生命周期做不同的事情。

从总量上来说，全国的住宅供应量的确已经饱和，到了转折的时期，过去快速开发销售的时期也已经结束，但是又开启了新时代。青春期结束了，长个子的时期结束了，剩下的是长脑子时代，择业时代、恋爱时代、要娃的时代都开始。如果只停留在长个时代，没有根本情况改变，只是对个人来说黄金时代结束了，但是对于有作为的企业来说黄金时代刚刚开始。

目前来说，GDP 过了 8 000 美元之后，住宅快速销售的黄金时代过去了。但是物业全面发展的时代开始了，全面时代包括商用、特殊物业，包括过去不注意的医疗健康、度假、教育、体育、养老等。再往上走，商业化金融时代更要开始。雷军讲的互联网和房地产结合创造新的服务形式和业态，美国有一家公司做了 5 年的房屋出租，市值便超过了万科。所以，这都是黄金时代。

从行业的角度来看，我们要了解行业的全生命周期，要了解每个阶段在哪应有所作为，在哪应该放弃什么。40 岁的女人比嫩没法比，要比智慧、担当，要比能说话，比会跑。不会改变，到了五六十岁还比嫩，总怀疑青春不在，日子真没法过。皮可以老，心却要嫩。这是我对整个行业的看法。

住宅领域我认为现在比较焦灼，需求方面拉动因素也有，抑制因素也有，所以比较难判断，包括房屋登记、遗产税等各种税的问题，这些税抑制了购买的积极性。而现在又降息，人口流动慢慢放宽，这些有利于房价上涨。所以，我认为现在是焦灼状态。有三个指标很容易判断：其一，经济发展水平。如果经济发展水平人均GDP过了8 000美元，要小心。其二，二手房交易量越来越大，超过一手房，变成1∶1之后，每天市场卖两套房，一套新房一套旧房的时候，要小心。其三，人口增量。机械性的人口增量没有时，要特别小心。

过去一年，地产商最大的一个变化就是不比嫩了，比智慧，比担当，比创新能力，房地产和其他业态都在进入全面的转型、升级、创新。现在，房价高遭大家抱怨，同时做工不够精细导致客户意见比较大。最近，我们在考察海外新兴理想城市，包括智慧城市和低碳城市。日本三井设计了一个理想城市，规划和我们的设想是一样的，100平方米1个人。三井的设计是270万平方米装26 000人。比较一下，我们是600万平方米建筑装6万人，大体上100平方米1个人，是这样的密度。最后比较下来，日本的土地在建造成本里只占15%，我们的建造成本占50%——一线城市在70%，二线城市在50%左右。建造一栋建筑，土地成本在澳大利亚墨尔本是12%，在日本东京边上一点大概是15%。另外看一下财务成本，我们的财务成本大概是10%以上，日本则是1%以下。

在日本也好，墨尔本也好，所有的土地是永久产权，可以在任何时间进行开发，购买土地付款也有回旋的余地，5年或者10年付清都可以。而我们的所有权则是70年，2年不卖房不开发会被国家收回，而且还要罚款。这些因素不是开发商可以改变的，并且导致了我们现在的房价过高，而且行为短期化，因为不短期化开发商便没有盈利空间。同时，房屋的质量变差，老百姓的抱怨也就多了。

任志强："黄金、白银、黑铁"不仅仅是产业政策问题，意思是"中国经济彻底完了"——经济越差，房地产发展越好；经济越好，房地产发展越差。新中国成立以来，基本建设是政府调控经济好和坏的工具。中国现在已经进入连续降息降准的通道。美国涨息不是涨一次就停掉，可能是涨一次、两次或者三次，一直涨到经济运行到合理的程度，中国现在也是这样，不是说降一次就行，2008年、2009年也是连续降了好几次。

中国政府现在要回归正常状态，首先要把当初4万亿元投资产生的压力问题解决，比如说限购政策、限贷政策以及降准问题和降息问题等，解决完才属于恢复常态，现在还没有做到。

产业问题分为两部分。第一，一二手房的转换问题。这叫作完整的房地产概念，但是现在媒体和老百姓只把一手房称为房地产。就产业来说，一手房二手房总量加起来才是房地产。产业过程不能搞错，产业过程后面可能还是黄金。第二，房地产税。为了出台房地产税，我们向国外取经，找了4个国家，结果他们都是土地私有制国家，于是又找了两个土地公有制国家。研究后发现，还是不能用公有制办法解决私有制的房产税问题，土地是共有的，想把土地私有化还为时尚早，房地产和税收没什么关系。一换房产证产权就没了，新的房产证写的是年限，没有写产权。现在看来，想出台房产税，"没门"。

物业税我们也讨论了很多年。不懂行的人总是说，不动产登记就要交税，但不动产登记和交税没有关系，很多老百姓不懂这个问题。不申报就不登记，主动申请才登记，私人的东西愿意登记就登记，不愿意登记就不登记。前提条件是不登记的不受法律保护，这个问题不要搞错了。比如说，个人没登记，不等于房子没产权。比如盖一个小区，里面有10栋楼，先把房产登记给了开发商A，其中一栋房子的买家交了契约税才能获得房产证，不交契约税没有房产证，房子名永远是A。

刘晓光总结李克强总理的讲话时说，刚性需求是长期的。我个人认为，除了刚性需求以外，改善性需求刚刚开始。当GDP达到2万美元时，现在的房子还能住吗？肯定要拆了重来，没有人愿意继续住在原来的房子里了。现在我们是200亿平方米的住房（不算共建和其他），要满足75%的人口的住房需求最少需要400亿平方米。以后的房子人均可能是90平方米，按照这样的标准计算，我们至少需要800亿平方米的住房。按照一年2.5%的折旧率计算，折旧每年最少是20亿平方米。美国户均254平方米，人均95.5平方米，但是计算方式上把户数面积也算上了，概念不对。一年20亿平方米的折旧，20亿平方米如果按3年完工计算，应该是每年6万多亿平方米。但参考我们现在一年的竣工量，就会发现远未达到应有的标准，这怎么就叫黑铁呢？离白银都还有距离。

我们现在的问题是政策不合理，这导致一些地区的房屋过剩，另一些地区的房屋严重不足。三四线城市是正增长，一二线城市是负增长，但是三四线城市空置了。比如说，刘晓光的户口在那边，你要买房子，不在户口所在地购买，那么保险和户籍就没有了，因此是户籍制度导致了我们和国际不能通行。因为我们特殊的情况，人在移动过程中不能和房子分离。最终还是要回去，父母都在那，搬不走，所以导致大量浪费和空置的结果。中国房地产在城市率没有达到一定的标准之前是无法快速发展的，有吸引力的城市不断增加，没有吸引力的城市房子可能就会多一点，比如鄂尔多斯。我们总理和央行行长很有信心，如果市场不行了，他们一定会出台办法，这也就表示，他们把原来已经出台的限制性政策、破坏性政策缩回去，恢复到十八届三中全会说的让市场决定资源配置和让市场决定价格，这时市场化才能真正完整出现。当然，现在还有很长的距离。

阎志：无论什么时代，面对怎样的变化，房地产的核心是做好房子。雷军讲，无论用什么样的互联网思维，如果能做到极致的房子，它一定是有需求的。刚需肯定是客观存在，随着收入的提高、生活质量的提高，改善性需求肯定也是非常大。房地产公司在任何时代都要把房子做好，把服务做好。另外，现在的时代需求呈现出多元化，房地产市场不再只是买住宅，对住宅的形式，以及商铺、旅游地产、养老地产等都有了多样的需求，这就带来了产品的多元和回报的多元。

我觉得2015年政策环境会向好——无论是出于经济环境要求，还是各地财政要求，以及产业带动的要求，会进入降息的周期，限购、限贷会慢慢放松。对于消费者来讲，地产趋势会是平稳的。投资渠道多了，很多回报高于房地产的回报，所以现在投资性房地产需求大大降低了，而主要是依靠刚需和改善性的需求。

刘道明： 房价总的趋势不会降，但是性价比会越来越高。我的注意力不在房价上，而是在于如何将房地产从过去的机会型转向经济型。过去是找机会，现在是把服务做好。开发商不要关注房价，只要把产品做好，任何时候都有机会。

从2014年开始，我们做了两个转型：第一是价值观转型。过去房地产公司是甲方，合作双方是甲乙博弈的关系。现在价值观转型，变为分工合作、协同共享。第二，通过价值观的转型又做了开发模式的转型，现在转为集成美好生活，从开发商转为集成美好生活的开发商。房子不仅是睡觉的场所，更多是一种生活，我们重点考虑如何让大家住在我的房子里，同时满足他们对物质生活和精神生活的需求。

现在我把施工包给中间商，那么我做什么呢？第一，产品标准化。第二，生活供应及服务。我们更多地在做管理上的三位一体：投标，就是拿地找地；产品，我们只做设计；服务。总体而言，现在我们更加注重后期服务。

我们把物业模块化了，相当于认证一样，如有商业想进入小区，那我们一定要找物美价廉，而不是随随便便可以进入。通过朋友圈，我们把社区里拥有共同爱好的人圈到一块。在我的理想中，几个朋友圈分别是小孩、老人的乐园以及奋斗人的港湾，这是我对未来社区美好生活的集成，这是我的诠释。

做这个事时，我感觉很有意思，刚开始做价值观改革时很不容易，把权力交给客户。我现在跟大家说我不是你的老板，客户是我们的老板，满足了客户的需求，我们就成功了。客户需要什么，什么就是我们的奋斗目标。就像习近平主席所说，人民群众对美好生活的向往就是我们的奋斗目标。我现在没有任何的权力，没有什么文件需要我审批了。

刘晓光：万科有点意思，实行项目跟投后，项目5分钟就能批下来。我们的项目也有跟投，但只有1%，可即使只有这1%，他们也会紧盯着这个项目。

刘道明：我们的管理层也参与跟投，合作方和客户也直接跟投。我准备拿30%~40%的股份出来，只要他们愿意要。在与中间商合作的时候，我们要求他们必须跟投。

刘晓光：机构跟投不重要，管理人员跟投才重要。

姜明：我补充一点。一新三分，三有一平。房地产也是新常态，三分是类型不同，是开发类还是物业类还是金融类。另外是产品的创新不同，区域的不同会有很大的分化。根据三个不同，有的企业会继续享受黄金，有的是白银，有的成为了黑铁，这是我的观点。至于刚才主持人说，未来政策的经济环境和2015年的趋势，用一平形容。概括起来是一新、三分、三有、一平，谢谢。

熊雄：冯仑老师的《野蛮生长》《理想丰满》我都看过，我跟他的观点比较相似。浙江人均收入位居全国第四，除杭州以外，其他各个地级市、县级市的房地产行业都有很大的问题，房子卖不动。我们公司主要是做旅游、养老地产，在上海周边做了一点养老地产。如果将房地产市场细分，医疗、度假、养老都存在刚需。比如养老，我们专门针对空巢老人推出了一项公益服务，他们面临的真正问题不是缺钱，而是精神空虚。关于2015年的国家政策，我认为从国家层面来说，对房地产会是不闻不问，没有打压，但是也不支持。

赵长甲：我在这里说三个问题。

第一，从大的方面讲，和以前相比，房地产市场有很大的变化，这不可否认。房地产市场以前是卖方市场，现在转为了买方市场，这和房产的新常态有直接关系。

第二，房地产企业应该如何应对这个新常态？应该谨慎，需要研究未来的经济形势。但这一形势会倒逼房产企业把产品做好，房地产企业需要做大量的调研，做对路的产品。

第三，营销上需要有颠覆性的东西。现在要关注用户，用户至上，一切要为用户着想。

作为房产企业，我们需要与时俱进。时代在发展，房产行业跟国家政治、经济形势连接非常紧密，国家的经济形势有变化，房产也应该随之而变。怎么变呢？我的理解是，转型和创新。另外，要寻找新的利润增长点，要坚守主业，骑马找马，还有就是骑马找羊，比如旅游地产、养老地产、健康地产，同时也要关注新的城镇化机会。现在转型不是很容易的事情，国家转型和企业转型都很难。

【互动环节】

李亦非：我一直不相信房地产商说的话，总觉得他们说这些话是为了卖房子。所以，我先问一个问题，现在中国的房子供应量与刚需相比，究竟是多了还是少了？我感觉，现在的刚性需求不太多。第二个问题，中国房地产商的利润率是多少？第三个问题，国外很多国家建造的房屋都是精装修，很多东西都是标准化操作。但反观我国的情况，北京很多新的楼盘有两个电梯，一个电梯是正常电梯，一个电梯永远铺着木板，用于装修时的货运。这样，我很有可能在一个"工地"上住10年,每天到处都是灰尘,噪音也不断。未来,中国的房地产行业能否也标准化?

任志强: 这个问题简单得很,为什么开发商不做精装修?两个原因:第一,政府严格管制价格。精装修后的价格有可能政府不批准,为了保险起见,开发商只能不装修。我们也在拼命推广环保,希望减少垃圾,但前提条件是价格能有相应的提高,因为环保材料的价格相对来说更高一些。第二,通常一个新小区的装修时间在3年左右,因为有的人买完房就没钱了,要挣几年钱才能装修。美国的所有房子装修好之前不能卖,有质量问题的房子不能卖,甚至卖的时候,卖家会告诉你哪里有漏洞,这是必须要告诉买家的,否则就是违约。

关于你说的这个问题,二手房交易是一个很好的解决方法,但可惜每个人的审美差异太大,即使买了二手房,买家还是要重新装修。另外,中国还有一个很不好的问题,房地产业营业税要改成增值税,未改之前,精装修能享受一定的减免税额,所以精装修和非精装修之间在交税上又出现了差异。比如,购买抽油机时要交5%的税,施工时也要交5%,精装修后房价里又加5%,再加上契约税,17点多的税没有了,所以老百姓尽可能自己装修房子。你有钱,所以想别人来装修;我穷,没办法,只能自己装修。所以,中低档房子一定是毛坯房,精装修的房子基本上卖不出去,因为税提高了好多个点。而且自己装修如果能找到二道贩子,或者是亲戚朋友,那装修就不会花很多钱。各家各户的需求不一样。中国非市场化现行政策逼得我们不得不这样去做,我们总不能明看着要撞墙,还是头也不回地往墙上撞。

关于你提的第二个问题,国家正式公布的2004年经济普查报告显示,开发商销售利润率5.6%。2014年也做了经济普查,但是没公布这个数据,我估计在8%左右。170家上市公司的平均销售利润率大概是8.8%～8.9%。增值税是30%～60%,假定100块钱的利润,增值税是60,企业所得税是20,那么80块就没了,所以开发商一般会将利润控制在不交60%所得税的情况下。

供需关系要按城镇化需求来看。社会上需要多少房子?我们假定50%,两人一户计算,1 300人需要700套房子。我们现在生产了多少房子?开发商每年竣工10亿平方米左右,其中住宅8亿平方米左右,770万到790万套房子,这里不包含政府的保障性住房,这才刚好能满足市场的需求,但是城镇化不是所有人都会买房。我们每年要拆除2.6亿平方米，补贴3亿平方米左右，基本上是平衡的。原来有房子的人，家庭不能分裂，不能再买一套，那么儿子、女儿结婚，新增的市场现有情况满足不了怎么办？其中一部分用二手房解决。现在平均起来，一手房与二手房的比例在宁波是1.9∶1，北京是0.9∶1，有时北京会超过1.2∶1，大部分二手房低于一手房，像乌鲁木齐是零点几比一。

除城镇化过程外还有一部分新增住房，是什么呢？如我们公司在五六个城市有分支机构，从北京派过去的员工都会给予住房补贴，住房补贴的目的本来是为了解决租房问题，但是最后所有人都把它变成了买房子的月供。这样的话，被派出去的人一般都有两三套房子。不算常住人口，北京有800万～900万人是这么进城的，很多媒体都在北京设点，像《第一财经》在北京有将近400人，没户口买不了房，需要租房。如果租房子也算在需求里，那么我们的新房是不够的。当然，地区之间的差别很大，有的地区富裕，有的地区严重不足。全国是不平衡的，各个城市也是不平衡的。比如，东北人跑到海南，那么东北的房子就空出来了。

总体而言，我们总的供求关系还是不平衡，是供小于求，还没有到供完全大于求的情况。按照日本、美国的标准，基本上一户家庭有1.1∶1.2套房子，我们现在全国平均起来，含非成套住宅合并计算，一户家庭与房间套数的比例大概是1∶1.01，这里包括我说的在三四线城市空着的房子。人在非户口地工作买房，户口地也买房，给他算一户，实际上是两户，因为一套在家，一套是在工作地，这样算起来相当于只有0.78。另外，还有一些房子没有厨房、自来水等，这些房子有28%，没手续的还不算在内。

电影业的未来

中国的文化产业站在一个新的十字路口。新技术的出现以及国家对文化产业的助力推动将带来这一领域的深刻变革。新文化的苗子几乎已经在各个领域涌现，它们如何更优培育？如何更快产业化？它们又如何从既有的商业模式中吸取营养和教训？

在2015年亚布力年会上，华谊兄弟传媒股份有限公司董事长兼CEO王中军、博纳影业集团总裁于冬、阿里巴巴影业集团总裁兼执行董事张强就这些问题进行了深入交流与探讨。嘉德投资控股有限公司董事总裁寇勤主持了该场讨论。

寇勤：我们小的时候，中国电影业才刚刚起步，片子很少，条件也很简陋，但是经过几十年的发展，中国电影业已经处于全新的状态。我从事艺术品拍卖，对这些年中国艺术品拍卖成交额和电影业电影票房收入的变化做一下比较：2010年，电影票房收入是100亿元左右，艺术品拍卖成交额将近400亿元；2011年，

电影票房收入为130多亿元，艺术品拍卖成交额达到500多亿元，是最疯狂的时候；2012年，电影票房收入是170多亿元，艺术品拍卖成交额不到300亿元；2013年，电影票房收入增长到22个亿元，艺术品拍卖成交额是350亿元；2014年，电影票房收入更是达到了300亿元左右，但艺术品拍卖成交额可能还不到300亿元。中国电影业的发展呈现出良好的势头。

王中军： 我从开始做电影到现在，大概拍了100部电影。印象中，2014年这个数字才到80左右，仅一年时间，这个数量就增加了近20。以前我们一年拍四五部电影，但2015年我们预计发行18部电影，成长速度非常快。我刚进电影行业的时候，中国电影票房大概有10亿元，2014年已经达到了300亿元，这个数字变化非常大。华谊也经历着这样的变化，过去几千万票房收入就能成为票房冠军，现在票房如果不能超过10亿元根本就不能成为票房冠军。比如《手机》这部电影，估计大部分人都知道或者看过这部电影，但实际上它只有5 300万元票房收入，是当时的票房冠军，如果放在今天，可能就会是8亿元、10亿元票房收入。我们这些人运气都比较好，顺应整个行业的迅速发展而把各自的公司发展了起来。虽然如此，但从华谊的盈利能力来看，这五六年的飞速发展也超出了我的想象。2009年华谊在中国创业板上市，当时只有6 800万元税后净利润；但2014年华谊兄弟娱乐板块的税后净利润就达到了8.9亿元，5年翻了13倍左右，

这只有在中国才会出现。

这些都证明，中国电影业确实进入了高速发展的时代，2018年我觉得中国会成为全球最大的票房市场。但即使是这样，我们跟美国电影工业相比，也还是有巨大的距离。现在我们都将目光集中在我们的强项，罗列的数据也来自强项，而不提我们的弱项，因为我们知道这些弱项都无法与其他国家相抗衡。美国的电影工业呈综合性发展，其在全球的票房收入已经超过了美国本土的票房收入；而中国电影公司在全球的票房收入估计不到整个票房收入的10%，大部分票房收入都来自家乡市场。这样的情况下，中国的电影公司无法与美国大的综合媒体公司相比，比如迪斯尼、华纳。很多年来，迪斯尼的电影产值都在50亿美元左右，它成长最快的部分还是新媒体，其次是主题公园。2014年迪斯尼主题公园的收益已经达到了160亿美元，是电影收入的3倍。

但是美国专业的电影公司比我们难得多，如梦工厂、狮门、传奇，他们的日子比我们难过得多，很多都是今年赚明年赔。这就使中国电影公司与美国专业电影公司在市值上拉开了距离，实际上我们已经超过了美国专业电影公司的市值，虽然跟大的综合媒体公司来比还有较大的距离，但是我觉得距离就是空间。有时候我在想，是否有一天我们能赶超美国大的综合媒体公司？无论这一天是在我们的任期内，还是我们的下一任。

当然，现在中国的电影市场还比较混乱，门槛特别低，只要有几百万资金，任何一个人都可以拍电影，至于是否有人愿意观看就无法预料了。这也是电影业最大的好处，即百分之百市场化，没有一点人为因素，无法靠市场之外的办法来操作电影盈利。所以，电影排片完全是依靠团队、品牌和营销，如果口碑稍微差一点，排片第二天就可能会降下来，但是即使排片差，如果观众买账也可以。导演不用想别的，只要想如何拍出更好的电影。但是这个好没有标准，处于精神层面。我觉得电影特别像酒，很难让每个人都觉得这种酒好喝，因为每个人的欣赏水平不一样。特别是这几年，观众飘忽游离的状态非常强，在上映之前，我们根本不知道哪部电影会超级好。挨骂的电影票房非常好，自己很感动的电影却卖不动，这是完全有可能发生的事情。

中国电影市场的假象就是看着票房非常高，但是赚钱的电影比例非常低，真实的情况是，只有20%的电影赚钱。即使以前赚了很多钱，如果一部电影没拍好，就可能把之前赚的钱全赔光了。现在华谊兄弟正努力加强自己对电影周边产品的延续能力，从而增强盈利能力，这两年华谊的盈利能力也确实在提高。现在，华谊每个板块的利润都超过了上市之前的总体利润，明星经纪这一块已经有7 000万元税后净利润。虽然有大量一线明星离开，但是这个市场在高速成长，出现了很多新人。当然，这些新人的成名和原来的明星成名完全不一样，90后可能会理解，但我已经不能理解为什么他们会这么红。如李冰冰、范冰冰，她们的成名有一个过程，出演电视剧的片酬也是从几十万开始，经历了一个从几十万到几百万、上千万的跨度。但现在的明星完全是互联网明星，被人推荐出演某一部戏的男主角，在此之前他并没有演过戏，但他们就这样红了，如吴亦凡、鹿晗、李易峰。这就是时代的变化，明星不是非要靠拍一部电影走红，而是可以用各种方式。

电影也是如此。前一段时间，对于综艺大电影《奔跑吧兄弟》的批评比较多，主要是华谊的一些导演认为这部片子拍的周期太短，我也不跟导演去争论这些问题。这部戏确实只拍了几天，花了3 000万元，获得了上亿元的票房。但每部电影的角度不一样，这部电影有电视节目来支撑，有郑凯、陈赫、邓超在支撑，这对华谊来讲是经纪公司的新盈利模式。至于这是否代表电影的主流，我认为肯定不能，未来华谊是否还会拍这样的电影我也不知道。

但我知道，未来电影票房肯定会高速成长，而电影公司是否能继续在电影上赚这么多钱，我持怀疑的态度。因为现在中国的电影公司非常多，A股市场上和影视相关的上市公司就有二三十家，而中国票房才几百亿元，片方才收回来140亿元，大部分被美国片方拿走了。这么多家上市公司分割这么一点票房，那么我们用什么来支撑未来都是几百亿元市值的公司？从资本市场的角度考察电影公司影视板块的时候，考察的只能是它的品牌建设能力，而不可能是综合盈利能力。所以，现在华谊将影视娱乐作为自己的旗帜性产品，但它的利益诉求已经大大下降了。

好多年前王中磊就说累，因为既要赚名，又要赚钱。我对他说，期待着你有一天可以不赚钱，只赚名。但是这一天离我们还比较远，这一天就是华谊完全能依靠电影的知识产权、品牌来发展。今天华谊的品牌建设，我觉得是因为十几年来华谊确实拍了很多好看的电影，比如《手机》《寻枪》《可可西里》《集结号》《唐山大地震》等。电影公司也不是一天造就的，需要时间，也需要老板、团队对电影的超级热爱，对电影具有即使不赚钱也敢拍的情怀。

对于中国电影业未来的发展，我觉得未来三五年还是要坚持在下面几大业务板块。

第一，影视娱乐板块，涵盖电影、电视、音乐、明星经纪、电影院。

第二，互联网板块，明星走红方式的变化实际上就是互联网改变了世界，改变了所有的商业模式。2014年我们做了一款QQ产品，跟明星互动，现在拥有了1.3亿用户。这是营销平台，也是赚钱平台，所以，粉丝文化是互联网板块我们非常重视的一块业务。再一个是手机游戏。2010年华谊进入手机游戏行业，到2015年，我觉得手机游戏行业最好的3家公司都属于华谊：银瀚、掌趣、DOTA传奇。经过两年的爆发，2014年手机游戏市场规模就达到了200多亿元，而且手机游戏有60%～70%的毛利率，电影却连15%都做不到。互联网改变了所有做娱乐的人的思维。

第三，主题公园和电影小镇。我们已经在海南建立"冯小刚公社"，其在春节和元旦期间都是海南旅游第一名。电影就是有这样的魅力。

于冬：博纳最早是做电影发行起家，我经常说我们是吃百家饭的。我们发行了很多影视公司的电影，我都不记得我有多少个夜晚是数着票房进入梦乡的，几乎每个重要的节假日档期都会上映博纳发行的影片。博纳影业成立15年了，15年来，我们每一天、每一个周末都是以关注票房走势为主要工作，都在为电影市场而努力拼搏。我亲眼见证了中国电影产业从最艰难、最低迷的时期，成长为今天世界上的第二大电影市场。刚才中军说中国电影全年总票房在2018年将超过美国，其实这个月的中国电影总票房已经达到40亿元并且超过北美电影票房了。

这里指的北美电影总票房中不仅包括美国，还包括加拿大，所以我们2月份的单月总票房已经成为世界第一了。照这样的发展速度来看，在2018年之前，中国电影全年总票房能够超越美国电影全年总票房100亿美元，达到600亿元。马云先生更大胆地预测，未来10年内，中国年度综合产值应该达到2 000亿元。现在综合产值实际上已经接近1 000亿元了，因此，我对电影产业充满了信心。

让我们简单回顾一下中国电影发展的历程。中国电影产业发展的第一个10年是十分艰难的。1993年，我到北京电影制片厂实习，一年以后我留在了北影厂工作。我入行那一年正巧赶上电影行业的机制改革，电影行业经历了从计划经济向市场经济的转型。这个转型历经将近10年之久，在这期间，行业内探讨了一个问题，就是电影的商品属性问题。过去的电影一直是计划经济形态和意识形态下的特殊产品，因此对于探讨电影属性问题的过程是非常艰难的，也是中国电影从计划经济向市场经济转型时最阵痛、最艰难的时代。中国电影业最低迷的是1997年、1998年、1999年，这3年中国全年总票房在9亿元以下。1998年是电影业最低谷，全年总票房只有8.3亿元。在最低谷这一年上映了一部世界级大片——《泰坦尼克号》，这部戏在中国市场的票房为3.6亿元。如果当年没有《泰坦尼克号》这部影片，我们全年票房可能会低过7亿元。但是在那个艰难的时期，华谊兄弟拍摄了第一部贺岁电影《甲方乙方》，随后新华电影公司以及很多民营公司开始为中国商业电影开启了一道曙光。

中国电影产业发展的第二个10年是从2001年开始到2014年之间的12年。这12年是中国电影改革的12年，是破冰的12年，是中国电影行业政策开始逐渐放开、行业迅猛发展的12年。广电总局在2001年出台了几个标志性的文件，简单说就是允许独立出品电影。以往的著作权与著作权人都需要挂电影厂的厂标，版权必须归电影厂所有，现在允许民营公司独立出品电影。第一部独立出品的电影是徐静蕾的《我和爸爸》，这是一部小成本电影。这种政策上的放开使中国电影年产量从八九十部，在当年一下跃升为200部，产量增长了1倍。如今，中国电影年产量已经达到六七百部，已经成为与美国并列的世界第二大电影生产大国。我国在电影产量上已经远远超过了日本、法国、俄罗斯等国。日本电影年产量大概为四五百部，法国、俄罗斯的电影年产量为200多部。世界第一大电影生产国是印度，一年生产1 300部电影。

我国电影大银幕的数量也在迅猛增长，从2001年开始，国家允许私人建设电影院，允许独立组建私营院线公司。那一年，万达等一系列民营院线公司开始崛起。最近3年，中国电影市场每年新增5 000块银幕、60万张座椅。我们的银幕数量从2001年的1100块有效银幕（这1 100张银幕绝大部分是单厅剧场式、大礼堂式的陈旧电影院），到今天已达2.5万块银幕（这2.5万块银幕中，99.9%都是多厅的、豪华的现代电影城、数字化电影院），这就是银幕数量上显示出的硬指标变化。银幕数量的这种增长速度还会维持5～8年，每年维持四五千块的银幕增长速度。由于城镇化带来的当地社区型影院的建设，这种银幕数量的快速发展会在三四线城市尤为突出。美国目前拥有3.9万块银幕，中国目前拥有2.5万块银幕，预计3年内我们将超越美国而达到4万块银幕。未来，中国电影市场的目标是拥有6万块左右的银幕，人均拥有银幕数量的比例，从过去上百万人1块银幕，发展为5万人到10万人拥有1块银幕的比例，这个比例几乎接近美国主流电影市场的银幕配比。

总体来看，中国电影这10年的发展取得了辉煌的成就。我认为这些成就的得来归功于两点：第一是硬指标带来的影院银幕数量的增长；第二是数字化的低门槛，技术的发展使得发行、运营成本降低。

下一个10年，能给中国电影产业带来发展的是电影内容的进步与放开。电影产业的改革实行到今天仍有一个关键问题没能解决，就是分级制。电影产业发展到今天必须要对内容进行细分，对于如此庞大的观影人群，只用一个标准对电影进行审查并且还要做到老少皆宜，这实际上对电影的题材创作和内容创新产生了阻碍。因此，今天在亚布力这个平台，我再次呼吁中国电影的管理者和有关领导能够正视电影分级问题。我们可以由目前的一级制发展成二级制，然后再考虑三级制。我们可以先从限制级做起，规定14岁以下的观影者需陪同观看，随后逐渐向世界的三级并行的分级制靠拢。

  这个10年来，中国电影的内容创意、技术创新、科技含量及技术进步等方面都给中国电影产业提出了新的考验，我们的工业化水准仍有待提升，未来的中国电影将是能与好莱坞相媲美和对抗的中国式大片。在中国电影产业这10多年的发展过程中，我们耗费高额投资，从地产商手里拿到优质的商业地产建设电影院，我们的电影院装修水准已经超过北美，我们引进世界级的放映设备、优质的数字机、IMAX屏幕，各种技术标准都优先投放在中国市场，甚至这些设备厂商已经在中国建厂。我们的3D放映水准已经达到高度清晰，4K放映很快会普及和推广。中国电影产业的这些技术进步却为好莱坞西片建了一条高速跑道，现在好莱坞的西片直接进入中国高端的大银幕市场，而国产电影一上映基本上就被排在小银幕影厅放映，国产影片很难在IMAX厅放映。2014年博纳只有一部《白发魔女传》进入了IMAX厅放映，这还是由于进口片协调档期，我们捡了一个暑期档的空当才得以进入IMAX厅。因为IMAX厅的放映合约是与美国六大电影公司绑定的，如有美国电影则优先排映美国电影，美国电影放映两周之后才能排映其他电影。因此，IMAX厅一年52周只能放映20多部电影，这种预约的绑定方式挤压了中国电影在IMAX厅放映的空间。

  在这样一个前提下，中国电影现在面临的技术挑战是非常大的。现在业内存在很多投机行为，包括过分利用粉丝经济的综艺电影等，大家都不认真研究如何制作一部在技术上有突破的大戏。在电影制作水准方面，我们与美国电影相比已经输在了起跑线上。我们的电影一上映，就拱手把最大的、最赚钱的IMAX银幕让给了美国电影。到今天为止，我们最担忧的事情就是中国电影在技术上能否健康发展。中国没有工业电影，甚至都没能建立工业电影的体系。如果这个问题不能够引起国内电影公司足够的重视，不能令他们不断探索强有力的产品，那么未来，中国引进美国大片的比例只会上涨而不会下降，甚至连分账比例都会重新调整。

  中国本土电影公司需要一个发展的周期，我们的时间其实并不多。电影产业发展的拐点将会出现在中国电影市场与美国电影市场并列成为世界第一大市场时，那时的全年总票房将在600亿元之上。随着中美合拍、中国电影人与美国电影人的不断融合，我们的引进片配额将会放开，我们对于国产电影的保护周期将会减少。本土公司如果不能在3～5年内迅猛发展，不能拥有足够大的抵抗能力，很多本土公司在行业竞争中将会处于劣势。

2014年是互联网尤其是以BAT为首的三大巨头进入影视产业的元年。他们进入的方式是什么呢？是生态系统的改建，从众筹的融资方式，到在线售票、在线选座，再到互联网传播平台的推广，包括视频的拥有跟占领，已经形成了一个完整的行业闭环。这将会对中国电影产生怎样的变革？其实这半年来，市场上已经凸显了很多矛盾。以售票为例，在线选座把整个票价拉低，导致观众习惯了9.9元的票价，没有9.9元的票，观众就不买票进场了，传统的票价体系已经被完全颠覆了。如果电影票价走向免费，这又违背了互联网的初衷，互联网进入电影产业是由于电影可以收费。这之间会带来什么样的冲击？希望张强跟我们分享一下。

我认为互联网为影视公司带来了更多的发展机遇，我不认为互联网会为影视产业带来毁灭性的冲击。我记得阿里巴巴首席战略官曾鸣先生在长江商学院给我们讲过关于互联网的问题。最后他回答了一个很有意思的问题，他说互联网是工具，就像今天你是一代宗师，是武林高手。人家拿了一把枪，当你也会打枪的时候，又会在另外一个平台上竞争了。就像电话一样，当年需要派人跑800里传送消息，现在打个电话、拍个电报就可以了。毫无疑问的是，互联网同样是这样的工具，10年之后能够生存壮大的一定是互联网公司，因此，善于和互联网思维嫁接的影视公司会成长得很好。中国电影产业已经走到了关键时期，能够给中国本土公司成长的时间并不多，所以希望业内同行者都能做强、做大。机遇与挑战同时并存，到2018年，如果五大民营影视公司占据了中国电影票房80%的市场份额，那么五家公司基本上就垄断了80%的市场。如果到2018年，每家公司能够占领10%的市场份额，那么这意味着占领了全年总票房600亿元中的60亿元。2014年博纳的票房为30亿元，占领了1/10的票房份额。

我认为各行各业都应该聚焦中国电影产业的发展，因为中国电影产业极有可能发展成为世界前十的产业规模。对此，我们寄希望于电影产业政策的放开，不要捆住创作者的手脚，要松绑。另外，我们在技术手段、技术革命方面需要大量投入，加大技术学习人才的储备，通过全方位的进步来追赶美国电影产业。我们目前从放映技术来讲，已经完全赢过美国。对于美国的 3D 技术，我们用两年时间研发就能够追赶上。我们的下一个目标是追赶美国的高速 3D 技术，我们目前无法达到该技术，但是美国的高速 3D 电影上映后，我们两年之内就能追赶上来。电影《少年派》上映后，业内认为电影中的老虎做得太逼真了。结果我们用一年时间研究如何做老虎的特效，到《智取威虎山》上映后，大家看到了，我们电影中动态奔跑的老虎已经远远超过了美国电影中船上的老虎。

在这几年的快速成长中，中国电影越来越具备国际视野和国际竞争力。我们应该抓住这样的机会，争取在 2018 年占有自己独特的市场份额。

张强：华谊和博纳都是有着十几年辉煌历史的大公司，我们阿里影业刚成立半年，所以我们还没有资格谈历史、谈过去，我们就谈谈对未来的想象。这可能要分为两个层面进行：一是我们对中国电影的构想；二是阿里巴巴影业公司自己设计的构想。

我觉得，这几年中国电影业发展迅猛，刚才于总也提到，过去我们是单片票房超过美国，现在单月票房超过美国，用不了几年，我们会整年票房超过美国。但是实际上我们的观影人数很低，比如《变形金刚 4》，在中国有 20 亿元票房，但是观影人次只有 5 000 万左右。按照一年来计算，中国人均观影次数不到 1 次，而美国则超过 4 次。由此可见，我们还有巨大的增长空间，我们不说要达到美国的水平，如果我们的平均观影次数一年能达到 2 次，这对中国电影业来说都是一个巨大的发展。这一目标不是没有实现的可能，人们收入越来越高，近几年各种物价都在上涨，但是电影票票价在不断下降，所以我相信观影人次还会迅猛增长。马云曾经有一个预言，未来中国电影市场能达到 2 000 亿元，票房收入可以达到 700 亿元左右。对美国电影公司来说，美国本土票房只占其总收入的 30%，而中国本土票房却占了中国电影公司制片方收入的 90%。从这一块来看，我们有巨大的增长空间。

但同时，我们也面临很多问题。中国有着全世界最年轻的观众群，我们做过一个初步的调查，我国主力观众的年龄在 21 岁左右，是"85 后"、"90 后"，甚至"95 后"，可是一线工作的主力导演们的平均年龄可能是全世界最老的。这些数据可以解释中国很多奇怪的现象，包括前面说到的综艺电影和类似于《小时代》这样的电影，它们饱受争议，但是又能获得很高的票房；一些口碑很高的艺术电影，却遭受了票房滑铁卢。这些都在于观众与导演之间的巨大年龄差异。我觉得这也可以解释为什么《变形金刚 4》在中国的票房会超过美国，因为中国年青一代的观众都是看漫画长大，玩着游戏长大，在互联网里长大，他们的审美完全是另外一个时代的审美，他们对这种游戏的、漫画的电影非常感兴趣，甚至超过了美国观众的兴趣。所以我认为，未来中国电影在互联网化和年轻化方面可能会走在世界的前列，甚至超过北美。

虽然美国好莱坞电影有全球市场，但是我相信，除依托本土巨大的市场之外，未来的中国电影业也会对整个东方人口市场形成更大的覆盖力，这个市场不可小看。在影视业，过去美国有八大公司，现在缩小到六大公司，我相信中国未来的影视大公司也肯定不止那么四五家，可能会出现十大公司，十二大公司，十五大公司，他们投资兼发行，谁也不能垄断这个市场。

那么阿里巴巴为什么要成立电影公司？这是基于马云对阿里巴巴集团投资的战略性考虑。他认为，中国人在实现小康、温饱以后，口袋里越来越有钱，这样的情况下，大家会越来越关心自己的健康，越来越关心精神的娱乐。所以，未来阿里巴巴集团主要的战略投资方向有两个：一是健康，二是娱乐。作为娱乐大格局下的一个棋子，阿里巴巴影业公司的主要任务就是在娱乐、影视上开拓。更具体一点来说，阿里巴巴是互联网公司，阿里巴巴影业的一个重要使命就是用互联网方法、互联网手段去改良影视行业。

我觉得互联网就是一个工具，我们的想法是用这样一个工具更好地提升中国观众的用户体验，这也是我们的终极目标。从用户体验来看，阿里也有淘宝电影，依托支付宝可以在网络上订票、付费，还可以获得折扣及其他多元化的会员服务，但这是最低层面的。虽然现在我国国产电影的票房非常红火，但实际上网上有大量的吐槽，观众对国产电影还有很多不满，而这些都是我们未来要努力的方向。我们的目标就是满足他们的用户体验，这是我们跟传统电影公司不一样的地方，我们绝对会把观众的用户体验放在第一位，观众的希望就是我们的方向，观众的判断、观众的评价就是我们的标准。

那么中国观众希望看什么东西呢？首先在题材上，我们认为中国电影在满足年轻观众需求方面做得很不够，这也是《小时代》这么火的原因。《小时代》就是我做的，从买版权到请郭敬明做导演，当时我还在中影。其实我个人也不喜欢这部电影，买小说版权的时候我一个字都没看，如果看了的话，我可能就不做了，因为我知道这本书肯定不是我们这一代人喜欢的。但是我看到，它的数据非常好，是一个超级IP。我们买了小说版权之后邀请了很多导演，但他们都拒绝了，认为这本小说没法拍。实在没办法了，我们只好请郭敬明自己拍。电影上映后，它一方面获得了很高的票房，但也收到了很多争议。一些人狂热追捧，一些人把它骂得一塌糊涂。这里我们先不评价电影的好坏，而只是为了说明一个现象，中国年轻观众处在一个饥渴状态。未来，观众年轻化是非常重要的现象，而且我们主张以畅销的IP为核心，我们会高度重视IP。最近的《狼图腾》是10年前买的版权，阿里也参与了，主要是以中影为主导，这也是一部超级IP的电影。能火的IP全部来自互联网，没有例外，它是一种典型的互联网文化。

其实，过去被主流文学家鄙视的网络文学早就成为电影创作的主流，而且中国的网络文学创作绝对是世界第一，其他国家都没法跟我们比，包括美国。中国的网络文学创造了天才级的作家，诞生了非常优秀的故事和作品，是我们的一大宝库。我认为，未来中国电影能够在世界上占有一席之地的最重要的一个原因，就是网络文学及作品，它比别的东西都重要。

我也非常赞同于总说的技术问题。现在中国的电影技术还处在初级阶段，而中国的年轻观众最喜欢的还是奇幻类电影，它们充分体现了大电影的特点，在大屏幕上可以看到视觉的奇观。我们要拍《三生三世十里桃花》，这也是非常受追捧的一个超级 IP，拍这样的电影我们非常有信心，一定会有非常好的票房。所以在技术方面，我们肯定希望走国际化融合的趋势，从整合全球资源的角度跟国际化大公司合作，以引进人才、引进技术的方式展开合作。

再就是国际化。国际化也是未来我们的一个重要方面，《狼图腾》的拍摄，我们用了中国 IP 和法国导演，从目前来看，口碑很好，票房也不错。下一步我们会坚持走国际化路线，可能不一定是中国 IP，我们会在全世界寻找 IP，最近我们也在购买国外 IP。在全球的格局下，我们将国外 IP、国外导演、中国演员、中国市场、国外技术进行深度的融合，这也是未来我们做电影的方向。

除此之外，阿里巴巴更看重商业模式的创新。我们现在做两件事。第一，淘宝电影，我们在全国范围内做淘宝电影的线上售票。依托支付宝的用户基础，我们在全国建立了一个线上加线下的营销团队，这样一种营销模式会把淘宝电影精确推送给每一个电影院周边 3 千米之内的支付宝用户。通过这样的数据联动，我们一方面可以做精确推送，另一方面也可以与用户做深入交流。我们特别看重这种交流，因为通过交流，我们知道用户到底要什么，喜欢看什么电影，不喜欢什么电影，包括对演员的看法，对导演的看法。我们希望利用这样一种互联网的便捷工具和交流方式，尽快得到一手数据，少犯决策性错误。它不仅是卖票系统，更多的是跟观众沟通的体系。通过这个体系，我们希望未来的电影决策和制作不是由我们几个制片人、高管坐在办公室拍脑袋来决定，而一定是依托大数据的分析来做出决策。

第二，要做电商模式。我们认为电商模式是解决电影，包括电视剧后衍生产品的最佳方案。中国电影后产品一直没有做起来，2015 年开始我们要为全国所有电影院免费建立这样一个电商平台，我们鼓励各个制片方在电影里发展他们的后产品。我们希望可以做到，如果观众在电影里看到一个喜欢的玩具，或者喜欢的一件东西，在看完电影后，他就可以通过手机轻松下单、付费购买。这里，电影院能分账，制片方也能分账，这个利润是以前完全没有的。另外，我们也在发展针对电视剧的类似电商，将来电视剧也可能成为一个卖东西的平台。前段时间东方卫视播出的《何以笙箫默》就是跟天猫电商合作，引起了消费者的高度关注。未来，电商将无处不在，不仅仅在淘宝、天猫上，人们通过看电视剧、看电影也可以买东西，这是我们未来的构想。

【互动环节】

寇勤：我先问于总一个问题，我曾经看过电影《白鹿原》，它的小说我也看过，但电影里有很多地方与原著接不上。我问朋友，这是不是导演刻意的，有朋友说不是导演刻意的，而是有人刻意的。您刚才提到了中国的电影审查制度，也讲了对分级制度的看法，审查制度对中国电影业发展的影响到底有多大？

于冬：我有幸看过《白鹿原》的导演版，至少有3个小时，比较长。这确实是一部拍得很好的戏，应该说是王全安导演用他第六代的视角对《白鹿原》做了最好的诠释。但是这部戏最终审查遇到了两个问题：政治问题和情色问题。现在我国对电影没有一个基本的审查立法，所以就会有紧有松，稍微松一点的时候，电影内容就可以往前拱一点。社会上对这一点也经常会发出批评的声音，我个人认为中国对电影的审查局面并不比10年前好很多，但是电影业一直在努力。

中国电影行业取得今天的成就，也跟所有电影人的努力分不开，其中也包括作品在审查遇到问题时的努力。最近这么多年，我们没有看见过直接被枪毙的电影，都是在有限的体制内去修改，尽可能通过领导审查，也不让媒体觉得这是一个特别大的问题，观众也觉得还可以接受，我们就是在这个对付当中解决现有的问题。最明显的一部电影是《一步之遥》，姜文导演怎么会拍出烂片呢？他肯定是好导演，在这部电影里也肯定有各种想法，但是这些想法不一定都能够实现。但是如果把《一步之遥》枪毙了，这可能会带来电影产业大规模的倒退。集合这么多明星的热点电影，先不说拍摄花了多少钱，起码它造成了社会热点，直接枪毙会令很多投资方对电影投资丧失信心。好不容易营造的电影业投资环境，也不能因为一部电影的枪毙而瞬间瓦解。这都是今天中国电影产业往前发展中遇到的问题，我们一定要正视。

解决这个问题，我们现在面临的困境是没有一个强有力的力量来推进这件事情。近十几年来，电影行业的改革都是在解决皮毛问题，或者可以说，电影行业能改革的地方都已经改完了，不能改的地方就需要深海破冰。那么应该怎么做？那就是我们不能再回避这个问题了，分级制的推出已经到了关键阶段。比如这次春节档上映的《钟馗》，小孩子看就不太合适，里面不仅有恐怖的画面，还有做爱的场景，不过没有漏点，在尺度之内。但这些内容观众在进场之前都不可能知道，所以就需要通过分级制来提醒。

寇勤：不露点就是在尺度之内，不过《武媚娘》这部电视剧却要求将画面截在胸部以上。

于冬：和电视剧相比，电影还没有这么大的影响，因为电影是面向有限的收费人群，而电视剧面向全国人民，影响力比较大，所以要求会更严格一点。

寇勤：谣传在对电影进行修改的时候，王总曾经跟冯小刚有过冲突。冯小刚导演说这个不能改，改了就不干了。你的意思是，在中国市场上，有些事情还得凑合。是不是有这么回事？这其实也是审查制度带来的问题。

王中军：跟小刚合作拍了几十部电影了，这不是我们俩的分歧。电影局提出一些意见，艺术家会觉得这些意见对他的作品有很大的影响，进而耍点艺术家脾气。艺术家可以耍脾气，企业家却没有办法耍脾气。我觉得，不发脾气就不是艺术家了，但是我们只能忍。电影是商品，主管部门提出意见以后，我们没法耍脾气，我们要根据标准去努力做工作，努力去谈，去解释，当然最后的决定权还是在主管部门。就像刚才于冬说的，当社会对一部电影的期待非常高的时候，主管部门也很困难。现在一部电影拍的时候几乎就想算好了档期，都是半年的营销，几乎所有有兴趣的观众都知道了。如果最后这部电影没有上映，观众肯定会问原因，被毙了，那这个问题就大了。

寇勤：刚才提到分级问题，请问张总，如果您做主管部门的领导，您会把《色戒》分到哪一级？我问这个问题，主要是想让大家知道你们所倡导的分级制采用的究竟是一个什么样的标准。

张强：在美国，《色戒》这种电影应该放在二级，17岁以下不能观看。今天习近平总书记提倡"四个全面"的时候，其中有一条是依法治国，那么电影业也应该有一部审查法。至于怎么审，可以公开透明。

王中军：对分级制的呼吁已经有15年了。

李亦非：前不久我带儿子看《心花路放》，看完后我问儿子的感受，他说是垃圾。我当时的感受确实像于总讲的一样，这怎么没有分级？如果有分级，我就不会带儿子去看了。我想问一下于总，对电影进行分级的最大障碍是什么？有关主管部门迟迟不出台相关法规的原因是什么？按理说，分级是一件挺容易的事。

于冬：其实，分级制实施的障碍更重要的还是在内容上。这么多年来，我们官方一直提倡"三性"统一。所谓"三性"，就是思想性、艺术性、娱乐性。此外，还要提倡"三贴近"，贴近实际、贴近生活、贴近老百姓。这是党的一贯的文艺指导方针，从延安文艺座谈会一直沿袭到了现在。分级制是这几年电影产业发生革命性变化，或者是市场化所带来的新课题，不要把它归咎于历史，因为中国历史上的电影都是老少皆宜的电影，8～80岁都可以看。今天我们重提分级制，实际上更多的是希望能让我们的创作类型更放开一些，我们依然不能拍有关政治的问题，有关鬼的问题，但是我们可以在体制内，在类型化上有更多的突破。所以，我们不要想先分三级，我们先把暴力级、限制级规定下来，要一步步走。

提问：刚才各位讲的是拍大电影，我想问一下有没有机构投资，或者搭建一个平台，让青年导演把电影传到网上，观众点播，然后分红？

张强：我们正在做类似的事，但是没有像你说的这样的状态。

提问：社会上我们的剧本有没有类似的投稿渠道？

张强：我们不可能接受所有人的投稿，如果是这样，全公司的人什么事也不用干了，肯定有选拔机制。我们现在非常重视 IP，所以我们的选拔机制就是从优秀的小说里进行筛选。实际上，各种文学网站就是一个孵化器，有才华的人就会在网站里脱颖而出，我们会主动寻找脱颖而出的人。

提问：如果想进行项目对接呢？

张强：需要先到文学网站上实验自己，行不行是由网民说了算的。

我们，千禧一代

"千禧一代"，指的是二十世纪八九十年代出生的一代人。他们差不多与个人电脑同时诞生，在互联网的陪伴下学习、长大，在移动互联时代工作、创业。他们习惯一心多用，有着灵活的头脑，并娴熟地使用高科技产品来延伸自己的力量。他们注定与前人不同，他们已在各自创业领域崭露头角，但他们还为我们所陌生。了解他们，就是了解世界创新、创业的现在与未来；了解他们，就是了解中国的现在与未来。

在 2015 年亚布力年会青年论坛上，帕罗奥多（Palo Alto）高中企业家俱乐部创始人和现任主席张康融、美丽中国高级募资经理王尔晴、MUJIN 机器人控制公司首席软件开发刘欢、北京普伴投资管理有限公司总裁王峰、理正财创始合伙人李豪达、Learning Leaders 创始及合伙人丘海君、哈佛中国论坛主席王子瑶作为演讲嘉宾，当当董事长俞渝、联和运通控股有限公司董事长张树新、美好置业集团有限公司董事长刘道明、大自然保护协会亚太区首席代表张醒生、共识传媒总裁周志兴作为点评嘉宾，对"千禧一代"的价值观进行了讨论，PEER 毅恒挚友理事长陈奕伦主持了本场论坛。

陈奕伦："千禧一代"其实包括了"80 后"、"90 后"、"00 后"，是伴随着互联网长大的这一代人，今天来看一看我们千禧一代的这些青年朋友们都有怎样的价值观和想法。

张康融：大家好，我是帕罗奥多高中企业家俱乐部的创始人和董事长。世界上大多数人都活在自己的小世界里，他们只关心自己周围发生的事情，对外面的世界充耳不闻，在帕罗奥多高中这种人也很常见。运动员，数学与他无关；社交女王，她的手机只关心听筒另外一端的想法；每天坐在沙发上看电视、电话、手机的懒汉，除了银幕之外的东西他都不关心；还有成绩好的学生，微积分总是满

分，除此之外的社交东西他从不关心。

作为在硅谷成长的高中生们，我们发现某些经历更容易培养我们的企业家素质。在教室里学习数学、化学、生物等固然重要，但是我们想要在外面世界运用到学校里的东西，光在学校里是不够的。我们要在外面世界取得成功，就是要到外面世界与其他人打交道。我们学校每年都有职业月，请不同职业的成功人士与同学们分享他们的事业和感悟。2015年我们学校把职业月的策划、承办从往年的加强委员会移交给了企业家俱乐部，这个移交给我们带来了很多益处。它由学生们带头规划，演讲内容更多的是学生感兴趣的东西。2015年我们请到了7名成功人士来演讲，有老扎克伯格先生（脸书老板的父亲）、谷歌无人驾驶汽车的研发者以及NFL的裁判，我们几位学生规划委员会的同学从当中学到了很多东西。当学生有机会实现自己想法的时候，事情会越办越好。学

生有机会去实践自己的想法，但是还没有大人所拥有的能力和人脉，这时候硅谷的氛围给了我们很多东西。

硅谷的氛围中，最重要的是硅谷企业家们的互助意愿和责任心。我们给从未谋面的企业家发邮件，原本以为大多数人不会给我们回信，但10个人中有6个给我们回了信。当其中有人说愿意帮助我们的时候，我们欣喜若狂，他们都很愿意跟我们交流、沟通、传授心得。之后我们发现这不是运气使然，因为之后每次跟他们联络，他们都很愿意给我们支持，这也让这样一个无知的高中生发起的俱乐部变成了一个很有能力的组织。

帕罗奥多高中企业家俱乐部现在有175名注册成员，至今请了30名企业家和投资人与高中生分享他们的经历，探索企业家精神。2014年我们发起了第一届创业夏令营，提升学生们的金融观念，我们也与斯坦福麻省理工建立了联系。我们有责任让这个社会变得更美好，我们明白了社会责任。

李豪达：我来自广东，毕业于美国宾夕法尼亚大学，现在在深圳浅海做互联网金融项目。我们的目标是满足农村、二、三线城市中小企业或者中小家庭的金融需求。以后，我希望设置一个课程，激发更多普通人或者弱势群体，让他们发挥更大的潜力，争取他们想要的生活。这里跟大家分享一下我的几点思考。

第一，我的老家在广东农村，离深圳大概2小时的车程。我们那里以渔业为生，现在以旅游业为生。上小学的时候，我的一个亲戚把我从农村带到广州市读书。这让我增长了见识，但也让我思考一些问题。比如，与城市里的孩子相比，农村孩子是不是天生就有很大的缺陷？会落后于城市里的小孩？但后来我发现，广州、深圳有很多成功的企业家来自湖北、湖南农村，深圳也是从一块荒芜之地发展而来，深圳的大部分成功人士也是从农村白手起家。这给了我一个很

大的鼓舞，我也希望成功的企业家或者精英人士能够给予刚开始成长的年青一代以及其他弱势群体更多的帮助与鼓舞。

第二，对弱势群体而言，心理因素可能是最难克服的一个难关。我有一个哥哥，他不爱读书，喜欢吃喝玩乐，做事情非常拖拉，脾气也非常大。我跟他刚好相反，很喜欢读书，在学校里也是乖孩子，做事情也比较利索。有时候我就在想，在同一个家庭出生，在相同的环境下成长，为什么我们两兄弟会有这么大的区别？后来我觉得一定是某些成长中的因素导致我们之间有这么大的区别，其中很重要的一点是，从小到大他的自信心总在受到打击。无论是家庭聚会，或者学校家长会，长辈和老师都会跟我哥哥说同一句话：看你弟弟多乖，学习成绩多么好。在成长的过程中，孩子需要老师和家长正确的鼓舞和鼓励，但我们的学校教育以及家长的教育观往往过于单一化，对一个孩子的评价标准往往只是这个孩子的成绩的好坏。成绩不好又不听话的孩子往往会被认为是坏孩子，而成绩好的孩子是好孩子。明白这一点之后，我就在想，在以后的教育里，我们是不是可以有多维的思维观，从而鼓励一个孩子找到他的天赋，而不仅仅局限于几个学科的教育？因为用单一的评价标准对学生做出判断会对他们以后带来很大的影响。

这次创业过程中，我遇到了很多挫折，尤其是在采用的第一个模式做不下去的时候，我突然变得非常不自信，做事情总是思前想后，整个人陷于逃避的状态。这让我想起了哥哥的问题，也突然领悟到，一个人如果不自信，那会导致他整个人的工作效率大幅下降，而这个不自信的问题也源于整个社会以结果为导向的评判标准和价值体系。所以，我们应该调整一下思维，鼓励以过程为导向，将关注点放在今天完成的事情上，而不是放在事情完成的结果上，因为这对孩子建立信心非常重要。

王峰：我们公司是一家民营的金融机构，以债券投资、股权投资、融资租赁为主。

就价值观而言，年轻人一定要有自己的价值体系，而价值观主要在于传承。我是山西人，对晋商的文化，尤其是票号有过一些研究，从中我们也可以看到好的价值观，如诚信、勤奋、务实和创新。只不过在不同的时代，价值观会有不同的体现形式。比如勤奋。一直有人在教育我们要艰苦奋斗，奋斗我觉得是应该的，但我们是不是还需要艰苦奋斗呢？我们的上一代人，或者上上一代人奋斗的原动力就是改善艰苦的生活，可是现在的生活已经不再艰苦，在已经可以穿羽绒服过冬天的今天，难道我们还要穿一件单衣过冬天吗？所以，在这个物质生活已经得到全面改善的时代，我们要重新找到奋斗的原动力，寻找我们的信仰，坚持我们的信念，只有这样我们才可以一直走下去。

山西晋商票号拥有160多年的历史，分析其原因，我觉得主要有三点。

第一，这跟晋商的诚信分不开。为了保证自己的诚信，晋商票号首先从人才战略上进行部署。当时山西的主流人才观是"学而优则商"，区别于整个社会"学而优则仕"的人才观，这促使很多高素质的人才加入经商的队伍，也在一定程度上保障了后来晋商票号中优秀人才的产生。这些优秀人才如果想进入票号，需要有乡绅的推荐，在进入票号后，他们还需要经过3年的观察期。这种人才培育体系也保证了企业人才的忠诚度。

第二，山西票号的经营管理和风险控制做得都非常好。一家企业如果不能很好地运营，就根本谈不上诚信。所以，在企业的经营过程中，我们首先要考虑如何控制风险和规避风险。当年山西票号的组织结构、管理模式，用现在的管理思路来看，已经相当完善，已经跟当今的金融机构没有太大的区别了，包括它的风险控制体系。当时做的水印、加密、密押等防伪技术，现在看来也是令人叹为观止。

第三，它们在整体资金控制、现金流方面做了很充足的准备。现在对一家企业尤其是金融企业来说，杠杆是必需的，但是杠杆控制在什么比例才最理想？这需要每一家企业不断去调整、控制。我们是一家做金融的民营机构，务实对我们来说更关键，尤其是我们这一代年轻人。我们可以有理想，也可以追逐理想，但是做事情不能理想化，一定要脚踏实地，一步一步往前走。现在的世界肯定是掌握在 50 岁左右的人手里，但是我觉得早晚有一天会交给我们"80 后"、"90 后"。现在我们需要强大自己，做好准备迎接那个时代的到来。

王子瑶：大家好，我是哈佛大学的大四学生，之前是哈佛大学的中国学生会主席，现任哈佛中国论坛主席。我是江苏徐州人，6 岁去的美国，在新泽西一个小城市长大。我即将毕业了，想跟大家分享的是我在哈佛这 4 年的 3 个感悟。

第一个感悟，学习无处不在，永无止境。3 年前，我在哈佛碰到了一个学者，我教了他一年半英语，也跟他吃过 100 顿饭，这位就是王石。我教他英文的时候，他会拿自己的手机录下我讲的话，每天会慢慢地听和练习。他的态度让我钦佩，也让我意识到：成功的人永远都会很努力地学习和自我提升。

第二个感悟，保持野心，保持谦卑。这是根据乔布斯说过的一句话改过来的，他说的是保持饥饿，保持愚蠢。我们学校很多人都小有成就，所以充满自信，但也很容易过度自信，而过度自信会导致我们既不知足，又没有上进的动力。所以，我们既要有野心，但在整个过程中必须保持谦卑。

第三个感悟，回报社会。这句话虽然不是哈佛的校训，但是被刻在了哈佛的墙上。哈佛最大的一个学生组织不是学生会，也不是金融协会，而是 PHA，一个社区服务社团。我们很多同学都很愿意回报社会，因为社会给予了我们很多，我们非常幸运才能走到哈佛。我个人的奖学金也来自高盛董事长兼 CEO，他出生在贫寒的家庭，但通过自己的努力，现在他成了金融界数一数二的人物。毕业之后，他并没有忘记哈佛，每年会提供一笔奖学金，而且会经常回学校跟学生交流。

王尔晴：我第一次来亚布力年会是2001年，那时候我还是个中学生。我是在北京出生、长大的孩子，从实验一小到人大附中，上的都是特别好的学校。我没拿过奥数奖牌，但是一直很活跃，当过班长，竞选过学生会。16岁选择了出国，当时给家长的出国理由是：我希望能看到这个世界，并且从世界中看到自己。

在英国，我上了一个寄宿制女校，在中国积累的底子让我成了学校的学霸，我读到了理工科的硕士，但是并没有当工程师。2008年奥运会的时候我回来了，做了一年为全球赞助商服务的工作。奥运之后，我在庞巴迪做过两年公务机销售。现在我加入了美丽中国，做职业慈善募资。所以，我经常跟人说，我从一个卖飞机的人变成了一个卖梦想的人。

我在2008年奥运会服务中感受特别深刻的一点体会是：和一群有理想的人追求一个共同的目标让我获得了由衷的快乐。教育跟体育有很多相似的地方，这两个主题是人类的主题，是跨国界、跨种族、跨民族的。在奥运会的起跑线上，每个人都有机会，每个人都可能拿冠军，可惜教育并不是这样。在中国，很多农村孩子和城市边缘地区的孩子没有机会享受与城市孩子同样的起跑线。我上小学三年级的时候接触到了希望工程，当时资助了一个北京的小姑娘，这是一帮一活动，通过跟她的交流，我第一次知道首都也有贫困区。之后我在大别山住过一周，也第一次看到了中国农村学生的生活，不过那时候还没有人教过我什么叫城乡教育资源差距，我显然也没有考虑过什么是扶贫，但是这些经历都塑造了我后来的人生理想。

在中国长大的孩子，往往没有长期的志愿者经历，我自己也是到了20多岁才第一次正式当志愿者。那时候我平时卖飞机，周末在民工子弟学校当老师，这个学校是由一个企业家创办的，目标是把农民工子弟培养成有技能的普通人。那时候我不仅要备课、讲课，还带了一支志愿者队伍，开始认真了解中国公益慈善的环境、现状和未来，考虑自己的切入点，也决定把公益慈善当定作职业来做。

遇到美丽中国也是很有缘分的事情，我关注教育，想做公益，美丽中国恰恰是做教育的公益组织。美丽中国是一个长期的专业支教组织，每年从北大、清华等高校招收应届毕业生，对他们进行选拔、培训，然后将他们送到城市边缘地区、农村做两年全职支教。这些支教老师的到来给当地的孩子提供了一个好一些的起跑线，这些支教老师在这两年的支教过程中也获得了教育。

最好的教育是，给人探索的机会，给人理想的机会，给人追求幸福的机会，而教育的不平等也是一切未来不平等的开始。过去6年，美丽中国输送了600多位老师去中小学支教。我们有一位杨老师，他从农村出来，从村里考到县里，一直考到北京，清华物理系硕士毕业后考取了博士，在知道了美丽中国后，他毅然放弃了博士学位，到云南做了两年支教。两年之后，导师让他回清华继续博士学位的攻读，但他婉拒了，而是留在云南继续支教。还有一位郝老师，从美国毕业之后曾回到中国支教，后面又考到了哈佛教育学院，现在在世界银行工作。前两天我看到她，她说在世界银行工作没有在美丽中国工作充实，早晚会再回来。通过过去3年的公益经历我发现，身边有理想的年轻人、真心实意希望世界更美好的人越来越多。每次跟别人谈起教育、公益，我都发现有更多的人想加入我们的行列，我们也看到中国公益慈善行业正在迅速实现专业化和职业化。

很多企业家都创造了许多物质财富，也推动了社会的进步。社会进步的一个重要标志就是平等，教育资源的平等也将推动社会的进步，而公益慈善行业的职业化，如同企业制度的建立和企业文化的建立一样，也会成为社会进步的动力。我的理想就是用我自己的实际行动，在中国慈善行业从无到有、飞速发展的时代留下一点印记，把自己的使命融入社会进步的大理想当中去。

现在中国的公益慈善环境还面临很多挑战，无论是政策、文化还是公众的认知，但是没有什么人比我们年轻人更适合来改变这个环境。用我们的实际行动在改变中发现机遇，和我们父辈当时下海一样，我们也要敢于创新，但是我们有更好的基础，我们更应该有理想、有勇气地一往直前。

丘海君："我和你一起打篮球，我一定会赢。"这是科比第一次见到乔丹的时候说的话。科比刚刚参加 NBA 的时候，很多人说他非常骄傲，但他现在成为了新一代的篮球巨星。在职场上，大部分部门经理不喜欢年青一代，因为他们觉得年青一代很自私。我在上海一个私募投资公司工作的时候，老板曾对我说，我在你这个年龄的时候，分析师天天勤奋工作，整整一夜不睡觉，现在中国的千禧一代都很懒。但是他们都真了解千禧一代吗，无论是中国的，还是外国的？而中国公司需要了解外国的千禧一代，因为这对中国公司的海外发展至关重要，否则将遇到很大的挑战。现在外国的千禧一代并不愿意在中国公司工作，最近哈佛大学做了一个调查，千禧一代希望在哪里工作，在什么公司工作。调查结果显示，亚太地区只有两个中国公司被选择，一个是联想，一个是华为，但联想排名第 22 位，华为排名第 25 位。

于是，我有一个梦想，有一天外国人才觉得中国公司是世界上最好的雇主，那样的话我们可以一起工作，一起进步，一起成功。今天我给大家讲 3 个小小的建议，帮你们开启思考，如何吸引外国人才。

第一，如果想雇用"80 后"，钱并不是全部。美国人比中国人更重视生活和工作的平衡，一个调查结果显示，74% 的美国人认为一份工作最吸引人的就是弹性工作时间。在中国，28% 的中国人也持相同观点，但其他的人都认为赚取奖金是最重要的。

第二，投资、培养年轻人。美国人把指导别人看得很重要，美国人认为经理人在吸引人才上有亮点最重要，而中国人把未来的工作调整性情况作为重要的亮点。

第三，了解千禧一代很麻烦，但是从今天开始吧，明天太晚了。中国公司需要习惯与千禧一代一起工作，因为到 2025 年他们将占全部工作人口的 75%，这是一个无法阻挡的趋势。

刘欢：我很喜欢做机器人，尤其喜欢跟志趣相投的伙伴一起做机器人。2015年我 28 岁，但接触机器人已经 15 年了，这里先跟大家介绍一下我之前大半辈子都在做什么。

2001 年，我参加了全国机器人灭火比赛，将设计的机器人放在迷宫里，让它找到迷宫里点燃的蜡烛，并把蜡烛扑灭。那是我第一次参赛，我的年龄在全队是第二小。当时我充满信心，因为一般的灭火模式是风扇，而我想到用水枪把蜡烛扑灭，调试的时候也很成功，但是最后没有获奖。

2004 年，我参加了世界工程师大会，我们机器人社团展示了很多机器人项目。我们也已经完全不需要老师手把手辅导了，从设计、立项、实现全部自己完成，老师就是给我们做后勤保障工作。从 2001 年到 2005 年，我们参加了几十项机器人比赛，斩获颇丰。

高中毕业以后，我去了美国麻省理工大学学习计算机和人工智能。2008 年，我读大二，我们有一门关于机器人的课程，我跟十几个同学做了一个全自动的机器人园丁。我们种了一些小的樱桃番茄，机器人可以过去巡逻，看番茄有没有熟，熟了后它可以采摘下来。我们也放了传感器，如果植物缺水了，它可以过去浇水。同时，我们也就此写了一篇论文，在国际上产生了一定的影响。美联社也来采访我们，国际上大概几十家媒体都有转载报道。

2010年，我们参加了PR2机器人培训班。他们选出了全世界10家顶尖的机器人研究机构，召集大家一起研究第一批机器人的使用者，我是代表我们学校的实验室过去的。当时我和来自美国、欧洲、日本等国的新一代机器人界新星们在一起，学习怎样使用机器人，并且互相交流，把我们所有的知识放在公开的平台上，共同创造比我们实验室本身更大的东西。当中有些人在学术界非常活跃，发表了最新的论文，还有一些人跟我一样在进行机器人创业。

2012年，我在深圳。之前我在实验室里跟一个小伙伴众筹了一个项目，做了一个1000元的机器人，比较廉价，这样，最新的机器人研究成果才可以被所有人使用。当时这台机器人卖出了很多台，我们都是晚上在实验室做，但仅靠我们两个人的力量无法完成这些订单。我想到了中国制造，于是报名参加了那时候在深圳的世界第一家机器人孵化器Haxlr8r，也在那个时候我比较浅层地知道了制造是怎么回事。

2014年，我们的机器人公司已经成立两年。我们希望用软件来降低工业机器应用的使用门槛，使制造业的生产效率提升。其中有两层含义：一是无人，我们希望让工厂真正实现无人化生产，降低生产成本；二是无尽，我们不仅仅希望解放初级劳动力，更希望解放高级劳动力，让高级工程师将精力投注到更有创造性的工作上去，这样就有了无尽的可能。

我们现在的团队伙伴来自6个不同的国家，有对这一个行业非常熟悉的日本人员，有在常春藤做教职的博士生，有欧洲大学生竞赛的银牌得主，有在谷歌和高通都拥有专利的机器人视觉专家，还有微软的内核工程师。大家都各司其职，独当一面，每天早上醒来，我都在想我们今天研究的这个项目帮助哪个工程节省了时间，帮助他们提高了产值。我们觉得这是一件非常有意义的事情。

我非常喜欢做机器人，希望把机器人不仅做成几十年的事业，而要做成百年事业，通过我们的努力把机器人的使用门槛降低，让机器人进入各个环境当中，无论是生产还是制造，我们都希望能以我们的热情和执着，感染更多有志向、有能力的年轻人加入我们，来一起参与这个事业。

陈奕伦：接下来有请几位点评嘉宾，依次对刚才的分享做点评。

俞渝：我们这一代企业家做企业都源于当时的具体环境，比如当当，我觉得买书太不方便了，一本好书要经过漫长的流通环节才能到达读者手里，所以怎样让好书不寂寞是我和老公当时做当当网的原动力。而到了 2015 年，有这么多年轻人，他们是千禧一代，他们在想什么？对此，我一直充满好奇。刚才听到了不同年轻人的不同的故事，有些故事我还在想，有些故事我觉得真棒。

张树新：非常高兴，因为很少有这样的机会听下一代来讲，而且不许动，坐在这儿认真听。他们有人说到了弱势群体，讲到了自信心，自信心非常重要；有做金融的，讲到了诚信和价值观的重要性；有做公益事业的，这样中国公益事业才真有戏。但将公益当一个职业来做谈何容易？中国公益事业的生态系统并没有建立，我们的文化资源也并不足够，所以要做好精神准备，艰难的问题还在后面。最后一位很让人惊喜，他说他喜欢，所以要做一辈子，这才是成为伟大企业家的因素。

刘道明：今天听到这么多年轻人讲，我总结了三个词：理想、自信、责任。但遗憾的是，里面缺少一点火药味，年轻人应该有挑战和颠覆的火药味。

我把自己的感受跟大家分享一下。大家都知道房地产行业的名声不太好，因为赚钱太容易了，实际上真正的好时代是必须有竞争的。市场有竞争的时候才有好产品，所以以后房子会越盖越好，服务会越来越好。因为竞争会给社会带来好的效益，给老百姓带来好的服务。在这个价值观转变的时期，我更多的时候不是在想盖房子，而是在想如何提供一种生活方式。这个时候，我们要向年轻人学习，学习年轻人的不服输、自信、能颠覆。

张醒生：当年像他们这个年龄的时候，我们只有三个可能的去向——上山下乡、进工厂或者当兵。我们那时社会没有这么多元化，没有这么丰富多彩。但是今天的几位把我们整个中国社会全方位展现出来了，既呈现了自己的奋斗，也宣传了自己的企业家精神，也有自己的明确目标，我坚信千禧一代未来一定会超越我们。

我的女儿也是你们这一代，她也经历了好几次创业。第一次创业是创办了一个公益组织，主要由我的一个好朋友赞助。第二次创业是成立了一家小公司，后来卖给了一家大的公司，实现了一次小小的价值。创业的路程实际上就是积累经验、发展人脉和实操的过程，现在她正在做第三个公司。这家公司的几位创业者都是千禧一代，成立两个月的时候销售额就已经做到 100 多万，预计 2015 年能做到 1 个亿，成长速度比我们那时候快很多。他们不需要任何政商关系，不需要任何的其他关系，当我想去投资的时候，他们说我们不需要投资。这样一代年轻人，确实会给我们的社会带来翻天覆地的变化。

周志兴：最近我跟年轻人的接触还比较多，我觉得现在不需要对在座的年轻人给予鼓励，让他们继续奋斗，他们的奋斗精神已经足够了。我认为，他们需要提高的是情商，是自己的内涵。比如说王峰，他在演讲中提到现在不需要艰苦奋斗了，我认为艰苦奋斗只是一个说法，这种艰苦不一定是说吃草根、树皮，而是在精神、思想上要做好吃苦的准备。关于内涵，我觉得很重要的一点就是有文化。我认为一个人有文化，自己才是大海，我希望每一个年轻人将来都是大海！

陈奕伦：青年论坛作为一个分论坛其实也有几年的历史了，因为我们亚布力企业家论坛也希望更多地关注年青一代，所以我们今天接下来的一个仪式就是青年论坛的一个制度化的存在，我们正式设立亚布力青年论坛，努力去关注新一代青年的创业者、公益服务者和学者领袖。接下来有请田源主席来为我们主持揭牌仪式，发表对青年人的寄语。

田源：今天是一个不同寻常的时刻，大家一起来见证这样一个可能对我们中国未来新一代青年企业家有影响的论坛——亚布力青年论坛的成立。我们今天听到了他们的演讲，老一代企业家也进行了点评，刚才已经有老企业家讲了，我们亚布力是真正的千禧一代，我是亚布力论坛的创始人，也是亚布力滑雪场最早的开拓者。1994年我来时这儿还是一片荒山，现在已经成为中国最知名的滑雪圣地。2001年的时候很多企业家一起开创了亚布力企业家论坛，当时我们在研究能不能活下去，因为当时一个冲击性的事件是中国加入世贸组织，外国公司大举进入中国市场，所以一批人聚在一起，抱团取暖，研究我们这些企业如何活下去，能否扛住跨国公司的竞争，能否继续在中国市场发展。

到今天，15年过去了，中国这一代企业家们已经成功扛住了跨国公司的竞争，也已经成为中国市场乃至世界市场上的知名公司。这里已经出现了阿里巴巴这样的世界级企业，出现了联想这类世界500强企业，出现了泰康、万科等，这是过去15年老一辈企业家交出的答卷。现在，我最想看到的是15年以后，这些年轻人能不能像老一代一样也交出一份满意的答卷，能否将中国新一代企业带上一个新的台阶，能否打造出更多中国创新的商业模式、创新的产品、创新的服务。我觉得他们的任务比我们的更重，希望亚布力青年论坛能引领中国新一代企业家，去冲击他们希望冲击的高峰。

企业与金融

国际资本如何嫁接中国动力

"牛市"的根据是什么

机遇与挑战——全球人民币财富管理

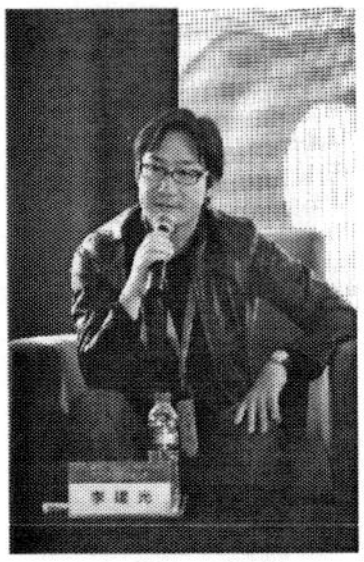

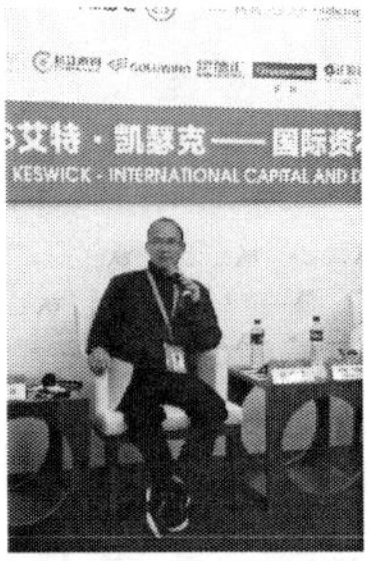
KESWICK - INTERNATIONAL CAPITAL AND

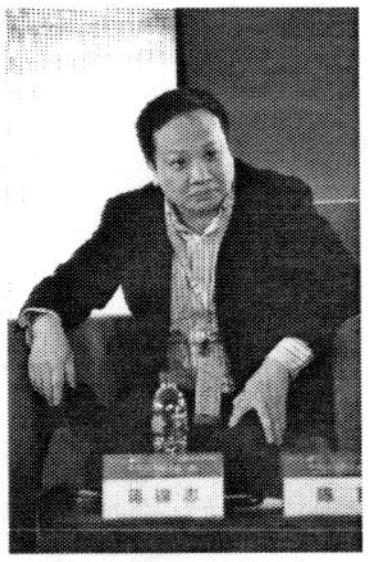

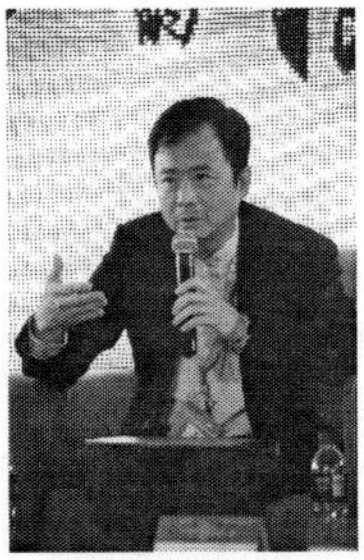

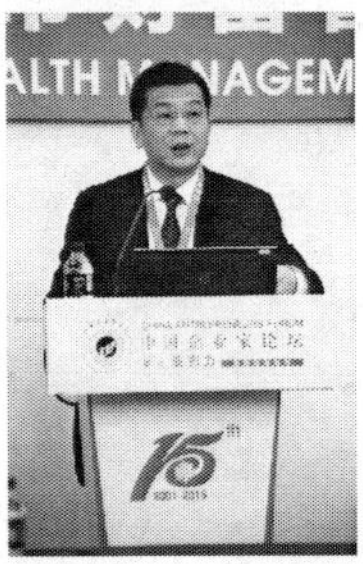
ALTH MANAGEM

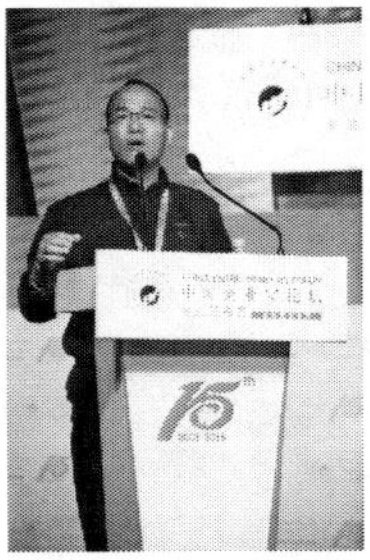

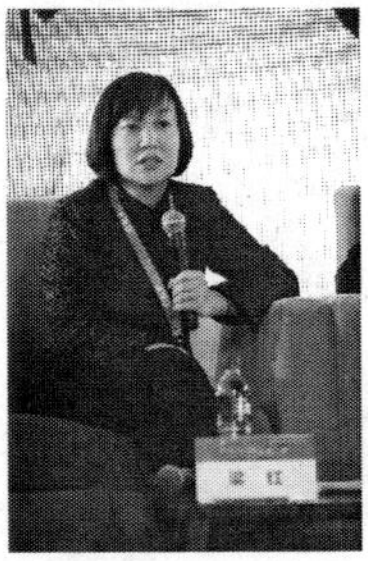

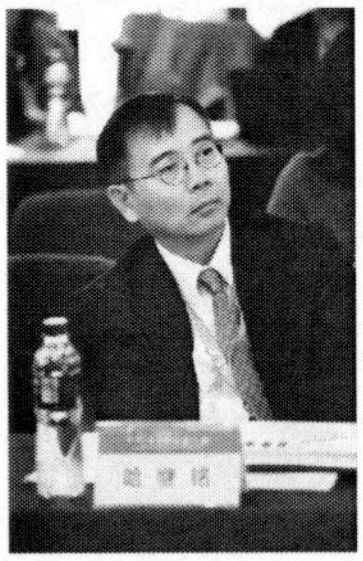

国际资本如何嫁接中国动力

大力发展资本市场,是中国金融体制改革和金融体系未来发展的核心任务,是中国国家战略的重要组成部分。未来10年,中国将全面实现金融体系的现代化、市场化和国际化,中国资本市场也将成为全球最重要、规模最大、流动性最好的国际性金融资产交易市场之一。为达成这些愿景,我们将如何规划路径?

在2015年亚布力论坛第15届年会上,高端对话"郭广昌VS艾特·凯瑟克——国际资本与中国动力"由英仕曼集团中国区主席李亦非主持,复星集团董事长郭广昌,怡和太平洋有限公司主席艾特·凯瑟克,国际金融论坛联合主席、澳大利亚前总理陆克文,高盛亚洲投资管理部董事总经理哈继铭,中国国际金融有限公司董事总经理黄朝晖,上达资本创始人兼管理合伙人孟亮,安徽长江徽银金融集团总裁孟凡安,诺亚财富集团执行总裁林国沣,德意志银行中国区总经理高峰共同探讨了这一话题。

李亦非：本届年会是第 15 届亚布力年会，非常荣幸请到两位非常著名的企业家参与到本场高端对话中，一位是复星集团的郭广昌先生，另一位是怡和太平洋有限公司主席艾特·凯瑟克先生。郭广昌先生是复旦大学哲学系毕业的，他的 100 万一桶金和 1 000 万一桶金间隔的时间非常短，1993 年达到第一个 1 000 万，2007 年时就已经成为巨富型的人物，复星 2007 年上市，信奉巴菲特哲学。左边坐着的是艾特·凯瑟克先生，他从易顿中学毕业，是怡和家族的后代。怡和公司有 180 年的历史。在 180 年中，其变成了全球非常大的集团型公司。这两家公司的特点是业务非常广泛和全面，涉及的领域非常多。今天，请他们与我们分享企业的发展、战略、未来、挑战。同时，在座还有 7 位重量级的点评嘉宾，他们会向两位嘉宾提问，探讨关于企业发展的一些想法。

首先向郭广昌先生提出一个问题，复星自身定位为"要成为中国版伯克希尔哈撒韦"。自复星成立以来，其在很多领域的投资都很成功，那么是否有过失败的案例？

郭广昌：其实复星现在非常聚焦，主要聚焦于两件事情：第一，做保险；第二，做投资。投资领域也非常聚焦，未来复星主要投资三个领域：一是大健康领域；二是时尚和快乐领域；三是在大物贸过程中产生的闭环领域。谈到复星投资失败的案例，我觉得最大的投资失败案例发生在中国，投资一个多亿，颗粒无收，所投资企业从银行对账单到税务记录都是假的，我们彻底被骗了。在国外的投资没有特别失败的案例，但是也没有特别成功的案例。

李亦非：2015 年年初复星集团以每股 24.6 欧元的价格收购了地中海俱乐部，这一竞标价也击退了意大利的竞争者安德烈·博诺米（Andrea Bonomi）。然而市场上不少人说复星的出价过高，代价太大。复星集团为什么会以如此高的价收购地中海俱乐部？为了影响力，还是为了赚钱，还是为了把它变成复星在时尚和快乐领域的战略布局？

郭广昌：复星是强调纪律投资，我们不会追高价，一个企业在不同的团队和治理结构下的价值完全不一样。复星投资地中海俱乐部，第一次投资时占比不到 10%，投资的价格是每股 10 欧元左右，我觉得当时就值这个价格。第二次投资时的占比是复星 46%、法国 46%、管理层 8%，这时的市值是每股 17.5 欧元，我觉得也值这个价格。后来由于法国股东的原因拖了一年多，在这一年中资本市

场发生了很大的变化，法国股东退出，意大利开始加入竞争，这时复星如果希望绝对控股企业，那么就必须在17.5欧元的基础上有20%~30%的溢价，地中海俱乐部的管理层也非常支持我们。24.6欧元对我来说非常痛苦，但仍然接受了这个价格，其中多少有点感情因素，对品牌的感情以及对团队的感情。我喜欢这个团队，喜欢这个品牌。地中海俱乐部72个高级管理人员给我写信，他们说我们喜欢复星，希望复星来投资。人是有感情的，他们一直努力工作，也愿意掏钱出来购买地中海俱乐部的股份，复星如果在收购价格上高一点的情况下立即撤出就太没人性了，所以我们接受了这个价格。因为我们觉得，价值是创造出来的，只要以后我们努力一点，多做一点，现在付出的高成本都会收回来。从这个意义上来说，我不算是一个好的资本玩家，不够冷酷，这一点我不知道是好还是坏。

李亦非：为这份感情付了多少钱？

郭广昌：大概5 000万欧元。

李亦非：你准备多长时间挣回来？

郭广昌：价值的创造，在努力和不完全努力的情况下完全不一样，现在地中海俱乐部的精神面貌与之前完全不一样，大家感觉到的压力也不一样，在这样的情况下大家主动节约，减少浪费。我们现在走的是轻资产路线，所以未来的发展会很快，包括在中国的发展。我也相信，地中海俱乐部一定会是复星最成功的投资之一，而且现在来看当时的收购价格真的不贵。

李亦非：过去几年，复星集团在海外的动作不断，不仅收购了葡萄牙最大的保险集团Caixa Seguros、美国保险商Meadowbrook，还投资了法国度假连锁集团地中海俱乐部、纽约第一大通曼哈顿广场，并将纽约第一大通曼哈顿广场更名为"Liberty 28"。复星的投资已不仅仅局限于保险行业,还涉足旅游休闲、地产等领域。在这三个领域的布局中,复星最成功的是哪一个?

郭广昌:对复星来说,最有意义的投资是投资地中海俱乐部和葡萄牙保险。投资葡萄牙保险是复星集团在成为保险加投资的世界性集团道路上走出的战略性一步,投资地中海俱乐部使复星第一次拥有全球性品牌,这对未来复星投资快乐时尚产业、解决痛点有旗帜性意义。

投资美国纽约第一大通曼哈顿广场就是做生意,没有特别的战略意义。这栋楼是复星用7.25亿美元买入的,面积为20万平方米,是洛克菲勒的心血之作。到2016年、2017年,其净租金收入估计会在1亿美元以上。对于这个项目,为什么纽约大佬当时没有看重?我觉得有以下几个原因。

第一,作为一个外来者,我看到了整个美国状况的改善,但是美国人自己反而感觉不到变化。第二,这栋楼的房地产商大部分是职业经理人。郁亮提到我们对职业经理人有一点看法,认为他们不够有担当,我们希望看到的是有企业家思维的职业经理人,能承担风险。但是在职业经理人看来,我为什么要承担风险?他们不愿意承担风险。第三,不够重视重置成本。地产业的发展绝对不要看现状,而应该重视重置成本。在购买这栋楼之前,我去看了冯仑的中国中心,中国中心的地价很好,重置成本是1万美元每平方米,我们购买的这栋楼有20万平方米,如果按照1万美元每平方米的重置成本来计算,我们的总重置成本是20亿美元。只要是美国经济往好的方向发展,这栋楼怎么会不值钱?复星购买这栋楼是考虑到其经济发展前景,当时并没想到会收到宣传的效果,这是附加值;也没想到楼体的质量那么好,这也是附加值;没想到街的名字改了以后深受大家的喜欢,这也是附加值。

李亦非:现在请艾特·凯瑟克先生介绍一下怡和集团的情况。

艾特·凯瑟克:我是我们家族第5代参与到怡和集团的人,我们公司有180年的历史,市值达到400亿美元,投资集中在中国香港、美国以及英国等地,我们投资零售、房地产、保险、经济,当然还包括印度尼西亚财团的业务。在中国,我们的净投资达到80亿美元,其中涉及汽车、零售、房地产等领域,也包括酒店类的一些业务。

李亦非:怡和集团收购了中国最大的汽车营销商之一——中升集团。昨天微信上疯传柴静做的短片《穹顶之下》，内容是雾霾对孩子健康的影响。看到你们在汽车领域的布局，我心里总有一点不舒服。当然，行业的发展也很重要，但您是否担心中国汽车市场萎缩，政府支持电动汽车的发展？在这方面，怡和是如何思考的？

艾特·凯瑟克：汽车对我们来说并不是非常重要的业务。中国政府看到了汽车产业带来的问题，工业化发展过程中必然会遇到的问题，英国也是如此，但我相信未来中国仍然会是世界上最大的汽车市场。我在中国待了很长的时间，我非常支持中国政府推出的一系列治理污染的政策和举措。我也相信，到2020年中国人口的25%以上将达到非常高的收入水平，中国会成为比较富裕的国家，对汽车的需求也会比较大。

李亦非：看来怡和还是会进军中国的汽车市场。怡和集团投资的业务非常广泛，未来3~5年，你们最看好中国市场的哪几个行业？

艾特·凯瑟克：考虑到中国人口变化的趋势，我觉得中国政府也会做出一些政策上的调整，我们会为中国中产阶级提供更好的服务，对于中高档位的车辆我们也会投资。总体来说，我们所关注的是中国的零售超市和汽车产业。

李亦非：对中国的投资在怡和集团全球投资中的比例是多少？

艾特·凯瑟克：怡和集团在中国投资了80亿美元，净资产占总资产的10%~15%，如果期间出现问题，毫无疑问会给我们带来一定的风险。我们在中国并购了一家汽车公司，并购这家公司之前我们研究了8家公司，从中选出了3家公司，最后又从这3家公司中选择了我们现在的合作伙伴，我们打算用10年的时间来实现企业的共同愿景。所以，投资并没有特别闪亮的秘诀，或者是特别聪明的财务做法，只不过是采用基本的净值调查。

李亦非：复星集团加快全球发展步伐，怡和集团着重中国投资，你们两人其实有点矛盾。现在中国金融市场大量开放、降息，股市看好，债市看好，债券类产品很容易获得6%的收益率，而中国香港地区只有0.5%，美国只有2%。是什么因素决定了你们这样的选择？

郭广昌：中国的债券产品很容易获得6%的收益率，但是中国民营企业的资金成本达到了8%~9%。复星投资的葡萄牙保险公司，原来的资产是130亿欧元，回报率是2.5%，2014年回报率提高到4.5%，2015年可以达到6%。其总体资本成本是负数，因为有一些产品的成本很低，但是中国的银保产品成本也是2.5%，如果我的回报率能达到4%，那就已经是很赚钱了。

但对一个企业来说，想要变成有竞争力的企业，就要善于利用全球的各种资源禀赋。任何一个企业想要长足发展都要清楚以下两点：第一，合作伙伴和客户的痛点在哪里；第二，企业自身的痛点在哪里。复星的痛点在于，如果局限在中国，资本成本太高，在全球产业链整合上没办法跟别人竞争。合作伙伴的痛点是：他们不了解中国。清楚这两点后，复星努力帮助合作伙伴解决痛点，这样才形成了保险加全球产业链整合的一种闭环。

艾特·凯瑟克：对怡和集团的发展来说，我们在亚洲结交了很多朋友，我们有非常优秀的中国团队。我非常相信中国的成长空间，我也相信随着中国消费水平的不断提升，中国中产阶级会不断壮大，这会使中国发展成为备受海外市场关注的市场。

李亦非：随着互联网在中国的兴起与发展，两位是否已经把现有业务与互联网新经济相关联？

艾特·凯瑟克：互联网是非常好的平台，我们希望与更多的新兴团队合作，创造更多的可能性。我们也在思考是否可以使用互联网购买零售品，不断扩展我们的互联网知识，进一步提升业务。

郭广昌：互联网发展到今天已经变为传统产业，PC是一个过时产业，移动互联网才是当季产业，已经不是新鲜产业了。任何一个项目，企业如果不能用移动互联网重新架构客户管理以及自身管理，不能用移动互联网打造出令人惊叫的产品，未来必然会被淘汰。现在电商已经不再是新锐，电商是强势群体，传统的商业是弱势群体，后者需要政府帮助他们尽快改造，尽快提升。对复星来说，我们正在从以下几个方面进行完善：

第一，进行VC投资，包括在以色列设置团队，我每周都会见几个项目，主要的目的是让自己不落后。我特别愿意跟所投资的企业谈，因为跟他们谈话就知道自己有多么落后。第二，投资了不少互联网巨头。第三，传统产业如何移动互联网化，2015年复星的战略是让所有复星企业、客户管理和自身管理全部在移动互联网上形成闭环，包括地中海俱乐部在内。未来，地中海俱乐部不仅仅是旅游的地方，更应该是生活方式的提供者，是O2O闭环的快乐时尚产业生活方式的提供者。全球化必须成为我们的生活常态，移动互联网也应该是生活的基本常态。只有有了这两个基本常态，企业才能活下去，才能活得更好。

李亦非： 下面请陆克文先生发言。

陆克文： 第一，未来全球经济的发展很大程度上取决于中国经济的发展。过去7年，全球经济增长中的50％以上来自中国，未来这一情况也不会有太大的变化。第二，中国经济的未来很大程度上取决于企业家的成长，取决于企业家精神、资本和创新。第三，中国在基本设施方面的投资非常出色。我认为，全球经济新的增长动力可能是对基本设施的需求。

哈继铭： 过去中国从境外募资有很大的优势，但是未来这种情况可能会有所转变。降息降准、货币贬值可能会变成中国货币的新常态。那么在美国货币政策紧缩、中国货币政策宽松的情况下，复星如何进行投资管理？艾特·凯瑟克先生多次谈到投资印度尼西亚，我在1998年到2001年的3年期间住在雅加达，我亲身经历了印度尼西亚在亚洲金融风暴后的困境，今天那里的情况好了很多。不知道您在印度尼西亚投资了哪些领域？在中国和印度尼西亚，什么领域特别值得投资？

郭广昌： 陆克文先生提到的全球基础设施投资和建设，我们非常关注。曾经有一段时间中国企业在海外投资资源的热情很高，尤其是国有企业，但那时几乎全军覆没。现在全球经济正处于低谷期，也是我们该出手的时候了。

针对哈继铭教授提出的问题，我有几个观点。第一，任何优势都是阶段性的，不可能"一招鲜吃百年"。该抓住机会的时候就要抓住，市场有错配的时候，而我们能做的无非是利用错配。第二，为了对冲单行风险，复星尽量做到当地融资，当地投资。第三，尽量对冲货币风险。第四，复星不是被动的投资者，我们一定要积极创造价值，这是解决问题的根本办法。

艾特·凯瑟克： 首先，我们可能不太喜欢说对冲，套利是短期行为，而我们是基于宏观经济及基本因素来进行长期投资，所以，我们可以避免货币或者汇率方面的风险，在印度尼西亚的投资也是这样。我们第一年在印度尼西亚投入了3亿美元，到第三年达到了20亿美元，现在投资总额达到了60亿美元。之前15年，石油市场的发展非常好，印度尼西亚也不例外，但现在石油市场进入低谷，我们对印度尼西亚的投资也有很多担忧，很大的原因是政府的做法，而美元的变化也会影响政府的一些决定。但从长期来看，印度尼西亚的发展趋势还不错，现在只不过是出现了一点问题,因此未来怡和会更多地关注管理,寻求新的项目,比如自然资源,同时我们还会投资汽车、保险等,进一步多元化我们的业务和投资。

黄朝晖: 郭广昌先生是我特别佩服的一位企业家,过去几年复星在海外的投资布局做得非常好,无论是控股地中海,还是收购葡萄牙保险公司,思路都非常清晰。

中金公司除了参与中国第二轮的国企改革,还大量参与了国企改革的研究、方案的制订和操作。我们知道,国有企业一直被认为是低效率的企业,从未来中国经济的发展来说,如果国有企业一直处于低效率的水平,中国的全球经济竞争力将无法提升,因为国有企业仍然占了中国企业50%左右的比例。三中全会提出了明确的混合所有制改革方向,2014年我们在中石化的加油站做了一个试点,作为主导财务顾问我们帮它完成了1 071亿人民币的私募融资,我们也希望能够在比较短的时间内完成IPO。我们一直在持续跟踪,虽然面临着非常复杂的石油价格变化的形势,但还是产生了很好的效果。国企改革的红利非常明显,这一点在上一轮改革中已经被证明。例如,在上一轮中投资的工商银行、建设银行以及几大电信行业的公司都挣了很多钱。我相信第二轮国企改革也会有同样的效果,会释放出非常巨大的改革红利,我们看下复星的收益率和国有企业的收益率就知道了,这里的核心还是机制的问题。

我想,2015年以及今后的3年可能是混合所有制改革的一个推广期,2014年相当于实验期,实验的成功让中央更加相信这条道路的正确性,从而下定决心将其在更广的范围内推广。对巨大的国有企业资产存量进行以混合所有制为核心的转型,这是一个不可思议的投资机会。我相信郭广昌先生肯定很早就关注到了这个机会,那么你们会如何把握这样一个巨大的机会呢?

郭广昌: 对于国有企业改革,复星参与了15年。而在最新一轮的国有企业改革中,我们投了三元牛奶、中石化等企业,我们一直在积极地寻找机会,寻找全球共赢的机会。

高峰: 刚才郭总说的两件事令我印象深刻:第一,国内的利率是6%,而民营企业的融资成本达到了8%~9%,其中深层的原因是什么?第二,郭总分享了投资纽约大楼的经历,"不识庐山真面目,只缘身在此山中"的感觉将当地投资者没有看到的潜力挖掘了出来，这是一个非常好的视角。但在全球央行大量印刷钞票的情况下，人们对资产价格存在很多疑虑，在这一点上，复星有没有做思想准备？

郭广昌：中国的利率为什么居高不下？我个人认为，这是因为中国有大量无风险的刚性兑付存在，这是中国经济的毒瘤。无风险刚性兑付的承担者一直是政府，政府的收入来自财政和土地，归根结底都是老百姓的税收。现在中央政府看到了这一点，正在加大力度进行改革，如果这个毒瘤能够成功去掉，我们的实际利率会下降，这是我看到的最大问题。另外，对保险公司来说，是不是消极管理就会使风险更低？复星管理的葡萄牙资产中超过90%都集中在葡萄牙国债上，收入很低，但是风险的高低该如何评价呢？现在，在符合监管条件的基础上，我们投资的15%会投向固定利率的项目，我们对每个项目都进行积极研究，这种管理本身带来的风险是更可控的。从理论上讲，大家提倡高风险、高回报，低风险、低回报，但复星恰恰要创造的是低风险、高回报的项目，这是我们正在积极做的一件事情。

林国沣：十几年来，我的客户改变了很多，2000年时外资客户投资中国，所以我们的客户群是外资企业。最近两年我们的客户群中80%都是民营企业。艾特·凯瑟克先生前面提到，中国是怡和未来的一大战场，那么您如何看待中国的增长潜力？在中国这个特殊的市场上，你们的投资是否会更加谨慎？

艾特·凯瑟克：我们在大中华地区投资了300亿美元，其中220亿元投在了中国香港地区，2014年我们这部分投资的盈利也非常高，所以我们也会继续看好中国市场。

孟凡安：我们经历了两次所谓的混合所有制改革，第一次是中国银行业的改制上市，第二次是最近提出来的国有企业混合所有制改革。在国有企业混合所有制改革中，我们应该注意什么？

郭广昌：在第一轮国有企业改革中，确实有不少人赚了大钱，对此我们也不用羡慕，关键是要看当时他们投资某个企业后对我们整个中国经济的影响是好还是坏。从历史上来看，我们银行业、保险业的改革都非常成功，因此也才有了今天他们在全球金融业的高地位，所以，对那一轮改革，我由衷地佩服，唯一的遗憾是那时候复星的资本不够，眼光也不够，所以我们没有参与其中，只能对小的国有企业改革进行投资。

现在，我们愿意更多地参与所有制改革，但我们要明白混合所有制改革需要解决什么痛点，民营企业能够为国有企业的发展解决什么痛点。如果这些问题不解决，而只是为了混合而混合，那就没有意义了。另外，改革的目标很重要，过程的透明和规范也非常重要，我参与了葡萄牙的国有企业改革，他们的目标明确，道路设计也非常明确、非常规范，这是未来中国国有企业改革应该注意的问题。

李亦非：请两位企业家分别谈一谈你们的人生哲理。

郭广昌：对我人生影响最大的一本书叫《宽容》，我反对所有的极端主义者，不要走极端的路，这是我非常坚持的一点。

艾特·凯瑟克：我们的哲学就是，相信创新与坚持，对未来做好充实准备。

"牛市"的根据是什么

这一轮"牛市"无疑已经开启了,这只是个短期的"货币现象",还是基于经济基本面的改善?对此,众说纷纭。每一轮牛市开始时,我们总要判断它的依据,因为我们总在盼望一个健康、长期的股票市场、资本市场。由亚商集团董事长陈琦伟主持,中国光大控股有限公司执行董事、首席执行官陈爽,怡和管理有限公司董事兼怡和(中国)有限公司主席许立庆,中国国际金融有限公司董事总经理梁红,IDG技术创业投资基金合伙人李建光,景林资产管理有限公司董事长蒋锦志对这些问题进行了深入的讨论。

陈琦伟: 今天我们跟大家一起聊一聊"牛市"的根据。经济当中好消息可能不太多,"牛市"其实是指股市的利好,但是现在大家对房市也有期待。所以,现在是"复杂的中国",这个有一定的道理,压的消息有,涨的消息也有。所以,正是在这样的经济形势,这样的大背景下,大家很关心2015年会是什么样。2014年对很多人是好的,但是对经济界、企业界未必是好的。

陈爽: 中国市场还是一个比较年轻的市场。在所有年轻的市场当中,实际上政府作为主体在学习,投资者在学习,上市公司也在不断地学习,这是市场的一个特点。我们每年都在讲大的走势,因为市场年纪轻,所以呈现出的一些特点也让我们觉得很难琢磨。总体来讲,我国在政策层面上的不确定性还比较大,投资者的

投机性也很强。另外，从上市公司的角度来讲，消息是否充分披露，披露的消息是否真实，都需要投资者自己做出判断。

这种情况下，投资的逻辑很难找到，如果一定要找的话，政策方面可能值得憧憬，比如深港通、沪港通，还有资本市场本身的改革措施出台后，政策层面上也可能会有一些憧憬。另外就是资金层面，我国的资金一直很充裕，但它无法进入股市，如果这个口子打开，充裕的资金可能会大量进入股市。还有情绪层面，经过这么多年的压抑，现在股民的情绪可能会有一些反弹。

中国市场本身是一个年轻的市场，需要慢慢长大、成熟。2014年沪港通的开通，包括2014年3月2日开始的一系列对冲，使我觉得两地市场会建立起一个共同的市场前景，那就是依靠外部力量来推动中国公司的改革和发展，让它更加市场化。这还是有很大意义的。

蒋锦志： 如果说此次股市是"牛市"，我认为它也只是一个分化的、结构式的"牛市"，而不太可能是一个全面的"牛市"。我喜欢从比较的角度来看中国的市场，因为我们在境内、境外都做投资，而且境外投资比境内多。

我们先来看中国股市现在几个板块的估值。2015年沪深三板的预期估值是12.7倍，银行不算在内的话就是17倍。美国股市的估值是17倍左右，欧洲、日本是15倍左右。因此，如果将银行包括进去，沪深三板的估值就比其他国家低20%～30%。另外，与其他国家相比，中国经济的增长更强劲，未来一段时间人民币的购买力也会越强，虽然有可能仍然低于美元。从这个角度来看，蓝筹股是安全的。投资首先要考虑风险，因此，安全方面的一些边际变化也值得我们关注。另外，我国中小板的市盈率是50倍，创业板的市盈率是80倍。过去30年，每年中小板上市公司的业绩增长比主板还要低，主板是12倍，所以这两个板，尤其是创业板有点像2000年的互联网泡沫。短期内大家可能看不到这个风险，但是长期来看，这是一个巨大的风险点。

许立庆：怡和是控股集团公司，主要是投资各个实业，现在国内的投资金额达到了500亿元，2014年我们投资100亿元购买了永辉超市20%的股份。2011年我重新加入怡和，之前在摩根大通负责亚洲的投资业务。

2005年我刚接任摩根资产亚洲CEO，有一天纽约总公司转了亚洲协会的一份邀请函给我，亚洲协会相当于美国关于亚洲的最大智库，为此我准备了很多的资料，希望跟大家交流一下中国的经济、政治发展。那时候中国经济发展得很好，在全世界各国的经济增长中位列前茅，并且会持续领先，大家对我的演讲也听得很愉快。但是有一位先生提了一个问题，这个问题难住了我。他说，2003年、2004年，中国经济的增长率非常高，位居全世界第一，但是为什么中国的A股市场在全世界处于倒数的位置？

为什么会这样？那时候中国股市最大的问题是股权分制的问题和流通股的问题。表面上看，中国股市已经实现了市场化，但实际它并不能真正反映中国经济发展的真实情况。回国后，我跟证监会的一位领导谈到这件事，他说我们当然知道，也一定会采取一些措施。2006年我国股市采取股权分制，2007年股市出现了一拨涨幅，此次涨幅使股市的基本面甚至整个市场发生了很大的改变。首先，长期来看，股票市场能真实地反映经济状况，但在短期时间内股市实际上跟经济的关联度并不是很大，比如，现在欧洲的经济一塌糊涂，但是欧洲股市表现还不错。

其次，非一流的资本市场不可能支撑起一流的经济。钱颖一院长研究过法治的重要性，实际上法治与经济成长的相关度最高，即法治越完善，经济成长越好，因为资本市场最讲究法治。在某种程度上，资本市场就是买空卖空，不存在实体交割，行为基本上是合同的延伸。所以，如果产权、法治不清楚，整个资本市场绝对不可能成为一流的资本市场。我国十八届三中全会也讲到，要让市场在资源配置中发挥决定作用，如果我们的资本市场能有效发挥作用，能把资本投入到最有发展潜力的企业上，那么我们可以想象一下，我们的上市公司、民企可以增加的收益会有多少。

现在，我国民企贡献了60%的GDP、80%的新就业，可是它从银行中能拿到的融资实际上只有10%，从债券市场能拿到的融资只有15%左右，所以，对民营企业而言，直接融资就变得非常重要。2014年，李克强总理在国务院常务会议上的讲话提出，要把发展多层次资本市场当作国家的一个战略来考量。资本市场的发展对于中国进一步改革和发展的重要性也从中体现了出来。

总而言之，没有法治就没有一流的资本市场，没有一流的资本市场就不会有一流的经济，没有一流的资本市场也不可能有一流的创新。

梁红：我是中金公司的研究顾问，我们在2013年11月份发布2014年投资策略的时候，有三个观点：第一，中国的A股和H股在指数上第一次会有两位数的正回报；第二，中国股市有可能会跑赢其他主要国家的股票市场；第三，主要上涨的板块是屌丝逆袭，重周期的国企蓝筹股。

这三个观点发表之后，社会上的争议比较大。在我看来，其实逻辑特别简单，就像刚才陈总提到的市场与宏观经济的关系，股市基础面情况并不代表这个经济中最重要的行业、企业发展不好。我们看2006年前的A股，除了股权分制的问题外，经济、能源、电信等任何重要的经济公司板块都依然存在，只不过是因为股权分制的问题，好的企业都在香港地区上市，A股只是国企脱困的地方。2002年我国H股只有2 000点，今天是12 000点。庆祝H股成立10周年的时候，仪式比较低调，因为即使在宏观经济很糟糕的情况下，它仍然翻了1倍，到现在更是翻了很多倍。当时我们把最好的企业，用最低的估值放在了海外。但从今天来看，A股更能代表中国经济的未来，这是一个基础。

第二个基础，股票投资中最难也最简单的是什么？是猜今天的价格，投资预期和现实的差别。2007年，我国股市处于6 000点，A股、H股以及海外资本市场，总规模有GDP的140%。2014年，在A股没有上涨之前，我们的GDP比2007年翻了3倍，但是股市估值比2007年便宜，A股、H股、海外资本市场加起来还不到GDP的60%。我们所有的龙头公司都已经上市了，但估值依然这么低，这就是预期和现实之间的差距。所以，我们当时在2013年做判断的时候说这是第一年，下面还是看预期和现实之间的差距。前几年，为什么中国的股市要低于其他主要国家？我觉得我们存在三个方面的问题：

第一，全世界都在增加流动性，QE（Quantitative Easing，量化宽松）无商量。但我国为应对2008年全球金融危机采取了过度刺激，2009年之后经济涨得很快，通胀很高，房地产价格也很高，所以，为了应对通胀，我国从2009年7月开始一直在采取货币紧缩的政策。两者相比较，流动性的差异就体现出来了。

第二，政策不确定。无论是美国还是其他发达国家，他们的货币政策的目的都非常简单，那就是刺激经济，其他层面的问题全部由市场解决，决策也全部由市场做出，但我国政策的不确定性比较大。

第三，选择股票的实质其实是选公司，中国的公司实际上可以分为两种，即国企和民企。民企的首要目的是挣钱，他们很关心回报，但同时他们的规模也很小；而国企的公司治理很差，回报也很差。

但这几年，尤其是2013年以后，这几个问题都得到了一定程度上的改善。首先，通胀已经不存在了，紧缩货币政策可以不用再执行了，而且当时美国已经放出要加息的消息，流动性上的差异将逐渐缩小。其次，习近平总书记上任后他提出的诸多改革目标都比较明确和具体，虽然有人认为其中的一些改革难以实现，但从今天的结果来看，形势还是比较乐观的。再次，我们重新启动国有企业改革。从2003年开始，国资委改变了对国企的考核目标，只能容忍很小一部分国有企业不盈利，但2/3的国企必须盈利。我总跟投资者说，我们只是小股东，不管是在民企还是国企，但现在大股东急了，他们要求改变，要求降低成本，要求分红，这种情况下我们为什么不跟他们一起？

2014年10月，我们提出了"股债双牛"。我们看到，大家对于这些改革还在纠结，还在讨论，但是有一件事已经很明确，那就是通胀已经不存在了，相关的货币政策、财政政策也已经取消。房地产行业自2014年10月开始下跌以后，最后一个让央行纠结的"牛"没有了，所以一定会降息降准。这样大家就都会懂股市的道理，2013年的理财产品可以获得8%～10%的回报，但2015年回报在5%以上的产品都非常少。我们肯定是新兴市场国家，跟其他发达国家走的路可能也不一样，但其中的逻辑很简单，就是现实和预期之间的差。

李建光：我们是做VC和PE，主要管理海外资产，关注海外并购和上市。我们有一支人民币基金，近四五年投资了很多不错的公司，但是这些公司要想在国内上市简直比登天还难。所以，我们天天盼着A股好，盼着我们这些公司有机会上市，这样才能给我们的投资人一个交代。股市是实体经济的具体反映，可能中间有时间差，但是实体经济不好，股市反而表现很好，这是非常难以理解的。所谓"牛市"的根据，我觉得就是：政府希望它是"牛市"，它就是"牛市"。

平时很多朋友会问我股市会怎么样，2014年11月、12月的时候，我说大体会往上涨，但是也会有很多剧烈的波动。为什么会有这种特征？实际上，很多非市场的东西在里面起了很大的作用。比如，我们的股民非常喜欢新的概念，即使完全不值钱的东西，如果被套上光环，马上也会变成珠宝，股票紧跟着上涨5倍、10倍，市盈率就可以到400倍、500倍。所以，从相对微观的角度我也看到了一些A股市场的机会，我们也在尝试做一个跟A股有关系的并购重组基金。所以，我更建议大家多注意这种机会，赚了就跑。但是长期来说，我对A股市场非常悲观。

陈琦伟：现在的这个牛市大家已经不否认了，但再往下走的依据在哪里？在市场本身还是政府？这决定了我们 2015 年的投资策略，到底应该是价值投资因素更高还是投机因素更高？

许立庆：如果大家认为中国经济改革会成功，目前的这个改革路线图也对的话，那就没有理由对 A 股悲观。我在香港地区常常碰到一些很奇怪的研究人员，他们非常看好香港地区经济的发展，但非常不看好中国内地经济的发展，我觉得这有点人格分裂。因为如果中国内地经济发展不好，那么香港地区经济怎么会好呢？很多人会说，中国已经成为全世界最大的经济体，如果中国是全世界最大的经济体，那么也应该匹配最大的资本市场、最大的股票市场，这才是合理的匹配。

秦朔：在全世界股票市场里面，有哪个股票市场是依靠比较强大的国有板块从公司治理到公司业绩，能真正支撑起一个强大的资本市场？如果从世界 500 强的角度看这个研究，中国公司除了台湾、香港地区以外，基本上都是全行业整合，像平安、华为这样的公司非常少，还不到 10 家。刚才听各位嘉宾的发言，此轮"牛市"的依据很大一部分在于国企改革，那么它能不能给我们带来长期的希望？

梁红：我们有大量国有资产。从完全计划经济到市场经济，我们走了 30 多年，这本身是史无前例的，没有人可以跟我们比较，但是我们可以跟自己比，从而看一下国企改革有没有获利。为什么大象会起舞？因为它很累，很多中字头公司当年都是亏损的。1998 年、1999 年，中国经济最差的时候，国有企业大面积亏损。但是从 2002 年到 2007 年，代表中国经济的 H 股从 2 000 点到 1 万点，这绝不是由小的民企带来的。中石油上市的时候股价只有 1 块钱港币，当时中国国企改革第一拨上市的时候，几乎是在用净资产计算后的价格销售股票。

对今天任何成熟的股市来说，70%左右的板块绝对都是能源、金融、通信，而不管这些版块里民营企业或者国有企业的比例，所以中国投资投的还是变化。某家铁路上市公司 2012 年的招待费有 8 亿元人民币，八项作风出台后，这项招待费变成了利润。所以，此次国企改革又跟上次完全不一样，上次是亏损，这次是挣钱不够多，还有就是挣的钱到底是从哪来的。所以，投资的逻辑在我看来挺简单，最难的反而是选股。争论越多、反对声音越多的时候，机会就越大，风险越少。

许立庆：中国的情况就是这样，政府的影响力很大，新加坡也类似。新加坡的股市规模很小，股市里最强大的是政府官员，但差别在于新加坡是国有资本而不是国有企业，国家只是一个股东，所有的运作都是依据市场规则进行。所以，如果我们能把国有企业变成国有资本，国家以股东的身份来运营，而不是行政干预的话，我想中国国有资产的效用是完全能够发挥的。

陈爽：我有一点不同的看法。过去国企改革虽然带来了国有企业的发展，但是在现实的改革环境下出台的很多措施是不是真的会带来国有企业的重大变化？在这一轮国有企业改革的过程中，它是不是真的能按照市场规则去做？如果不是，我们凭什么信任它？

【互动环节】

秦朔：我的一个同学在投资银行做投行部总经理，前一段时间他跟我讲，他做了 30 多年定增等业务，这一两年很多民营公司的老板邀请他加入，但是他发现了两点：第一，民营企业的老板对员工不太好，老是当着其他人的面骂员工；第二，民营企业特别唯利是图，比如先将企业股票价格拉高，然后定增，定增来的钱用于投资，投资如果亏损再想办法包装后注回来。所以，在选择民营企业的时候，我们需要寻找一家具有可持续成长的、与我们的价值观相符合的企业。

蒋锦志：从投资角度来说，我们首先要考虑公司治理问题，说得通俗一点就是投什么样的人，什么样的团队。之所以 A 股市场上出现秦朔先生说的这个现象，我觉得其实是因为整个市场鼓励和纵容了这些东西。上市公司随便制造一个故事，股票就能涨 30%。如果有著名的机构入股，不管它以什么方式加入，加入的力度多大，股票都会涨 3~5 个百分点。所以，过去几年 A 股市场更倾向于博弈的回报，这比真正做基本面投资挣得更多。比如，从 2015 年 1 月 1 日到现在，创业板里的很多股票都翻番了，但我们做基本面投资的时候，我们需要根据自己的投资理念和投资组合来选估值合理、公司治理较好、团队较好且能够跟中小股东利益保持一致的公司。

提问人1：我一直研究公司治理，特别是国企的混合所有制改革。梁总非常看好国有企业，但蒋总认为最赚钱的是创业板和中小板上的企业。那么对于国有企业的混合所有制改革，蒋总最担忧的是什么？您认为最可能失败的地方在哪里？

蒋锦志：刚才梁总说到，预期与现实之间的差非常重要。假设原来国有企业的股票价格是合理的，这种合理性如果要维持，关键是在未来5~10年内国有企业的利润能否大幅增加，短期内看则是混合所有制改革能否刺激当期的利润增加。但是这里面需要解决两个问题：选拔机制、激励机制问题。从长期来看，没有真正的职业经理人制度的企业不可能成为优秀的企业。对国有企业来说，就是要看企业家是从官员转变而来，还是真正凭借水平和能力选拔而来，这个选拔机制和激励机制是否正确。如果没有选拔机制、激励机制的改革，其他方面的改革都只能起到短期改善的目的，但对企业来说，未来5~10年的发展主要是依靠开源，当然节流也很重要。从目前国有企业改革的情况来看，节流的目的已经达到，但开源应该怎么做？怎么产生优秀的职业经理人，为中小股东服务，为企业服务，而且把企业带上新的层次？在这一点上，我们还需要再等等。也许我国领导人能把国企改革上升到很高的高度，现在大家看到了一些现象，这些是短期现象还是中长期现象？这都还需要观察，政府的政策也在变，我们现在还不能过早下结论。我们需要具体问题具体分析，从短期来说，我觉得市场的预期是向好的，这对公司的发展还是有利的。

梁红：从宏观来看，1993年、1994年的时候中国经济中国有控股占90%多，今天是60%，5年以后比例会降到35%，这就与北欧一些具有社会主义特色的国家差不多了。那么这个改革的受益者是谁？中国股市重估的核心是谁？是银行股。

秦朔：蒋总研究公司治理，研究管理团队的稳定性和管理团队的长期激励问题，以及这个管理团队是如何进步的。这个逻辑可能跟我们想象中的现代西方管理比较接近，因为西方很多蓝筹公司，特别是像GE、IBM这样的公司，每个领导人的任期都很长，GE 每个 CEO 的任期可能是 15～20 年。但从中国 A 股市场上的很多大型企业中找不到这样的逻辑，可能两三年就会换一个领导人，而且领导人以前可能并不在这个行业里任职。从这个意义上讲，万科、美的从几百上千家公司中脱颖而出，这本身就证明了他们的管理能力、领导能力和创新能力，但国有企业改革中，通过垄断、整合，他们也能有业绩的改善，但这并不能证明什么，所以我们还有很多方面的改革需要推进。

当然，国有企业里也有大量优秀的管理者，只是在这样一种体制环境、制度环境下，他们没有办法发挥得更好。所以，从一个媒体的立场，我很希望梁总在坚持自己的逻辑的时候，对国企改革的呼吁更多地集中在竞争力建设上，而不是边际成本的改善上。状况确实是在不断改善，每年也都在进步，但是因为没有竞争目标，大家对于最终的目标没有明确的定义。即使是从国有资产增值的角度，企业如果能按照更好的管理、治理要求规范自己，那么未来它的议价空间也就更高。

许立庆：国有企业是股票市场的一部分，而它扮演的权重也在慢慢下降，即使是原来我们认为的垄断性企业，随着科技的进步，它们的垄断性地位也在被逐渐打破。原来我认为电信行业一定是国家垄断，但腾讯在香港地区的市值超过了 3 个电信公司的总和。今天若中国经济转型要成功，国有企业就一定要转型，如果国有企业无法转型成功，那就会有其他人代替国企所扮演的角色，这样我们的经济才会继续往前发展，否则是走不下去的。

梁红：其实，在现阶段投资国企并不是投资国有企业的未来，而是它的估值重估，市场上 2/3 的国企控股公司的价值是被低估的。另外，我们还需要考虑资产配置的问题。中国老百姓的储蓄非常高，2013 年 100 块钱的储蓄中只有 1 块钱被放在了股市，剩下的钱都投在了房产上。未来如果我们将储蓄投一点到 PE 上，这个力量将不可低估，所以，2014 年全球管理基金基本上没有跑过指数，我们认为根本没有道理。当时一个海外投资人对中国的一家国有银行做了一个研究，说这个不能投资，因为他不清楚这家银行未来是否还是国企，他的老板听了之后说，我同意你的观点，但是如果我们对世界最大的、增速最快的经济体的关注度是零，那么这是错误的。

秦朔：我完全赞同梁总的说法，大家将投资都集中在不动产，而不动产最后都变成了惰性资产。

提问人 2：从 2014 年下半年开始的"牛市"，大家都清楚其中的逻辑：市场估值非常低，政府宽松货币政策的可能出台，另外就是我们还有关于改革的一些预期，这些都支持了 A 股市场的强劲表现。投资者也认识到市场的向好，认为接下来会有更多 IPO。到目前为止，这个逻辑支持大家给股市一个更高的估值，但这是在盈利被持续下调的情况下，那么什么时候我们可以看到股市估值和盈利的双高？

梁红：当盈利上来之后，中国 A 股绝对不是这个估值，现在两者中的任何一个都没有到位。但是我们看到，中国股票市场已经迅速发展，成为了主要的股票市场之一，而且我非常不同意一个观点——政府把股市搞成这样，政府还没有这个本事。所以我觉得，双轮估值的出现，关键是要看改革和短期货币调整，但是我们在盈利面上已经发生了非常大的变化。2015 年还有一个需要大家清楚的趋势，那就是非金融行业的增速会远远高于金融业。

蒋锦志：其实一个市场是不是会往上走，第一要看估值是不是长期逆增长，第二是取决于市场的盈利和增长的预期及变化。很多人提到了这个变化：一是利息下调，利息便宜本身也是一个涨的理由；二是利率变化，这个预期差会导致人心理上的变化。刚才梁总也讲到，以前的社会资金都配到了信托、房地产，过去

5年流入股票市场的资金并没有增长，但是之后每年的增长量都很大，这些都在变化，跟国外资本市场的资产结构配置完全不一样。越来越多的民营企业，如做房地产的、做实业的，认为实业不好做了，于是将资本往股票市场上流。到现在为止，沪深三板12倍的市盈率放在全世界都还是便宜的，再加上上面说的边际变化，我对蓝筹股的未来还是非常有信心的。80倍市盈率的东西在短期可能也还好，但长期来看，更多的是博弈性质，反而风险比较大。

2015年，我们还是要寻找既便宜又有比较大的增长的企业，而这只股不行就换另一只，这对股民是不利的。在资产配置方面，还是更应该看重沪深三板，因为中小板和创业板的估值高，这对个别公司而言可能有道理，但是整体上而言是没有道理的。从行业来看，各个行业我们都会看，但关键是要看未来哪个行业在估值上更安全且增长也不错。我觉得，在中国有一个板块长期被低估，那就是跟中国中产阶级消费相关的行业，尤其是高端消费品。近两年，这一行业受到了反腐的影响，但是中国中产阶级的人数和他们的消费能力一直在保持增长，这就是发展的好机会。

机遇与挑战——全球人民币财富管理

随着中国资本市场吸引的国际流动资本越来越多，人民币将得到更为广泛的承认，人民币国际化将加快进程。人民币国际化是促进中国资本市场的催化剂。由于中国经济增长强劲，宽松的人民币业务有利于中国吸纳全球流动性。且外资投资配额制度又允许更多的境外投资者投资中国上市的固定收益产品和股权证券，中国的资本账户将吸引更多的全球性流动资金。在这样的情况下，如何更好地进行财富管理与资产配置是一个值得思考的问题。针对这个问题，中国工商银行私人银行部总经理马健、高盛集团投资管理部中国副主席哈继铭及英仕曼集团中国区主席李亦非进行了深入讨论。

陈琪：人民币国际化对我们这一代人来说是一个历史性的机遇，GDP占全球12.3%的经济体，有可能会在3～5年的时间里把它的货币变成全球货币、主流货币。虽然人民币资本账户的开放必将带来中国资金的全球配置，这一点在2015年春节期间特别明显，中国人到世界各地去消费实际上就是中国资产的全球配置，50万中国游客在日本消费了60亿元人民币的资金，中国已经成为全球旅游第一大境外消费国。更重要的一个方面是人民币国际化必将影响我们的投资层面和财富管理层面。所以，我们也希望利用这个有效的时间，帮助大家认识下一步人民币国际化下的全球财富资产配置。首先，有请中国工商银行私人银行部总经理马健先

生发言。

马健： 中国经济进入了新常态，新常态下应该有新场景，人民币的全球化、国际化将逐步成为一个新热点。中国配置和配置中国也将成为我们今天的主要话题。说到中国配置和配置中国，有必要讲一下我们国家正在积极推进的"一带一路"的国家战略。习近平主席于2013年9月和10月分别提出了建设新丝绸之路经济带和21世纪海上丝绸之路的战略构想，简称"一带一路"，应该说这为中国走向世界描绘了新的战略路径。

中国配置与配置中国——打造一流的人民币财富管理机构

在这个过程中，人民币国际化是一个双向的投资过程。这既有中国资产配置全球的需要，同时也有全球资产的人民币配置需求。从中国资产配置全球来看，中国改革开放以来我们经历了两个阶段，实现了三次开放。以"一带一路"为标志的新一轮国际产业转移已经在中国开启，同时也加快了中国经济全球配置的步伐。我们国内的资本将由境内配置逐步向境内和境外双重配置调整，国内资本的海外配置需求也将持续扩大。与此同时，从全球资产配置的角度来看，伴随着中国新一轮的对外开放，各类别市场的开放程度不断提高，海外对中国配置的需求市场也越来越旺盛，以沪港通、深港通为标志，国际资本将不断加大境内人民币资产配置的规模。

在这样的环境下，为客户打造一流的人民币财富管理将成为中国私人银行在未来发展的一个重点取向，我们的使命是构建境内外双向投资的业务线，为我们的客户提供全球化、金融化的金融服务。

全球人民币财富管理趋势展望

在人民币双向投资的场景下，我们有什么样的机会？从国际化进程的前提条件来看，它有以下几个。

第一，国际化已经成为我们的国家战略。

第二，人民币现在已经成为全球第五大结算货币，预计将在3～5年内成为全球第二大结算支付货币，并有可能成为IMF（国际货币基金组织）特别提款权货币。预计在未来的3~5年里，人民币在全球可以超过其他货币，成为与美元相同的储备币种。在一定时间和范围内，人民币汇率仍然会保持一定的强势，从2005年到现在，经过10年人民币汇率制度的改革，人民币的汇率达到了8.8%，随着人民币逐步国际化，人民币汇率也应该可以保持在相对稳定或者是双向波动的区间范围之内。

第三，人民币资产利率保持相对的优势。从整个全球经济的情况来看，美国量化宽松的政策刚刚结束，欧洲和日本目前相对低迷，现在也正在逐步实行宽松的政策。从全球各主要经济体的经济现状和未来发展的时间看，人民币资产的利率优势仍然存在。

第四，人民币资产配置的空间巨大。改革开放30多年以来，中国经济连续多年保持两位数以上的增长，这也成为世界的一大奇迹。尽管这几年面临经济爬坡的转型阶段，但即使以7%左右的速度增长，中国仍将成为全球经济增长的重要引擎。与此同时，不相匹配的是离岸人民币的规模相当小，只相当于0.4%，人民币资产规模被严重低估。从这个意义上来说，人民币资产配置的空间非常巨大，这也为我们创造了无限的发展机会。从人民币全球资产管理配置的趋势来看，存在双向配置的巨大空间，既可以实现人民币的中国配置，也可以实现人民币的配置中国。从中国居民的资产配置情况来看，国内居民的资产配置是非常单一的，房地产配置达到59%，存款的占比达到22%，这说明其他各类资产的配置空间非常巨大。与此同时，根据央行的统计，我们境内的居民尤其是高净值客户进行资产多元化配置、多市场配置的需求正在不断提升。不少高净值客户向海外配置资产、向全球配置资产的步伐正在日益加快。现在在欧洲、澳洲、美洲，有不少的资产已经成为中国企业和中国个人的主要竞争目标。

当前离岸人民币资产主要包括两个方面，一部分是离岸人民币存款，另一部分为离岸人民币债券，合计规模约为2.47万亿元左右，仅占全球可配置资产总规模的0.44%，占比严重低估。同时，离岸人民币资产主要以离岸人民币存款形式存在，缺乏人民币计价的投资标的，在离岸人民币资产结构中，几乎没有离岸人民币股票存在，离岸人民币债券存量占比约为19%，结构性问题突出。参考当前中国GDP占世界经济总量的比例为12.3%，保守估计将全球可配置资产总规模的10%配置于人民币资产，至少将产生8.9万亿美元的配置需求，折合人民币资产需求为56万亿元左右。

从在岸人民币资产来看，虽然种类繁多，但可满足全球资产配置要求的主要为债券市场及权益市场类资产。其中，截至2014年12月末，全国债券市场总托管量达到35.64万亿元；截至2015年1月，沪、深两市总流通市值规模为32.25万亿元。符合全球资产配置要求的在岸人民币资产总额约67.89万亿，仅占全球可配置资产总规模的12.22%，再参考当前中国GDP占世界经济总量的比例为12.3%，若考虑全球资产对境内人民币资产的新增配置及对在岸存量资产的资质限制，在岸优质人民币资产存量严重不足。

这样的环境和条件，对于从事财富管理的中国私人银行机构来说，无疑面临着巨大的双向投资空间。中国境内居民进行跨境多元化配置的需求也越来越旺盛，动力主要来自以下三个方面。

第一，随着境内外市场信息交流的增加，中国居民对境外投资市场逐步了解，受到境外市场多样化的投资产品和投资区域的吸引，希望捕捉更多的境外市场的投资机会。

第二，由于世界不同区域经济和主要投资市场间存在此消彼长的关系，部分居民希望通过跨区域的多元化配置，达到一定分散、对冲风险的目的。

第三，出于子女出国受教育和移民生活的需要，部分居民未来一部分时间会停留在国外，因此增加境外资产配置成为必然需求。

回顾刚才所讲的内容，可以得出以下几个方面的结论。

第一，在人民币国际化进程加快、汇率保持强势及资产利率保持相对优势的背景下，人民币资产的吸引力持续上升，全球财富管理业务对人民币资产的配置力度加大，人民币资产的国际化浪潮开启。

第二，人民币国际化进程——双向投资过程：国内资金进一步加大海外资产配置，中国制造转为中国配置；海外资产对人民币资产的配置需求将冲击境内存量人民币资产，优质人民币资产稀缺。

第三，人民币国际化浪潮对人民币财富管理业务提出更高要求，但境内大部分财富管理机构尚不具备全球人民币财富管理能力。

打造一流的人民币财富管理机构

工行私人银行业务起步于2008年3月，在全球拥有的金融资产在800万元以上的达标客户超过了4.3万户，管理着超过7 357亿元的资产，折合美元1 200亿。从中国境内来看，我们已经构建了覆盖全国的私人银行业务布局，截至目前，境内全行36家分行、直属分行均建立了私人银行中心，形成了覆盖全国高端客户市场的业务布局。同时，向重点地区、高净值客户资源丰富地区的二级分行、财富管理中心进一步延伸私人银行服务中心。

2011年12月16日，私人银行中心（香港）成立，这是工行私人银行设立的第一个海外中心；2012年11月21日，私人银行中心（欧洲）在巴黎成立。2013年以来，我行私人银行加快了境外机构布局，形成了4个区域中心、6个重点境外机构私人银行部的重要格局；同时，辅以泰国、马来西亚、印度尼西亚、新西兰、卢森堡、西班牙、意大利、荷兰、比利时、葡萄牙、波兰等11个联动国家，形成了"4+6+10"的格局。至此，工行私人银行全球布局基本形成。

伴随着全球布局的延伸和完善，我们对全球四大中心也有明确的战略定位。我们的香港中心主要是全球财富管理的产品研发平台。欧洲中心是依托卢森堡发行的私募基金，将成为全球理财基金的管理平台。新加坡中心将会打造成为离岸业务的操作平台。中东中心也将成为伊斯兰金融业务平台。

从全行的角度来说，我们以总行私人银行部为主体，以香港私人银行和财富管理中心为平台，建立境内外私人银行产品服务联动经营模式，这是我们目前整个业务布局的现状。接下来我们要做的是进一步把握先机，构建双线业务线。

第一是走出国门，把握全球投资的机会。第二是积极布局，承揽境外配置的需求。这是中国配置和配置中国的两条路径。

2014年12月4日，卢森堡金融管理局批准了"中国工商银行私人银行全球理财基金——SIF"的注册申请，这是中资商业银行在国际主流基金市场注册成立的首支私募基金。

从走出国门的机会来看，我们可以充分利用 QDII（Qualified Pomestic Inslitutional Investor，合格境内机构投资者）、QDLP（Qualified Domestic Limited Partner，合格境内有限合伙人）等政策在境内理财产品中纳入了境外投资品；通过上海自贸区、深圳前海和其他跨境人民币政策机遇，以跨境投资专户方式帮助客户合法投资于境外资本市场。例如，私人银行在2014年8月成立了第一款境内外联动自主理财产品——PBZO1308，投资于监管部门批准的QDII基金、专户、信托、集合计划以及QDLP等投资标的，通过整合集团内外的境内外业务资源深入挖掘境外资本市场的投资机会。

第二，我们积极地布局，承揽境外配置的需求。这主要是以QFII（Qualified Foreign Institutional Investors，合格的境外机构投资者）或RQFII（RMB Qualified Foreign Institutional Investors，人民币合格境外投资者）为通道，帮助客户的境外资金合法入境，定向投资于私人银行的底层投资品或客户指定的在沪深交易所和银行间债券市场交易的其他投资品，为境外资金提供中国资本市场的投资机遇。

和其他机构相比，我们的优势比较明显，主要体现在以下几个方面。

第一，具备强大的境内人民币投资管理能力。

我们拥有先进的管理机制，整体管理规模达3 700亿，拥有完善的产品线和覆盖全市场的投资品。在理财产品层面和投资品层面来说相对丰富，投资收益良好。2014年我部整体资产年化收益8.34%，从各分项贡献来看，资产配置贡献了组合收益的90.39%，并且基本保持稳定。

第二，境外委托投资管理产品业绩表现优秀。2014年开始，我们在中国香港地区、新加坡和欧洲等地先后发行了多期RQFII产品，累计规模已接近10亿元人民币。此外，工行私人银行RQFII产品持续发行，已超越香港地区同类产品的良好业绩，在香港地区同业机构中引起了良好反响。

第三，境内优质人民币资产储备充足、种类齐全。

从2013年开始，我们比较成功地捕捉了这几年的市场阶段性布局，也比较好地把握了大类资产轮动的变化特征，顺利完成了由货币市场存款向债券市场配置的大类资产切换。我们在境内的优质债券类资产近3 000亿，优质权益类资产近300亿，还有其他项目类、另类跨境投资。我们完全有理由自信，在中国经济发展、人民币国际化的浪潮中，我们能够实现打造一流人民币财富管理机构的目标！

陈琪： 感谢马总的精彩发言，他用8个字概括了人民币管理的精髓，就是配置中国和中国配置。我刚才对几个数据非常敏感,第一是 89 万亿美元的全球资产配置量。按照 10% 计是 8.9 万亿美元,中国的股市还要涨一涨,否则中国境内的总盘子容纳不了这么大的量。下面进入围炉漫谈环节,我们还是谈谈人民币的财富管理,前段时间我去香港,发现香港刚发行的一个 5 年期的国债最近因为美元的走强、欧元区 QE 的推出获得了一个超认购,这表示全球已经进入负利率的环境,全球的利率是非常不稳定的。在目前的情况下,我们怎么样看人民币汇率问题,怎么样配置资产,怎么样进行财富管理?首先,有请哈博士。

哈继铭:人民币短期贬值风险明显

马总谈的很多观点我很赞同,尤其是人民币国际化的趋势,其实人民币国际化应该从 2009 年就开始在推动了,到今天已经成果辉煌,人民币在全球占比排名不断靠前,已经上升为全球第五大常用支付货币。人民币国际化从交易货币向投资和储备货币迈进的过程,势必要伴随两个先决条件:一是资本账户的进一步开放,二是汇率的自由兑换。在这个过程中,既有机遇,也隐含着一些挑战。机遇就是中国资本市场还将进一步开放,这将带来很大的商机,很多境外资金都可以到中国投资。同时,资本开放是双向的,从投出去的角度来看,现在老百姓的人民币存款就有 50 万亿元,这 50 万亿元只要拿出 10%,就相当于沪港通规模的 20 倍,在座的从事这个行业的人的前景是非常辉煌和光明的。

如果从挑战的角度来看,中国经济进入了一个下行通道,下行压力比较大。为了应对短期压力,有一些宏观政策出现了调整,尤其是货币政策伴随着两次降息和一次降准,这势必带来一些人民币贬值的压力。近期,人民币对美元出现了一定程度的贬值,短期来看也不会贬得太多,如果贬得太多,对货币政策的放松就会打折，这可能是我们不希望看到的结果。如果要给一个预测的话，我觉得2015年人民币汇率贬值可以控制在3%左右的水平，这只是对美元、欧元、日元以及其他货币来说的，人民币还是表现得非常强势。

长期来看，如果我们不能把握机会全面深化改革，实现经济的可持续增长，实现经济增长效益的进一步提高，那么人民币贬值的风险会变得越来越大。

长期汇率是由一个国家货币的购买能力以及这个国家的出口竞争能力决定的。从人民币的购买能力来看，最近国内的东西越来越贵，如果去外国买一些东西，和国内相比，过去国内要便宜很多，现在不一定，有些东西可能会更贵。另外一个因素就是出口竞争优势，包含两个指标，一个是工资上涨情况，另一个是劳动生产率的变化情况。一个国家如果工资涨得很快，它的出口竞争优势就越弱，但不等于这个国家的货币就要贬值，比如说这个国家的劳动增长率增幅超过了工资的增幅，还是会有很强的出口竞争优势。如果把这两个指标揉在一起，形成一个指标叫单位劳动力成本，和其他的重要出口国对比一下就会发现，中国的单位劳动力成本增长的速度很快，长此以往，这个国家的出口竞争优势就会逐渐丧失，尤其是劳动密集型行业。在这种情况下，这个国家的货币就会面临比较大的贬值压力。

如果我们能积极地、全面地进行改革和提高出口附加值，提高经济增长的质量，我们将来就有可能规避这些风险。长远来看，人民币的走势带有一定的不确定性，但短期贬值风险是比较明显的，尤其是对美元的贬值。

陈琪： 接下来，有请李总讲一下她的看法，她这两年在全球人民币国际化中做了很多布局，既在第一批布局了QDLP，又在香港地区注册了可以投资境内人民币A股资产的管理机构。

李亦非：投资产品更加多元化

过去3年，跨境业务的成长应该说是爆发式的，而且随着整个金融业的发展，机会将更大。基金业协会、证监会已经把所有的阳光私募合法化了，由基金业协会注册的机构将近6 000多家，2015年马上会超过1万家，这些都是做境内人民币投资的机构，既有公募基金，也有私募基金。

现在国内的投资产品发展速度很快,例如债券期货的爆发式成长、股指期权和债券期权的推出,这些多元化的产品为中国境内的私募和公募基金提供了一个更加成熟的交易工具,也为中国市场的直接融资提供了很多机会。

后 记

企业家是创新的原动力

市场、法治与企业创新

2000年,钱颖一教授任教于马里兰大学,他以中文发表了《市场与法治》一文,提出现代市场经济的根本游戏规则是法治,于是在国内,"市场"第一次正式与"法治"建立了联系。接着,"市场"也有了好坏之分,"坏的市场经济"成为社会的普遍担忧。在之后的多个场合,吴敬琏教授将"坏的市场经济"定义为"权贵市场经济",将"好的市场经济"定义为"法治市场经济"。那一年,中国加入WTO,中国经济全球化正式起锚,亚布力论坛也随后应运而生。15年后,"法治"是"国家治理体系与治理能力现代化"的核心内容。

法治对市场的影响如此深远,但当时国内外经济学界都尚未有深入的研究。与之相比,我们对"市场与创新"的认识要久远得多,甚至可以追溯到亚当·斯密的年代:企业与企业家是创新的主体。创新决定了劳动生产率,决定了分工与专业化,决定了市场规模,决定了一个经济体创造财富的能力。

创新是中国社会的共识。我们把15周年年会主题界定在"企业创新",并非只看到了创新的财务激励。创新同样依赖文化土壤和社会观念,同样依赖非财务激励。好奇心、拒绝平庸以及挑战障碍的本能,是比物质回报更长远、更本质的激励。我们需要一种追求卓越、宽容失败的氛围。

企业是市场的主体,也是创新的主体,创新决定了一个经济体可持续增长的能力;法治是市场的制度基础,现代经济体的本质是法治。市场以法治为基础,以企业为运行方式,以创新为驱动力。亚布力论坛15周年年会以法治、企业和创新观测一个市场经济体，在实践与理论上为"中国梦"添砖加瓦。

制度因素决定企业增长极限

15周年年会已降下帷幕，但其激荡的思想仍余音缭绕。重温所有主题演讲和分论坛，我们发现，贯穿始末的，依然是各种约束条件下企业家如何创新的问题。"企业家与创新"是论坛15周年年会的主题，也是论坛15年历史的主题。

企业家既要面对要素成本，也要面对制度成本，而中国的制度成本过高已是共识。改革的历史，是制度成本不断下降的历史，在这一过程中，中国的企业家群体扮演了重要角色。30多年来，我们已经充分领略了中国企业家面对要素成本、制度成本时的浑身解数和无尽智慧。

"技术创新"和"制度创新"是企业家应对这两项成本的主要手段。改革初期，民营企业家获取技术的主要方式是购买国企淘汰下来的设备，从20世纪90年代起，民营企业才具备能力尝试真正意义上的自主技术创新；而现在，即便是通信、汽车等高科技行业，民营企业也已站在行业排头兵的位置上。同样，在改革初期，中国还不具有足以支撑市场运行的全部制度，企业家群体创造了一系列非正式制度来降低制度成本，包括非正式的产权制度、与合同执行有关的制度创新等。技术创新和制度创新永无止境。

中国企业家除了应对市场的不确定性，还需要应对政策的不确定性；除了专注于技术和商业模式创新，还需要耗费精力尝试"规则创新"，以规避政策、绕行政策，甚至寻租，由此造成了企业家精神的错配。摆在中国企业家面前的，除了市场，还有"市长"，部分中国企业是在激烈的市场竞争中被淘汰的，部分中国企业则失败于与政策的长期博弈中。

企业是市场的运作主体，而政府是市场制度的基础。中国企业家除了关注自身企业内部的公司治理、核心竞争力、商业模式、技术等问题外，也必须关注外部制度建设问题，因为普遍而言，外部制度因素是决定企业规模，从而决定企业增长极限的最重要因素。特别要指出的是，制度安排是公共品，单个个体、单个企业缺少参与的足够激励，需要利益攸关方的共同努力方能有所作为，这正是企业家组织的职责。

光大企业家精神

在 15 年深耕于中国企业、中国经济的过程中，亚布力论坛也逐步确立了自己的理念：倡导企业家精神！财富创造的历史是企业不断破坏性创新的历史，而企业家是创新的灵魂，财富创造的历史势必是不断释放企业家精神的历史。不断释放的企业家精神是中国过去 30 多年经济进步的重要动力之一，同样也是未来经济进步的重要正能量。事实上，每一个社会都有既定的模式和规范，率先意识到某些模式和规范落后了，并重新组织要素、创造出新的模式和规范，就是企业家精神。正是由于对企业家精神的大力弘扬和传播，亚布力论坛才得以为中国社会贡献越来越多的正能量。

强调企业家精神，不仅仅因为亚布力论坛的组织属性，更重要的是我们相信所谓的破旧立新、全民创新说到底是营造一种以企业家精神为实质的国家气质。15 岁，豆蔻年华，前路漫长，亚布力论坛将继续参与、见证中国企业家新的创新历程，继续弘扬和光大企业家精神。

当然，这一目标的成功实现离不开众多企业家、学者长期以来的积极参与，也离不开一些品牌理念与亚布力论坛相契合的企业的支持。比如芙蓉王文化，在公众眼中，芙蓉王一直是一个低调、不事张扬的品牌。但就在这种低调中，多年的潜心运作让芙蓉王顺利成为烟草行业中式卷烟的代表品牌。用心聆听，厚积薄发，这或许就是企业乃至个人成功的关键。"传递价值，成就你我"，芙蓉王的品牌理念强调价值的传递与成就的共享，这与亚布力论坛的宗旨——"让企业有思想，让思想能流传"不谋而合，也与企业家们发扬与传承企业家精神的希望和努力相契合。在此，感谢芙蓉王文化愿意与我们一起，成为中国企业家精神的传递者。